LETTRES

DE

GABRIEL PEIGNOT

Lith. Fayolle, à Dijon.

G. PEIGNOT.

LETTRES

DE

GABRIEL PEIGNOT

A SON AMI

N.-D. BAULMONT

Inspecteur divisionnaire des postes en retraite, membre de la Légion d'Honneur

MISES EN ORDRE ET PUBLIÉES

PAR EMILE PEIGNOT

SON PETIT-FILS

A DIJON

LAMARCHE ET DROUELLE, LIBRAIRES

Place Saint-Etienne, 10.

—

1857

l'Artillerie à part, j'éprouve certaine peine à voir mes
enfans se séparer ainsi; de moi; hélas! j'aurai bien un
jour s'en séparer plus sensiblement, mais au moins je
... ç reprendre et c'est tout mon désir et toute ma
... reprendre la première de tout mon cœur
consolation, sur ce je vous embrasse
tout à vous

Ce 10

Lith de Faville à Dijon.

A MONSIEUR BAULMONT,

Inspecteur divisionnaire des Postes en retraite, membre de la Légion d'Honneur.

MONSIEUR ET BIEN RESPECTABLE AMI,

En consentant à la publication des lettres de feu Gabriel Peignot, mon grand-père, vous ménagez une surprise bien agréable à tous ceux qui l'ont connu, soit personnellement, soit seulement par ses ouvrages.

La variété, la grâce, l'aisance, qui font le charme de cette correspondance, l'intérêt historique et bibliographique qui s'y rattache ne la rendront pas précieuse seulement aux anciens amis de G. Peignot; elle sera, j'en suis certain, goûtée par tous les lecteurs comme elle mérite de l'être.

Peut-être un jour la correspondance familière de mon grand-père avec Charles Nodier et d'autres hommes de lettres, sera-t-elle aussi livrée à la publicité. Ce serait à désirer; elle formerait un complément bien brillant à ce recueil.

J'ose à peine, Monsieur, vous supplier d'accepter l'hommage de cette publication. En ai-je le droit? C'est contestable, puisque c'est à vous que ces lettres ont été adressées, et qu'elles ne doivent le jour qu'à la remise si bienveillante que vous m'en avez faite. N'osant donc pas prétendre au droit de dédier un livre qui vous appartient à tant de titres, je me bornerai à vous témoigner ma profonde gratitude pour l'autorisation que vous m'avez accordée de le publier.

Veuillez agréer, Monsieur, l'expression la plus sincère de mon bien respectueux dévouement.

Rioz, le 15 mai 1857.

E. PEIGNOT.

PRÉFACE.

Le 28 novembre 1849, je recevais de M. Baulmont la lettre suivante :

MON CHER MONSIEUR PEIGNOT,

J'ai été pendant bien des années en correspondance d'amitié, et quelque peu aussi de littérature, ou plutôt de bibliographie, avec feu votre respectable aïeul, G. Peignot, inspecteur de l'Académie de Dijon, etc.

J'ai conservé une grande partie de ses lettres ; ayant à cœur qu'un jour elles ne passent pas en des mains étrangères, je crois vous faire plaisir en vous les adressant.

Vous les lirez dans vos loisirs et vous jugerez, j'en suis sûr, qu'elles méritent d'être conservées dans votre famille.

Votre aïeul avait l'habitude de disposer de temps en temps en ma faveur d'un exemplaire des ouvrages qu'il publiait. Je vous prie de permettre que je me dessaisisse pour vous de quelques-uns d'entre eux.

Monsieur votre père les a peut-être déjà lui-même, mais vous n'en accepterez pas moins pour en jouir dès ce moment ceux dont vous trouverez la note ci-jointe.

Agréez, mon cher monsieur Peignot, l'assurance de ma plus affectueuse considération.

Votre tout dévoué serviteur,

D. Baulmont.

Je m'empressai de prendre connaissance de la volumineuse et précieuse correspondance qui m'était si généreusement offerte.

Le sentiment le plus développé dans les lettres de Mme de Sévigné est la tendresse maternelle; celui qui forme la base de celles-ci est l'amitié. M. Baulmont et G. Peignot se virent pour la première fois à Paris en 1786; séparés pendant quelques années, ils se trouvèrent bientôt réunis à Vesoul, et leur liaison, facilitée par la similitude de leurs goûts, ne tarda pas à devenir intime. On serait tenté de croire qu'elle se resserra davantage par l'absence; en effet, G. Peignot quitta Vesoul en 1813, et, jusqu'en 1839, il exerça successivement à Dijon les fonctions d'inspecteur de l'imprimerie et de la librairie, de proviseur du lycée et d'inspecteur de l'Académie. Qui le croirait? Par suite de ses fonctions, accablé d'occupations multipliées, revêtu de dignités honorifiques et membre de plusieurs Sociétés savantes, obligé par là de correspondre avec une infinité de personnes, publiant au moins un volume par an, il ne laissa pas, pendant nombre d'années, partir trois courriers de suite sans écrire à son ami.

C'était ordinairement entre onze heures du soir et

minuit que G. Peignot, comme il le dit dans plusieurs de ses lettres, s'occupait de sa correspondance. Absorbé régulièrement depuis quatre heures du matin par ses travaux universitaires ou bibliographiques, il retranchait encore de son repos si bien mérité, une heure, peut-être plus, en faveur de l'amitié.

Le courant sympathique qui s'établit entre ces deux hommes distingués se continua, lorsqu'ils furent séparés, avec une constance telle que G. Peignot, au moment de partir pour ses inspections annuelles, ne manquait pas de donner à M. Baulmont son itinéraire et les dates de son arrivée dans chaque localité, désireux qu'il était que leur correspondance n'éprouvât aucune interruption pendant son absence. Cette activité épistolaire ne se ralentit que lorsque le grand âge de mon grand-père vint briser sa volonté et le condamner au repos.

Quelques-uns de mes amis, à qui je communiquai les plus remarquables de ces lettres, me sollicitèrent vivement de les livrer à la publicité. Je consultai à cet égard M. Baulmont, qui s'empressa d'adhérer à cette idée, heureux par là de donner un nouveau lustre à la mémoire de son ami. Je choisis donc dans cette correspondance, pour l'offrir au public, ce qui me parut le plus digne de fixer l'attention par l'intérêt et les qualités du style.

Un fait très-remarquable est que, parmi ces lettres si nombreuses, pas une seule, même de celles que j'ai cru devoir écarter de ce recueil, n'est futile et insignifiante. Presque toutes au contraire ont la plus grande valeur au point de vue historique, philosophique ou littéraire.

Les détails qu'on y trouve sur les rapports intimes de leur auteur 'avec des hommes de la plus haute distinction scientifique, suffiraient peut-être pour leur donner un rare intérêt ; mais une curiosité stérile n'est pas seule satisfaite. On y trouvera les principes de la philosophie la plus pure et la plus douce, les curiosités bibliographiques les plus précieuses, des pièces inédites dont il n'existe probablement aucune autre trace, par exemple une chanson bien remarquable du poëte lyrique Armand Gouffé.

Le nombre des lettres que m'a remises M. Baulmont approche du chiffre de 400 ; et ce n'est pas tout encore, quelques-unes annoncent pour le courrier suivant des détails qu'on ne retrouve malheureusement pas. La plus fâcheuse peut-être de ces pertes est la relation d'une rencontre avec M. de Lamartine ; elle était annoncée comme devant être fort curieuse, et nous en sommes privés. On la regrettera d'autant plus, que les passages où G. Peignot causera le plus de plaisir à ses lecteurs, sont incontestablement ceux où il raconte, avec tant de naturel et de charme les particularités les plus piquantes sur les grands hommes avec lesquels il fit connaissance. La lettre la plus remarquable, sous ce rapport, est, je crois, celle qui contient le récit d'un dîner fait avec Talma.

Voici les motifs qui m'ont déterminé à réduire de beaucoup le nombre des lettres que je possède :

D'abord, quelques-unes d'entre elles, par leur caractère confidentiel, ne peuvent faire l'objet d'aucune publication.

Ensuite, les qualités du style m'ont guidé plus encore que le fond dans le choix que j'ai dû faire. Je ne pouvais insérer ici des sujets sérieux qui, dépouillés de l'entourage du genre épistolaire, se présentent avec toute la sécheresse d'un traité. Lorsque les curiosités scientifiques se sont trouvées encadrées dans de véritables modèles de style, j'ai été heureux de les recueillir; mais, toutes les fois que je les ai rencontrées sans leur gracieuse escorte, j'ai dû les éloigner de ce recueil, destiné naturellement au délassement plus qu'à l'étude.

Il n'est peut-être pas inutile de donner une idée de ce que renferment la plupart des lettres laissées de côté. G. Peignot fit imprimer ses premiers ouvrages à Vesoul, chez son ami, M. Ferdinand Bobillier. Durant les premières années de son séjour à Dijon, il continua à confier à la presse vésulienne l'impression de ses œuvres. Ce fut à l'occasion de cette impression que ses lettres furent le plus fréquentes. Lorsqu'il avait reçu de M. Bobillier ou de son collaborateur, M. Suchaux, les épreuves d'une fraction de volume, il les renvoyait avec des remarques ou des additions qui devaient, par l'intermédiaire de M. Baulmont, être transmises à l'imprimerie. La plupart des lettres écrites à ces occasions sont du nombre de celles qui n'ont pu trouver place ici; elles dépendent moins du genre épistolaire que du domaine scientifique; elles sont néanmoins précieuses; les confidences faites à M. Baulmont sur une publication qui n'était souvent encore qu'en projet, sur les recherches qu'elle nécessite, sur les sources des bases de l'ouvrage, nous font assister en quelque sorte au travail incessant de cet esprit si fécond, nous rendent spectateurs de ses luttes avec les difficultés les plus arides, et nous donnent une idée peut-être bien faible encore des labeurs d'une carrière bibliographique de près de cinquante ans. Ces lettres sont d'un haut intérêt, et trouveraient leur place dans une notice biographique telle que celle dont s'occupe aujourd'hui M. Charles Weis, l'illustre ami de G. Peignot.

Je crois inutile de dire que pas une des lettres que je possède n'était, dans l'esprit de leur auteur, destinée à la publicité : le mélange des sujets suffirait à le prouver. Dans certaines lettres on trouve, à côté de passages reproduits dans ce recueil, des détails ou trop familiers ou confidentiels, qui, par leur présence, indiquent suffisamment que l'épître n'était destinée qu'à M. Baulmont. G. Peignot n'a donc mis dans ses lettres ni recherche ni prétention ; il n'a eu d'autre but, en les écrivant, que de transmettre sa pensée dont elles sont l'expression nue.

Elles sont par conséquent l'image de sa conversation ; c'est ce que doit être, d'après les principes, le style épistolaire. La pensée si profonde de Buffon, « le style, c'est l'homme, » est ici d'une application bien vraie ; qui lit les lettres de G. Peignot l'entend parler, le voit, le devine : même grâce, même enjouement, même naïveté dans ses entretiens, ce qui a fait dire de lui : « C'est plus qu'un savant, c'est un savant aimable. » Étranger aux distractions qui assaillent perpétuellement ceux chez qui les recherches scientifiques sont passées à l'état d'idée fixe, il était goûté dans le monde autant à cause de la distinction de ses manières et de l'affabilité qui se lisait sur ses beaux traits, qu'à cause de la profondeur de son érudition. On n'eût. pas pu dire de lui, tour à tour homme de cabinet et de salon, qu'il était plus aimable que savant ou plus savant qu'aimable.

Si ce Recueil peut faire soupçonner aux lecteurs qui ne l'ont connu que par ses ouvrages quelques-unes des éminentes qualités qui le distinguaient, je serai doublement reconnaissant à M. Baulmont qui, par la remise qu'il a daigné me faire de sa correspondance, m'a procuré non-seulement une immense satisfaction, mais encore le moyen d'accomplir un pieux devoir.

E. PEIGNOT.

LETTRES

DE

GABRIEL PEIGNOT

A SON AMI

M. Nicolas-David BAULMONT,

Inspecteur divisionnaire des Postes en retraite, membre de la Légion
d'Honneur.

———❦———

Iʳᵉ LETTRE.

G. Peignot ne pouvait pas écrire plus tôt à M. Baulmont ; il va
prendre possession du poste qui lui est assigné, et il n'est pas à
quinze lieues de Vesoul que déjà il lui donne de ses nouvelles.

Gray, le 29 mai 1813.

Mon cher Baulmont,

Je m'empresse de vous donner mon adresse à Dijon : je
serai chez M. Joanne, hôtel Saint-André, porte Saint-Nicolas.
— Je comptais partir d'ici hier soir en continuant à me servir du courrier, mais j'ai été tellement harassé et par la voiture cahotante de Cassard, et par la chaleur accablante, qu'il
eût été imprudent de passer la nuit suivante dans une semblable brouette. J'ai donc pris le parti de séjourner aujour-
d'hui à Gray, et de prendre une voiture qui, demain, me
conduira à Dijon dès les trois heures, et j'arriverai, s'il plaît
à Dieu, à midi.

Petiet est en campagne aujourd'hui, je suis le maître à la

maison ; je ne la quitterai de toute la journée que pour aller dîner avec Marc ; nous nous proposons de boire à la santé de tous nos bons amis de Vesoul. Il est inutile de vous dire que vous n'y serez pas oublié, ni Piot, ni Bobillier. Cependant, si nous faisons une libation sur chaque tête, je pourrai fort bien, sinon perdre, du moins déranger la mienne ; au reste, je me remets entre les mains de la Providence qui, à part une santé fort délabrée, une rupture, un tas d'enfants, une fortune perdue et des inquiétudes quotidiennes, m'a toujours traité en enfant gâté.

J'ai bien cru, mon cher Baulmont, que je commencerais la relation de mon voyage par un gros zéro, car je me suis embarqué hier matin dans la carriole, et, pendant quatre lieues, je n'ai rien vu, rien entendu qui soit digne de vous être rapporté ; heureusement que Dieu n'abandonne pas les siens, et qu'il m'a fourni matière, dans la seconde moitié de ma route, à vous dire quelque chose. C'est peu, mais cela vaut encore mieux que rien.

Vis-à-vis Frânes-le-Château, nous avons rencontré le courrier qui allait à Vesoul. Il conduisait deux chasseurs du dépôt de Gray, l'un allait à l'armée, l'autre, qui reconduisait son camarade, l'a quitté au milieu de la route pour revenir à Gray dans notre voiture. Celui-ci est un Allemand écorchant assez malproprement le français. Il se place, puis se met à pleurer comme un veau, pendant que je m'entretenais silencieusement avec les Romains dont je lisais les *mœurs et usages*. Ce petit drame lamentable dure pendant trois quarts d'heure et n'a pour entr'actes que des sanglots et des soupirs monstrueux. Je vous avouerai que cette pièce tant soit peu monotone commençait bel et bien à m'ennuyer, et, pour y mettre un peu de variété, je dis à mon homme : Camarade, vous avez du chagrin ? — Ah ! ouiche, me répondit-il en s'essuyant les yeux ; ma câmarâde, il est parti, et moi chi reste. Vous êtes donc conscrit, repris-je? — Non, ché jâ fait quatre ans et trois campagnes, mais chi l'aime ste câmarâde, pôcup très fort comme ma frère. — Pour faire distraction à sa lourde douleur, je l'ai mis sur le chapitre de ses campagnes. Où avez-vous fait la guerre, lui dis-je? — Dans le Spagne où c'que j'ai eû pien de la mal. Ein chour, ma cheval il a eu le rein cupé d'ein pulet qui m'a frissé mon fesse à ein doigt; chi tompe faiblesse sous ma cheval, et pendant ste temps lé Anclais i me défalisent de mé habits et de 3,000 francs que chavais pris à la quartier maître des prigands. Quand ché repris de mon faiblesse, chétais avec mon chemise tout seul. — Diable! c'est très-malheureux, et les brigands vous ont-ils maltraité pendant le cours de votre campagne? — Oh non pas moi, mais ché vu un petit l'aventure assez drôle; i avions pris cin des nôtres et y avions cupé le nez, le buche, le surcil et le langue. Vraiment, Montsir, ça faissait bidié. A l'instant nous afre pris une de ces coquins, et de suite afre fait chustice; âvons planté quâtre piquets dans le terre; puis avons attaché par les pras, par les chambes le prigand à chaque piquet; et puis avons députonné le veste, téchiré le chemise; puis avons uvert le ventre d'ein coup de sapre, puis tiré les boyaux, tu comme on fait à ein couchonne, i criait pien comme cin beau tiaple; crie, mâtin, que nu tisions, et quand nous l'y afre tout dévidé son marchandisse, l'avons laissé murir de son belle mort. — Comment, vous appelez cela mourir de sa belle mort? — Eh! ouiche nu l'afre pas tué. — Je vous félicite de votre humanité.

Cette petite narration a tout-à-fait distrait la douleur de cet ami affligé qui a complété la guérison de son cœur par trop attendri en dînant comme un ogre à Gy; et, comme il avait passé toute la nuit précédente à boire le vin de l'étrier avec son cher Euryale, il a employé son après-dîner à dormir comme une souche dans la voiture.

Pendant que nous dînions à Gy, j'ai eu le plaisir d'entendre quelques grands politiques campagnards arranger les affaires de l'Europe d'après l'annonce du congrès. Celui qui me paraissait le plus instruit m'a demandé fort sérieusement si, dans la présente guerre, les Russes étaient contre nous. Je lui répondis tout aussi sérieusement que non, et qu'ils étaient nos plus fidèles alliés, ainsi que les Anglais. Cela a paru lui faire plaisir ; jugez de l'*ultimatum* des conférences de ces braves gens.

Adieu, mon cher Baulmont, voilà le début assez futile de mon itinéraire ; s'il me survient quelques petites historiettes qui puissent vous amuser, je vous en ferai part. Mes respects à Madame Baulmont, mille choses affectueuses à tous nos amis, et réservez-en la crème pour vous ; adieu, encore, je vous embrasse étroitement.

G. P.

IIe LETTRE.

Dijon, le 3 juin 1813.

Mon cher ami,

Depuis deux jours je suis arrivé à Dijon, et je ne trouve pas matière à vous faire le plus petit récit, soit sérieux, soit comique ; mon voyage de Gray ici a été d'une monotonie assommante ; j'ai été seul pendant toute la route ; je ne dis pas que je me suis ennuyé, car j'avais des livres, et Dieu sait si je n'ai pas dévoré un volume de 490 pages pendant mes dix lieues ; un seul petit incident m'a réveillé, à Mirebeau, de l'assoupissement où me plongeait ma lecture. J'étais bien résolu à ne pas déjeûner, car, depuis dix jours, j'ai perdu l'appétit malgré mon attention à manger très peu une seule fois par jour ; cependant j'ai demandé un verre d'eau, puis un second, l'un et l'autre avec un peu de sucre et deux citrons ; ce liquide déjeûner qui n'a point fatigué mes mâchoires m'a coûté 1 fr. 50 ; j'ai trouvé que les braves gens de Mirebeau savaient vivre... aux dépens des voyageurs.

Arrivé à Dijon, je suis descendu chez Joanne, hôtel Saint-André, bon diable, fort bon homme, et ayant les trois quarts de la cervelle à l'envers pour une médaille que lui a décernée l'Académie à raison d'une voiture assez ingénieuse qu'il a imaginée pour sauver du danger les voiturés dont le cheval prendrait le mors aux dents. Il m'a fait voir toutes ses mécaniques, son balancier à frapper les monnaies, son pont de 56 pieds d'arche sur une table de deux pieds six pouces, sa voiture, etc... Sa femme trouve qu'il ferait bien mieux de retourner ses casseroles. Voilà comme sont lés femmes.

J'aurais beaucoup donné pour que M. Joanne exerçât son génie à un peu amollir ses matelas. Horriblement fatigué du voyage et de mes courses, le premier jour de mon arrivée, je m'apprêtais à bien dormir. Vers dix heures du soir, je monte dans ma chambre, je me déshabille à la hâte et je me mets au lit... Dieu ! quelle surprise ! le *robur* des anciens serait du coton en comparaison des matelas sur lesquels je venais d'étendre mon triste individu ; pour comble de bonheur, le traversin était enfoncé et j'avais les pieds beaucoup plus haut que la tête ; quelqu'appesantissants que soient les pavots suspendus sur mes paupières, je me lève furieux et je vais prendre tout ce qui se trouvait dans un lit voisin pour adoucir mon sort et ma couchette ; mais, hélas ! c'était mettre planches sur planches, et le lendemain, dès les deux heures, je me suis réveillé, tous les membres disloqués et dans un état d'insurrection telle que je ne me rappelle pas en avoir eu de pareille, si ce n'est sur le lit de camp, au corps de garde, en 1786.

A huit heures du matin, je vais trouver Mme Joanne qui me reçoit avec beaucoup de dignité, je lui expose mon piteux cas, elle me jure sur son honneur (serment très-volatile), qu'elle a fait battre ses matelas avant la foire de mars; je lui demande une autre chambre, elle me dit qu'elle attend les marchands pour la foire de juin, et qu'elle ne peut pas me céder les chambres du premier étage; toutes ces foires m'ennuyant beaucoup, et Mme Joanne encore plus, je me décide à accepter une chambre que le bon Morland m'avait offerte en arrivant, et je quitte l'exécrable lit de mon hôtesse en lui en souhaitant un semblable pour le reste de ses jours.

Ainsi, mon cher ami, si vous avez quelque chose à me mander, adressez-moi votre lettre chez M. Morland, docteur en médecine, près les piliers Notre-Dame. Oh! le digne homme! dites à Piot que tout le bien qu'il m'a dit de cet aimable Dijonnais est cent fois au-dessous de la vérité.

Hier, j'ai fait chez M. de Rotalier un dîner polyglotte, l'expression est très-juste, car il y avait un Allemand, deux Espagnols, un Anglais et trois Français; heureusement chacun parlait sa langue et n'en savait pas d'autre; quand la conversation devenait générale, c'était charmant. On pouvait dire *attrape qui peut!* Moi, pour mon compte, je n'en ai guère attrapé qu'une bonne tasse de café à la fin du repas; et j'ai parfaitement entendu cette langue (1).

A quatre heures je suis allé voir M. le Préfet. Le soir je suis allé avec M. Amanton (2) au spectacle où le Juliet, si connu, devait jouer dans *Cendrillon* et dans les *Visitandines*.

(1) G. Peignot avait une prédilection extraordinaire pour le café : il en prenait habituellement deux fois par jour, le soir une seule tasse, mais le matin un bol qui en valait deux.

(2) Conseiller de préfecture, puis journaliste à Dijon : ses goûts littéraires amenèrent bientôt une liaison intime entre mon grand-père et lui.

M. de Brissac (1) m'a reçu dans sa loge, et pendant toute la soirée nous avons causé ensemble ; nous avons beaucoup parlé du bon M. Hilaire (2) dont il a reçu une réponse à la lettre de recommandation remise à M. Fremiet, sous-préfet de Lure. Juliet a joué comme un Dieu ; son Grégoire des *Visitandines* est, dit-on, son triomphe ; je le crois. Il a été parfaitement secondé par tous les acteurs qui sont maintenant très-bons, surtout par une jeune élève du Conservatoire dont la voix flexible est bien préférable à la figure.

Eh bien, mon cher Baulmont, en commençant cette lettre, je croyais simplement vous prier de faire remettre les incluses à leurs adresses, et voyez où m'entraîne le plaisir de causer avec vous : oh ! grondez-moi, mais grondez-moi bien fort, afin que je me corrige de ce vilain défaut de prolixité qui vous ennuie sans doute, mais qui est pour moi le plus doux soulagement des désagréments de l'absence.

Adieu, mes respects à Madame, et mille amitiés pour vous et nos amis.

G. P.

IIIᵉ LETTRE.

Onopolis, le 6 juin 1813.

Vous devinez, mon bon ami, par le nom de la ville qui précède la date de ma lettre, le lieu d'où je vous écris. Quand même le rude et cahotant courrier qui m'a brouetté de Dijon ici ne se serait pas empressé, après huit lieues de marche, de

(1) M. le duc de Brissac était préfet de la Côte-d'Or.
(2) Le baron Hilaire, préfet de la Haute-Saône depuis 1804 à 1814, était un des admirateurs les plus zélés du talent de G. Peignot dans les impromptus poétiques.

s'écrier : Beaune! Beaune! comme jadis le bon Achates s'écria :
Italiam! Italiam! j'aurais deviné que j'approchais de la sublime cité dont le malin Piron fit ses galeries. C'était jour de
marché, et la route, ainsi que la porte de la ville, étaient
encombrées de ces paisibles animaux à qui Beaune devra l'immortalité. Combien d'oreilles! quelle longueur! quel coup-
d'œil charmant! Sans nul doute ces messieurs ont reconnu
dans mon lourd et massif conducteur un confrère, un ami,
car, aussitôt qu'il a paru au milieu d'eux sur le devant de sa
charrette, ils l'ont salué par acclamation; ce concert était
divin; le cher homme a souri de reconnaissance et d'attendrissement; il paraissait se complaire dans cette harmonie;
mais moi qui ne suis pas de la paroisse, et qui n'aime
prendre des plaisirs que la fleur, je l'ai prié de hâter le pas.
Enfin il m'a déposé chez mon gendre où j'ai été reçu comme
un père et un ami tant par Prieur (1) que par Madame sa
mère. Un bon dîner a réparé la fatigue que m'a fait éprouver
la plus détestable voiture que je connaisse, et, comme on m'a
annoncé que c'était une berline très-douce en comparaison
de celle qui devait me conduire demain à Autun, j'ai envoyé
Autun au diable, et je compte m'embarquer ce soir pour Chalon, et de Chalon je reviendrai par Autun.

Après le dîner j'ai visité mes imprimeurs et mes libraires;
sur trois j'en ai trouvé deux qui ont dressé les oreilles quand
je leur ai annoncé qu'ils n'étaient pas en règle. Comme ils
m'ont promis de s'y mettre le plus tôt possible, j'en ai agi
avec eux comme le bon Yorick avec un de leurs confrères,
c'est-à-dire que je les ai traités avec beaucoup d'indulgence.

(1) M. Prieur, gendre de G. Peignot, était contrôleur des contri-
butions directes à Beaune. Il fut, peu de temps après, nommé inspecteur à Valence, où son beau-père fit un voyage dont nous trouve-
rons plus tard là relation. M. Prieur est décédé en 1847, directeur à
la Rochelle.

Mes visites terminées, Prieur m'a fait voir la ville et m'a fait remarquer ce qu'elle renferme de curieux. Combien de grands souvenirs! Ici est cette fameuse salle où, si l'on n'entend pas les acteurs, disait Piron, ce n'est pas faute d'oreilles : là est cette rue célèbre où ce pauvre Dijonnais, poursuivi l'épée dans les reins, a sali son caleçon en criant à ses ennemis : « Messieurs, vos fers me blessent. » Hors des faubourgs est cette route sur les bords de laquelle le poëte coupait les vivres à ces mêmes ennemis ; au milieu des rues coule un limpide ruisseau à propos duquel le même homme disait : « Qu'il est commode, qu'il est agréable d'avoir ainsi l'abreuvoir si près des étables! » Plus loin est ce magnifique cadran-solaire qu'un avant-toit de dix pieds carrés garantit des injures du soleil et de la pluie ; enfin je ne finirais pas si je voulais mentionner tous les lieux marqués par quelques traits de génie ou par quelques faits illustres. A travers tout cela, messieurs les Beaunois sont de fort aimables gens ; ils ont un excellent caractère et du vin à l'unisson. Pourrais-je en parler autrement puisque je vais leur être allié par ma Mélanie (1).

Le tonnerre a rendu avant-hier visite au principal du collége qui très-malhonnêtement était absent de son cabinet, et par conséquent n'a pu faire ses honneurs à ce bruyant étranger ; celui-ci, pour se venger, a tout culbuté dans la chambre ; vous voyez qu'on ne gagne rien à frayer plus haut que soi. Il est cependant beau, pour un principal, de correspondre avec les dieux ; pour moi, je trouve qu'il est plus agréable et moins dangereux de le faire avec un ami, et de lui dire qu'on l'aime bien tendrement ; c'est ce que vous me faites éprouver en ce moment.

Adieu, tout à vous, *ex toto corde meo*.

G. P.

(1) Mme Prieur.

Du 8.

Je n'ai pas voulu vous envoyer ma lettre avant mon arrivée à Chalon ; j'y suis depuis hier au soir ; j'ai passé ma matinée à faire ma besogne et à voir Curvillon qui m'a fait un accueil difficile à exprimer ; il n'aurait pas mieux reçu son frère. J'ai été fort content de Chalon, c'est une jolie et presque belle ville ; ses quais sont remarquables. Je n'ai qu'une chose à reprocher à messieurs de Chalon, c'est un très-beau pont de pierre au milieu des champs et sous lequel il n'a jamais passé une goutte d'eau ; vous avouerez que c'est un vol fait aux Beaunois.

Adieu, *iterum vale*.

G. P.

IVᵉ LETTRE.

Dijon, le 29 novembre 1813.

Mon cher Baulmont,

Je viens de recevoir une lettre de Joseph (1), mon garde d'honneur ; je vous l'envoie pour vous faire juger de son excellent cœur et de son dévouement à son état.

Si j'avais plus de temps à moi, j'écrirais au cher ami Gauthier pour lui dire que dimanche, de deux à quatre heures, les oreilles ont dû lui tinter ; l'ingénieur en chef de la Côte-d'Or est venu passer la soirée avec moi, et il se trouve qu'il a été à Bordeaux et qu'il a connu particulièrement Gauthier, c'est un Monsieur Didier qui me paraît fort aimable et dont j'ai déjà eu la visite cinq ou six fois ; il m'a parlé de notre ami comme nous en parlerions nous-mêmes, c'est vous dire assez qu'il m'en a dit tout le bien possible du côté de l'esprit

---

(1) Mon père.   (*Note de l'Éditeur.*)

et du cœur. Il m'a chargé de bien le rappeler à son souvenir ; faites la commission, je vous prie, et pour M. Didier et pour moi qui ne suis pas moins empressé de renouveler au cher Gauthier toute l'assurance de mon sincère attachement. — En parlant de ce bon ami, ne pourrait-il pas me rendre le service de pêcher à la sourdine une bible latine, in-8°, dans la bibliothèque de son cher patron à qui je l'ai prêtée, il y a deux ou trois ans ; c'est ma bible d'enfance, j'y tiens un peu ; mais cependant si elle est utile au patron, n'en parlons plus, et surtout qu'on se garde bien, je vous prie, de faire aucunement mention que je la réclame..

Tout va bien dans ce département-ci, et chaque jour j'en trouve le séjour plus agréable. J'ai eu aujourd'hui la visite du général Vaux, commandant le département, et celle du président de l'Académie des sciences qui est venu m'annoncer mon admission dans ce respectable corps. Je vous assure en toute sincérité que je ne fais pas *chorus* avec vous si vous vous en réjouissez. A mesure que j'avance dans la cárrière de la vie, j'apprécie mieux cette fumée ridicule dont tant de gens sont avides ; je n'ajoute plus guère d'intérêt qu'aux douceurs de l'amitié et à l'éducation de mes enfants ; le reste effleure à peine mon cerveau qui éprouve des changements bien marqués.

Tous les soirs je vais passer une heure à une vente de livres où se rend une infinité d'amateurs, et là je fais quelques connaissances agréables ; je n'achète rien, au contraire, j'y fais vendre ce que j'ai de trop ; la pénurie d'argent fait donner à rien les meilleurs ouvrages ; je n'ai pu tirer que 50 francs de mon *roman de la Rose,* et 50 francs de mon vilain *Rousseau.*

Ayez l'obligeance de me renvoyer la lettre de mon fils Joseph. J'ai vu M. Lebrun deux ou trois fois, nous ne nous sommes point encore rendu de visites.

Adieu, bien des choses de ma part à tous nos amis, surtout à Bobillier que j'embrasse, ainsi que vous, *corde sincero fideli et intimo usque ad talpas.*

G. P.

Ve LETTRE.

Dijon, 27 mai 1814.

A mes amis Baulmont, Bobillier, Marc, Piot, etc…, le tout par ordre alphabétique, car je n'ai ni le temps, ni le courage d'écrire à chacun d'eux en particulier.

Grâces à Dieu, mes chers amis, je serai bientôt dégagé de tout souci dans ce bas monde ; mes appointements arriérés s'arrièrent encore ; à dater du 1er mai ils n'auront plus lieu, ou du moins seront très-diminués ; ma place branle au manche et peut-être sera-t-elle supprimée, malgré la parole sacrée de Louis XVIII (1). Tel est le résultat d'un billet doux que m'a fait passer l'administration de la librairie, en date du 18 mai. Les belles traites qu'on m'avait fait parvenir ont été, comme de raison, de nul effet ; ainsi point d'argent et un avenir plus qu'incertain, voilà où en est votre ami pour le moment ; il est vrai que, pour dédommagement, il n'a maintenant que dix-neuf personnes à nourrir par jour, et qu'on lui fait espérer que, cela étant peu de chose, la semaine prochaine il sera obligé de déloger et de céder son appartement à une petite portion des 12,000 hommes qui doivent accompagner Sa Majesté très-chrétienne. Pourquoi donc le bonhomme arrive-t-il en si grande compagnie ? J'en gémis pour moi

---

(1) La place d'inspecteur de l'imprimerie et de la librairie fut, en effet, supprimée peu de temps après. G. Peignot fut appelé, après cette suppression, aux fonctions de proviseur du lycée.

d'abord et pour vous ensuite, car, dans cette mer orageuse, il n'y a pas un flot de nos côtés qui ne refoule sur vos plages ; quand tout cela finira-t-il ? Il m'en tarde bien. Si nous commençons un beau règne, ne ressemblons-nous pas au potier de terre qui, pour parvenir à fabriquer un beau vase, fait d'abord du gâchis ? La roue tourne, le gâchis s'épaissit, prend une forme, puis devient vase. Hélas ! mes chers amis, j'en suis au gâchis ; la roue qui tourne me froisse diablement, et j'ai bien peur qu'au lieu de faire de moi un vase un peu propre, elle ne fasse une cruche bonne à mettre au rebut.

En attendant, je viens de passer la journée la plus fatigante possible : à cinq heures levé, à neuf chez le préfet avec toutes les autorités constituées, de là à la cathédrale pour un service funèbre en l'honneur des victimes de la révolution. Le *Dies iræ* et toute la messe en grande musique, en crosse et en mitre, étaient superbes, mais bien longs ; le discours seul a été trop court. A une heure et demie, dîner ; à trois heures, chez le préfet où j'ai passé une heure à conférer avec lui sur les moyens d'étendre la liberté de la presse jusqu'aux limites tracées par les réglements méconnus depuis cinq mois ; à quatre heures et demie, allé à l'église, avec ma commère sous le bras, participer au baptême de la petite de Prieur, laquelle peut dire que le bien lui est venu en dormant, car pendant toute la cérémonie elle a dormi comme une marmotte ; je me suis tiré de mon *Credo* comme un ange. Si les dragées ne coûtaient pas tant de port, j'en glisserais quelques paquets dans ma lettre ; mais pour éviter cette dépense, je vous en porterai aussitôt que le diable aura emporté tous les chicotins ultrarhénans qui nous dévorent. J'en ai chez moi qui me gratifient depuis huit jours de leurs faveurs gloutonnes et odorantes. Cela finira peut-être.

Hier je suis allé voir un charmant jardin, celui de Bazire, le frère du conventionnel. Vous auriez admiré la superbe distribution de cette propriété ; ce genre anglais est charmant, les statues, les grottes, le pavillon, les bocages, tout est à voir. Piot connaît cela.

Mon Joseph est toujours sur mes bras ; les gardes d'honneur sont licenciés. Je ne pourrai faire aucun sacrifice pour une nouvelle position tant que mes terres si desséchées ne seront pas un peu humectées de la pluie de Danaë. Hélas ! malheureusement notre Jupiter en est bien avare. Dernièrement il a fait passer sur ma pauvre petite campagne un petit nuage, mais c'était un nuage de l'Opéra tout en papier et qui n'a pas produit une seule goutte (1).

Mandez-moi donc, mon cher ami, si Dauxon est à Paris ; je lui écrirais immédiatement pour lui demander dans quel corps il serait avantageux que Joseph entrât ; ni le commissaire ordonnateur, ni le commissaire des guerres, ni le préfet, ni les généraux ne savent un mot de la nouvelle organisation de l'armée ; c'est un chaos pour tout et partout ; il me tarde bien que le *fiat lux* arrive et qu'il soit suivi du bienheureux *sit nomen*.

Adieu, mon cher Baulmont, je vous écris très à la hâte pour vous et les nôtres ; puissiez-vous être plus heureux et plus tranquille que votre tout dévoué.

G. P.

VIᵉ LETTRE.

Dijon, le 16 août 1814.

Je suis arrivé hier au soir, mon cher Baulmont, et j'ai trouvé vos lettres et vos médailles que j'ai recueillies avec soin. C'est M. Didiet qui est venu me chercher à Beaune dans sa voiture. Ces jours-ci il invite Talma à dîner ; nous

(1) G. Peignot fait ici allusion aux traites dont il a parlé au commencement de sa lettre.

devons faire un gentil quatuor : Talma , sa femme, l'amphytrion et moi. Si cette partie a lieu, je vous en rendrai compte.
Vous savez que Talma est ici depuis quatre jours ; je n'ai pas
encore pu le voir ; je sais qu'il a fait grande sensation samedi
dans *Hamlet.* Je vous parlerai de l'impression qu'il fera sur
moi jeudi ; il sera ici jusqu'à dimanche. Ce serait une belle
occasion pour amener quelques vésuliens ; au reste vous connaissez le jeu de Talma mieux que moi qui ne l'ai pas vu depuis 14 ans.

J'ai passé ma huitaine à Beaune fort agréablement ; j'y ai
travaillé tout à mon aise et sans distractions. Un digne
homme , bon vigneron, m'a invité deux fois à déjeûner ; il
loge au milieu de ses vignes , à une portée de fusil de Beaune.
Il n'a jamais su ce que c'était que Wailly ni Restaut, il s'est
contenté de cultiver ses vignes. Hé bien ! devinez ce que j'ai
trouvé chez ce bon vigneron? un cabinet de tableaux et d'antiquités très-beau , des livres modernes assez médiocres et des
curiosités en tous genres. Sa maison qu'il vient de bâtir est
fort jolie ; il y a des statues et des antiquités celtiques, je vous
vois ouvrir de grands yeux ; tout cela est la plus exacte vérité. Cet homme a le goût des belles choses, et comme il est
riche, quoiqu'honnête homme , il a satisfait ce goût par le
moyen des connaissances qu'il a à Paris , surtout d'un grand
peintre né à Beaune et qui lui a formé son cabinet. Il m'a
payé ma bonne venue chez lui en me faisant cadeau d'un écu
d'or du temps de Charles VI. Un jour cultivant sa vigne, il
heurte avec le hoyau un petit pot de terre renfermant 16
pièces de ce règne : il y avait deux Henry VI , soi-disant roi
de France et de Navarre , puis 14 Charles VI très-précieux,
et dont la figure est bien gravée dans le Traité des monnaies
de Leblanc. Ma pièce vaut 13 fr. 50 ; je la garderai bien
précieusement. Il y avait huit jours que je l'avais mentionnée
dans mon ouvrage des Bourbons.

Un notaire de Beaune m'a donné les mémoires de Danville sur l'ancienne Gaule et sur les mesures des Romains ; vous voyez que je n'ai pas perdu mon temps dans mon petit voyage.

Mais si j'ai trouvé des monnaies anciennes à Beaune, je n'en ai guère trouvé de modernes à mon retour à Dijon. Je n'ai toujours pas de nouvelles de mon fugitif confrère (1). On vient de me dire que le projet de loi des ministres était adopté pour deux ans. Les inspecteurs y sont bien mentionnés ; je commence à espérer ; cependant je suis si peu chanceux !...

Adieu, cher ami, je vous embrasse étroitement.

G. P.

J'oubliais de vous dire que Beaune possède des bains qui sont dignes d'être vus. C'est une demi-rotonde dans le style grec dont la façade intérieure et demi-circulaire est soutenue par dix colonnes. Les baignoires sont en marbre ; une pompe à la Montgolfier fournit les eaux ; des jets d'eau, des terrasses, des parterres font de cela un lieu enchanté. Adieu encore, je vous réitère toutes mes amitiés. J'aurais un peu égayé ma lettre si je n'avais pas tant d'inquiétudes.

VIIe LETTRE.

Dijon, le 24 août 1814.

Mon cher ami,

Je prends la plume pour vous écrire à l'instant où mon Joseph et Senot, l'un et l'autre arrivant de Paris, viennent

---

(1) Le fait dont veut parler ici G. Peignot est inconnu, la lettre précédente étant égarée.

me sauter au cou. Ils sont lieutenants honoraires et attendent la croix. Tout cela est fort beau, mais peu lucratif.

Lundi dernier, j'ai dîné avec Talma, chez M. Didiet; il y avait une jolie réunion; nous étions, comme les muses, au nombre de neuf. Talma est aussi aimable en société que bon sur la scène. Sur cinq heures qu'ont duré, tant le dîner que le café, j'en ai bien passé trois et demie à causer en particulier avec lui, et le temps ne m'a pas paru long. Comme au commencement du dîner M. de Montreau m'a fait plusieurs questions sur la littérature et la bibliographie, et que j'y ai répondu peut-être d'une manière assez satisfaisante, il y a apparence que cela a déterminé Talma à m'adresser la parole plus particulièrement. Il est fort instruit; il m'a raconté une partie de sa vie; il a été l'élève de l'abbé Delille; il m'a cité une ode d'Horace qu'il a traduite en vers français. Fort lié avec Champfort, il a reçu les derniers soupirs de ce malheureux lorsqu'il s'est coupé la gorge; je ne pourrais vous nombrer toutes les anecdotes qu'il m'a racontées sur les gens de cour, tant en France qu'en Allemagne; il m'a beaucoup parlé de Madame de Staël, avec laquelle il est très-lié. Quant au talent de lire, il met Ducis au-dessus de tous; Delille ne lisait bien que ses vers; Teissier est faible; Laharpe était détestable, criard, mordant, méchant; Champfort était pétillant d'esprit, mais très-caustique; sa conversation était un feu d'artifice. Talma n'a pas tari sur ce pauvre diable et m'a beaucoup félicité d'avoir ses œuvres. Je lui ai demandé (à Talma) son âge, il n'a jamais voulu me le dire, mais a prétendu être mon aîné, quoiqu'il paraisse avoir trois ou quatre ans moins que moi; je lui ai montré mes cheveux gris-blanc (les siens sont d'un beau noir); il m'a répondu : « Ne vous fiez pas à la couleur, les miens sont teints; » effectivement je les ai vus en dessous, ils sont gris comme les miens. Il m'a parlé de ses goûts en littérature et de sa bibliothèque;

il déteste les romans; il ne recherche que l'histoire, les antiquités et les voyages (le théâtre va sans dire). Il est très-fort
sur les costumes et m'a cité ceux de chaque règne de notre
monarchie. Il connaît les manuscrits à merveille; le matin,
il avait relevé deux ou trois fois lebibliothécaire de Dijon qui
ne connaissait pas l'âge de quelques manuscrits et faisait des
anachronismes. — Je l'ai plaint d'avoir à jouer ici avec nos
acteurs si médiocres; « vous ne sauriez croire, m'a-t-il dit,
combien cela est fatigant pour moi; je suis obligé d'être
double sur la scène; au milieu des passages les plus pathé-
tiques, je suis parfois obligé de corriger l'acteur qui est en
scène avec moi; ce sont des *a parte* très-fréquents dont le
public ne se doute guère; effectivement, je ne m'en serais
guère douté. Je lui ai vu jouer *Andromaque, Gaston et Bayard,*
puis *Manlius;* il m'a fait grand plaisir dans ces trois pièces.
Il a la vue très-basse; je l'en plaignais; « félicitez-moi plutôt,
m'a-t-il dit, ma vue basse me sert beaucoup; quand je suis
en scène, je ne vois personne, je n'ai aucune distraction, je
suis tout à mon rôle. » Il nous a fait voir comment l'acteur
qui, la veille, jouait Pyrrhus, dans *Andromaque,* s'était
trompé, et il a parfaitement rendu son rôle. Sa voix est
agréable dans la conversation, mais la monte-t-il au ton tra-
gique, il fait vibrer le plafond. Enfin, je ne finirais pas si je
voulais vous raconter tout ce qu'il a dit dans cette soirée
agréable.

Il avait avec lui une jeune dame très-modeste et pour laquelle il paraissait avoir beaucoup d'égards; ce n'est pas sa
femme.

J'oubliais de vous dire qu'il nous a raconté des anecdotes
curieuses sur Fouché. Il nous a aussi beaucoup parlé de Napoléon, mais en galant homme : « Je l'aime, a-t-il dit, et je
le dois parce qu'il m'a comblé de bienfaits; il est malheureux
et non pas haïssable surtout pour ceux à qui il a fait du bien;

Louis est notre roi ; je me sacrifierais pour empêcher qu'on lui fît du mal et pour le défendre. »

Adieu, mon cher ami, il faut en finir quoiqu'il me revienne toujours quelque chose à ajouter, et mes petits diables de militaires font un tapage infernal autour de moi ; je vous barbouille cette lettre sans savoir ce que j'écris. Adieu, je vous embrasse de tout cœur.

G. P.

VIIIe LETTRE.

Dijon, le 18 octobre 1814.

MON CHER AMI,

Je félicite bien sincèrement l'ami Dauxon, de la justice qu'on a rendue à son mérite et à ses longs services ; dites-le-lui bien de ma part. Je félicite aussi M. Hugon (1) ; il a fait les campagnes de Thémis avec distinction et méritait la récompense qu'il a reçue des mains de Son Altesse. Je ne sais si les deux corps d'armée aux doigts crochus (les avoués et les huissiers) auront crié : vivat! Il a souvent enchaîné leur courage et arrêté leur ardeur dans le fort de la mêlée, et le soldat n'est pas content quand on l'arrête ainsi au milieu du pillage. Mais le général est bien louable et mérite d'être décoré sur le champ de bataille au milieu des morts, des mourants, des blessés et des dépouillés dont il a diminué le nombre ou qu'il a sauvés du carnage autant qu'il était en lui. M. Hugon est dans ce cas, et il doit s'applaudir de ce que, grâce à ses soins, les flots d'encre qui ont coulé sous ses yeux

---

(1) M. Hugon, président du tribunal de Vesoul, venait d'être décoré au passage du comte d'Artois.

dans les champs de Thémis n'ont pas coûté aussi cher que dans d'autres pays où l'on compte beaucoup plus de morts que de blessés sous le poignard des soldats, non de Thémis, mais de son infernale bâtarde l'affreuse chicane.

Remerciez pour moi M. Junot, j'ai reçu ses notes.

Adieu, je vous embrasse de cœur.

G. P.

IXᵉ LETTRE.

Troyes, le 4 décembre 1814, jour de
Gabriel, le martyr, et non le saint.

Ah! mon cher ami, je croyais le supplice de la roue supprimé, mais je vous jure que vingt-huit heures de suite, passées dans une maudite diligence, viennent bien de prouver le contraire à mon frêle individu. Jamais je n'ai été tant cahoté, tant et si longtemps choqué, contre-choqué, balloté, exalté, abîmé; j'ai tous les membres disloqués; ce n'est pas le supplice de la roue, mais bien celui des quatre roues que je viens d'éprouver. Le cadavre de ce pauvre Hector, traîné impitoyablement à la queue d'un cheval autour des murs de l'ancienne Troie, est le vrai pendant du mien amené à la queue de six chevaux au milieu de la moderne Troyes; la différence qu'il y a, c'est que ce brave demi-dieu ne souffrait pas de ses blessures, au lieu que moi, pauvre diable, je souffre beaucoup de mes contusions; nous étions neuf dans la diligence, deux postillons, un conducteur et six chevaux, en tout dix-huit, tant bêtes que gens, tous fort las de la route. J'avais à ma droite une dame parisienne qui se plaignait beaucoup des reins à chaque bond que les saignées transversales de la route nous faisaient faire, tout mon corps était en parfaite harmonie avec ses reins; à ma gauche était un légiste; j'avais vis-à-vis de moi une espèce de bourgeois de la rue Saint-Denis, flanqué de son flandrin de fils d'un côté, et de l'autre d'un Monsieur, se disant militaire, et qui jadis a fait de la théologie avec Bobillier ; ajoutez à cela un hussard avec une barbe d'un pied, et deux Messieurs assez insignifiants ; voilà la carossée. Jamais les harengs qui viennent (aussi en diligence) du Groënland sur les côtes de Hollande, et de ces côtes dans nos boutiques, n'ont été aussi pressés que nous l'étions. Je suis sorti de Dijon le samedi, à neuf heures du soir, et je suis arrivé à Troyes ce matin lundi, à une heure ; j'ai déjeûné hier, en passant à Châtillon, chez un de mes bons amis. Ce modique repas a duré une demi-heure ; tout le reste du temps j'ai été dans une position analogue à celle de feu Ixion sur sa roue.

Du 6. Le barbouillage ci-dessus, fait en dormant le jour de mon arrivée, était resté dans mon secrétaire, je le retrouve et suis bien tenté de le jeter au feu ; mais *quod scripsi, scripsi,* il faudra bien que vous l'avaliez, j'en avale, ma foi, bien d'autres depuis que je suis dans cette maudite ville de boue. Les rues y sont noires et sales, et quand on y tripotte dans la crotte jusqu'aux oreilles, je veux être pendu si l'on se doute qu'il y a une once de blanc de Troyes dans cette villasse que je regarde comme l'un des faubourgs de l'Enfer. Oh ! comme je m'écrie bien avec le saint roi, votre patron (1) : « *E luto erue me domine.* » Pour comble de bonheur, il n'y a pas ici un seul homme qui sache ce que c'est que la couverture d'un livre. Les magasins des libraires sont remplis *des Quatre fils Aymond, du Chat botté et du Pensez-y bien* ; j'ai demandé au libraire le plus instruit si je trouverais ici le traité des monnaies, de Leblanc, il m'a répondu que je trouverais à Troyes beaucoup de blanc, même du blanc de céruse, mais qu'il n'en connaissait pas de traité. — A travers tous mes ennuis j'ai cependant quelques plaisirs. J'ai été parfaitement

(1) M. Baulmont porte le nom de David,

accueilli du préfet qui est très-aimable; j'ai dîné chez lui hier; je vais y passer mes soirées; c'est M. Dupleix de Mésy; Madame est aussi affable que lui. M. le maire de Troyes est venu me voir le premier jour de mon arrivée; je suis retourné chez lui le lendemain; il m'a raconté tous les malheurs de Troyes, *quorum pars magna fuit;* je vous réponds que cela mériterait une relation. Pauvre carcasse de bois (c'est de la ville que je parle), comme elle a été arrangée par les messieurs d'outre-Rhin! Bon Dieu!

Le préfet va me remettre une ordonnance pour mon troisième trimestre; c'est fort joli, mais toucherai-je de suite? J'en doute, quoiqu'il me l'assure.

J'ai visité tous mes imprimeurs et libraires; il y a ici une contestation assez sérieuse entre les imprimeurs; je viens de faire un long mémoire sur cet objet.

Il a paru hier ici un pamphlet horrible dont le préfet m'a remis plusieurs exemplaires; nous sommes à la recherche de l'imprimeur. Si vous êtes bien sage et bien discret je pourrais vous communiquer pour un jour ou deux cette publication qui est une monstruosité bien singulière, bien folle et bien criminelle.

Adieu, mon cher ami, priez pour le pauvre isolé qui barbouille du papier dans une auberge, auprès d'un feu chétif, et qui maudirait sa destinée s'il n'était pas un peu philosophe. J'ai dîné avant-hier chez M. et Mme Vaudré qui m'ont fait beaucoup d'accueil. Je partirai dans trois jours pour Paris; je vais tâcher de regagner mon Dijon et de le changer contre toutes mes vilaines cahutes d'Algonquins. Si vous me répondez, adressez votre lettre rue Mauconseil, n° 12.

Adieu, très-pressé, je cours à la poste où j'ai à porter des paquets gros comme moi; mes respects à Madame; tout à vous de cœur.

G. P.

Xᵉ LETTRE.

Dijon, le 12 août 1815.

Mon cher ami,

Je comptais aller exercer ma souveraineté à Vesoul (1); mais mon ministre des finances vient de me faire un rapport en vertu duquel j'ai rendu l'ordonnance suivante :

Considérant que mes confrères, les souverains alliés en agissent sans façon avec moi et avec mon trésor ; que si peu qu'ils continuent à venir manger ma soupe trois fois par jour, non par eux-mêmes, mais par leurs dignes représentants de six pieds de haut, mondit trésor sera à sec ; considérant qu'il ne faut pas semer mon argent par les champs quand il y a dans mon palais deux pompes aspirantes qui le tiennent continuellement en état de fusion ;

Décrète :

Art. 1ᵉʳ. S. M. G... P... suspend pour cette fois, et sans tirer à conséquences son droit de souveraineté.

Art. 2. S. M. désire sincèrement, pour le repos de la France, n'être plus dans le cas d'exercer ladite souveraineté ; mais elle fait des vœux pour une véritable indépendance sans représentation à Paris, mais dans les divisions de gouvernement (cet article ne vaut pas le diable, me direz-vous, eh bien ! vous verrez !)

Art. 3. Les équipages de S. M. resteront sous la remise, place Poissonnerie, et courrier sera expédié à Leurs MM. Baulmont et autres sires pour exprimer les regrets de S. M. G .. P... de ne pouvoir aller les embrasser.

_____

(1) J'ignore ce que G. Peignot a voulu dire en parlant de sa souveraineté ; il s'agissait d'élections dans cette lettre, mais je ne sais le rapport qu'elles avaient avec le décret dont il est question ici.

Art. 4. Le courrier de Gray est chargé de l'exécution du présent décret.

J'espère, mon cher ami, que vous ferez de la bonne besogne sans moi. Je sais déjà que M. D.... (1) se met sur les rangs ; quand le trône aura un pareil appui, le voilà plus consolidé que la grande pyramide du Caire.

N'allez pas croire que je veux mal parler de l'esprit de Vesoul d'après moi, mais bien d'après les rapports qu'en ont fait ici Colloredo et Baden. Je sais que les Vézuliens sont bons ; je n'y connais qu'un révolutionnaire que je voudrais voir planter des melons à Tobolsk et n'en revenir que lorsqu'ils seraient plus succulents que ceux d'Espagne (2).

On parle de grands événements très-prochains, *fiat lux :* Adieu, je vous écris en courant la poste, ma chancellerie est aux abois ; je vous embrasse tous et suis, sans mentir, un pauvre souverain et un souverain bien pauvre, mais toujours le tendre ami de V. M.

G. P.

P. S. Le duc de Brissac a la bonté de faire une pétition pour moi et d'aller lui-même la porter à qui de droit pour m'obtenir une place assez bonne à Dijon. Malgré cela je suis bien sûr de ne pas réussir, tant je connais l'influence de ma mauvaise étoile.

XIe LETTRE.

Dijon, le 19 janvier 1817.

Mon cher ami,

Il y a deux ans ïque j'ai lu le Voltaire de Berchoux et je n'en ai pas été content. Mon opinion coïncidait avec la vôtre,

---

(1) Le candidat n'est pas désigné d'une autre manière.
(2) G. Peignot était ami d'un progrès modéré, mais avait en horreur tout principe tendant au désordre.

mais je le jugeais encore plus sévèrement que vous; je n'y trouvais rien de bien plaisant contre un homme qui a fait tant de plaisanteries si spirituelles et si fines (je ne parle que de la forme, car le fond de la plupart est très-condamnable). A coup sûr M. Berchoux ne luttera jamais avec avantage contre un tel homme; et puis je trouve quelque chose d'inconvenant à remuer les cendres d'un mort avec la flèche de l'épigramme; vous me direz : ce sont les principes dangereux répandus dans la plupart des écrits de Voltaire que Berchoux a attaqués avec l'arme du ridicule. Eh! mon ami, ce n'est pas avec des chiquenaudes que l'on doit attaquer une troupe de lions enragés, c'est avec de bons fusils, de bonnes espingoles, et si l'on n'a pas la force de manier ces armes, seules dignes d'attaquer de tels adversaires, il ne faut pas entrer dans l'arêne; je vous remercie bien de l'offre que vous me faites de me communiquer le poëme en question; comme je l'ai lu, ne prenez pas la peine de me l'envoyer.

Je vous annonce que la foudre est tombée le 16 janvier près de Seurre, sur un village où elle a brûlé deux maisons; et depuis ce temps, nous avons une pluie continuelle. En vérité, c'est le monde renversé au physique comme au moral, ou peut-être que, pour nous faire mieux sentir nos sottises, Dieu a résolu de nous laver la tête jusqu'à ce que nous soyions sages, réunis et repentants de nos erreurs passées. Dans ce cas je crois que nous pourrons prendre notre sac et nos quilles et nous sauver sur le mont Arara pour voir s'il n'y aurait pas encore quelques débris de l'arche de Noë, car un nouveau déluge est immanquable. Trève de.... plaisanterie, vraiment cela devient effrayant.

Connaissez-vous *les merveilles du ciel et de l'enfer, des terres planétaires et astrales, par Emm. Swedenborg, d'après le témoignage de ses yeux et de ses oreilles, traduit du latin par A. J. P. (Pernetty). Berlin, 1786, 2 volumes in-8°*? C'est un tissu d'extravagances. Qui croirait que cet homme qui était très-savant (il est mort en 1772) a des partisans de sa nouvelle église, fondée sur ses folies, et qu'il y en a beaucoup en Angleterre? Cela ne fait pas honneur à l'espèce humaine. J'ai ces deux volumes dans ma bibliothèque depuis deux ans; si vous avez envie de les parcourir, je vous les enverrai; mais vous ne les lirez pas en entier.

Je vous enverrai, avec le vinaigre que vous m'avez demandé, une bouteille de piquette de fruits secs de Normandie; elle est fort bonne, dit-on, quoiqu'inférieure au Vougeot. La différence de qualité est en proportion de la différence de valeur pécuniaire. L'un ne se vend pas plus de neuf francs la bouteille, et l'autre va jusqu'à trois sols, y compris le déchet des bouteilles pétées.

A mon gros rhume s'est joint un rhumatisme qui m'a fait tenir hier toute la journée avec la forme d'un $<$. Je vous écris au coin de mon feu, fourré comme un ours blanc; mes rhumes, mes rhumatismes et, plus que cela, mes L ans me forcent à m'habiller chaudement. Oui, mon ami, le 15 mai prochain, j'aurai mes L ans révolus; triste annonce qu'il faudra songer à prendre mon évolée, car je ne suis pas de nature à espérer qu'il pourra me pousser une seconde L pour mieux m'élancer *ad astra;* tout le monde n'a pas le privilége de Fontenelle qui a vu deux fois l'année 57 dans deux siècles différents.

Adieu, mon cher ami, je vous souhaite les deux LL de ce célèbre écrivain (1), dût la Parque vous rogner un peu, comme à lui, la dernière plume de la seconde L, car vous savez qu'il s'en est fallu de quelques jours qu'il ne complétât sa révolution séculaire.

Adieu, je vous embrasse de nouveau.

G. P.

(1) Ce souhait marche vers son accomplissement.

XIIe LETTRE.

Dijon , le 23 mars 1817.

Mon cher ami ,

Je vous envoie un exemplaire du rapport qu'Amanton a fait de mon ouvrage ; il en a fait tirer je ne sais combien ; vous l'ajouterez à votre volume à cause des additions. Savez-vous que j'ai bien envie de vous gronder ; vous avez l'air de douter, autant que j'en puis juger par une phrase de votre lettre, qu'Amanton m'ait remis des n^{os} de son journal pour vous. Croyez-vous que je me serais gêné pour vous les envoyer de moi-même si j'y avais songé? Certes non , je vous le jure ; vous direz peut-être que ma modestie en aurait trop souffert ; nullement, je suis trop franc avec mes intimes pour m'arrêter à une telle bagatelle. Je vous déclare donc et vous réitère bien sincèrement qu'Amanton m'a envoyé ces 3 n^{os} en me disant : « C'est pour M. Baulmont. » Vous faut-il une plus grande preuve de ma franchise? Je vais vous la donner (mais au tuyau de l'oreille). Otez des deux articles du journal les épithètes beaucoup trop flatteuses qui accompagnent mon nom , et le reste est d'une personne que vous connaissez bien, qui ne ment jamais, qui a été priée par Amanton et par le libraire de faire un article sur l'ouvrage et qui en a fait deux , mais de manière à bien donner le change au public Je n'ai pas besoin de vous en dire davantage ; vous devez reconnaître le pèlerin qui s'est si bien caressé d'une main et si fort fustigé de l'autre. En vérité nous vivons dans un drôle de siècle ; la littérature a vraiment ses Cartouches et ses Mandrins. *O tempora! O mores!* avec lesquels j'ai l'honneur d'être votre tout dévoué.

G. P.

P. S. J'ai été ce soir voir notre gouverneur, pair de

France, arrivé d'hier. J'ai passé une heure avec lui ; je lui ai fait naître l'envie d'aller voir les moulins de Tramoy.

XIIIe LETTRE.

Dijon, le 17 septembre 1817.

Mon cher ami,

Un homme du plus grand mérite, M. Lacoste, célèbre prédicateur, arrivera à Vesoul lundi ou mardi, 25 ou 26 du courant, c'est-à-dire dans huit ou dix jours, pour se rendre à Villersexel, chez M. de Grammont, dont il est l'ami.

M. Lacoste m'a prié d'écrire à quelqu'un de ma connaissance, à Vesoul, pour qu'il pût y trouver une voiture qui le conduisît à Villersexel. Je lui ai dit que j'avais à Vesoul un ami de cœur qui lui rendrait, avec son obligeance ordinaire, le service d'assurer une voiture. Je n'ai pas besoin de vous dire qu'en parlant d'un ami de cœur, c'est vous que j'ai désigné, et que je suis d'avance convaincu que vous ferez pour M. Lacoste ce que vous auriez la complaisance de faire pour moi. Je vous en témoigne par anticipation toute ma reconnaissance.

C'est un bien excellent homme que ce brave M. Lacoste ; j'en connais peu de plus instruits et de plus éloquents dans la chaire. Je l'ai entendu cinq ou six fois ; quand il doit parler, l'église est pleine, toute la ville y afflue quoiqu'on soit fort peu religieux dans ce pays-ci. Il ne paie pas beaucoup de mine ; il est petit, et même a un léger défaut dans la prononciation ; mais son grand talent efface tout cela. J'ai eu le plus grand plaisir à l'entendre ! Massillon, je crois, ne m'en eût pas fait davantage. L'an dernier, il a eu la complaisance de venir, sur mon invitation, faire trois petites exhortations au collège royal; tous les élèves grands et petits étaient stupéfaits d'admiration.

Conticuere omnes intentique ora tenebant.

Sur ce, je prie votre bon cœur ordinaire de tâcher de trouver un char-à-bancs audit aimable M. Lacoste, pour se rendre chez M. de Grammont.

Gratias præago et valeas.

Tibi ad talpas.

G. P.

XIVᵉ LETTRE.

Dijon, le 3 avril 1818.

Mon cher Baulmont,

Vos deux dernières lettres m'ont mis la mort dans l'âme; quels détails déchirants! Deux personnes auxquelles j'étais sincèrement attaché me sont enlevées dans deux jours! Le deuil est vraiment dans ma maison, comme si nous étions à Vesoul. Tous les amis de Piot partagent bien sincèrement notre affliction, surtout Morland qui est bien sensible au mot que vous avez mis dans votre dernière lettre.

Quelles tristes réflexions amènent de si cruels événements! Nous vivons dans nos amis comme ils vivent en nous; nous n'avons pour ainsi dire, entre amis, qu'une ame, qu'un esprit, qu'une pensée qui a pour base un attachement mutuel. Eh bien, quand nous perdons à jamais ces bons amis, n'est-ce pas descendre petit à petit, par lambeaux, dans la tombe? En vérité, à la mort de chaque personne qui m'intéresse, il me semble sentir une partie de moi-même qui s'en va; c'est un à-compte sur la destruction totale. Hélas! j'en ai déjà bien payé de ces à-comptes, et de terribles : je sens à mon affaiblissement progressif que le capital est déjà fortement échancré.

La nouvelle que vous m'avez donnée du mariage de notre

ami le colonel (1), m'a fait le plus grand plaisir; mais combien cette nouvelle joyeuse était tristement encadrée! Si j'avais toute la superstition qu'on reproche à Hérodote et à Tite-Live, je regarderais le hasard qui vous a fait placer cette nouvelle entre deux morts de personnes qui me sont chères, comme un augure défavorable; mais heureusement que nous ne sommes ni Grecs, ni Romains, et que toutes les sottises du paganisme sont éteintes depuis 1817 ans et trois mois.

Votre lettre offre bien le tableau de la vicissitude et de la bizarrerie des événements de ce monde; tandis que l'un descend du théâtre de la vie, l'autre s'apprête à y monter pour former de nouveaux acteurs qui peut-être sortiront à peine de la coulisse. Ainsi va le monde.

J'écris, par le même courrier, une lettre de condoléance à M. de Brissac, sur la mort de Mme la duchesse.

Adieu, il est une heure du matin, je vais me mettre au lit, et tâter, si je peux, de l'image de la mort en l'attendant; le sommeil n'est pas autre chose.

Bonsoir, ou plutôt bonjour.

Tout à vous,

G. P.

XVe LETTRE.

Dijon, le 26 octobre 1819.

MON BON AMI,

Je vous annoncerai que M. le comte de Pontis de Saint-Hélène, chevalier de Saint-Louis, officier de la Légion d'honneur, a fait à la ville de Dijon l'honneur de séjourner dans ses murs pendant deux jours, avec sa nombreuse compagnie

(1) Le colonel Bobillier, frère de l'imprimeur.

en uniforme pareil au sien. Il paraît que M. le comte a renoncé à toutes les vanités de ce monde ; au lieu de hausse-col, un fort collier de fer lui faisait tenir la tête haute ; au lieu de cordon, une énorme chaîne en fer lui descendait sur la poitrine et aboutissait à ses poignets ; une guenille d'étoffe grise, plus que commune, couvrait ses épaules ; cependant il avait un pantalon bleu, des bottes et une casquette, puis un mouchoir dont il se couvrait continuellement la figure. Le bas de son costume le distinguait de ses compagnons, ainsi que l'abattement où il était, car les 250 autres avaient l'air très-effrontés.

Vous voyez que je vous parle de la chaîne des galériens qui a passé ici et à la tête desquels est le fameux Coignard, faux comte de Sainte-Hélène, condamné dernièrement à Paris.

Parmi ces gueux à la chaîne et à la gêne, était un jeune homme de ce pays-ci condamné pour cause d'une peccadille amoureuse bien prouvée. Ce gaillard-là a fixé l'attention des femmes qui le plaignaient vraiment : « Voyez un peu, disaient-elles, pour une bêtise pareille, peut-on arranger un homme comme cela. En vérité, c'est affreux, pauvre jeune homme ! » Puis, dans leur attendrissement et les yeux humides, elles lui donnaient de l'argent à pleines mains. Qu'on dise après cela que le beau sexe n'est pas sensible ; cette sensibilité a fait beaucoup rire l'honorable assistance et n'a pas fait de peine au pauvre diable qui, selon toute apparence, n'aurait pas couru des risques aussi fâcheux, s'il s'était adressé aux bonnes âmes qui le plaignaient si tendrement.

Toute cette bande enchaînée a filé hier sur Beaune, Chalon, Mâcon, Lyon, etc., pour se rendre à Toulon et y jouir de la pension que Sa Majesté va lui faire tant à perpétuité qu'à temps ; pour moi je vais jouir d'un sommeil plus paisible et plus doux que celui de ces messieurs, car il est minuit.

Sur ce, bon soir, bonne nuit, je vous embrasse de tout cœur.

G. P.

XVIᵉ LETTRE.

Dijon, le 29 octobre 1819.

MON CHER AMI,

Je vous écris au milieu des éclats du tonnerre et du vrai déluge. Depuis quatre heures un orage affreux n'a pas cessé. Je vous réponds que les souris auront de quoi boire dans les champs, et les moulins de quoi tourner, deux choses à la fois.

Ma rentrée m'occupe beaucoup; il paraît que nous aurons une notable augmentation de pensionnaires; c'est une preuve que la confiance s'établit.

Nous avons eu bel et bien des changements dans notre Académie; trois professeurs nous quittent, l'un pour être notaire, et les deux autres vont professer à Saint-Cyr. Ces nouvelles là vous intéressent peu, mais je vous dis tout. Notre recteur est à Paris; il est allé conduire son fils à l'Ecole polytechnique, où ce dernier a été reçu le premier sur 82 aspirants. C'est fort joli.

Hier, j'ai dîné chez Mᵐᵉ de Vesvrotte, dont le mari court en poste les quatre parties du monde depuis trente ans, revenant cependant à Dijon de temps en temps. Il va en Laponie, à Rome, à Amsterdam, à Vienne, à Pétersbourg, à Londres, plus facilement que je n'irais à Vesoul. C'est lui qui, un jour, sortant d'un port d'Angleterre pour revenir en France, et se trompant de vaisseau, cingle sur l'Islande, et quand, en pleine mer, on l'avertit de son erreur : « Ma foi, dit-il, cela m'est égal, Islande, France, comme on voudra. » On l'aurait amené en Chine, que cela lui eût été fort indifférent. Il n'y a pas de pays qu'il n'ait tenu.

Sa femme est fort aimable, elle peint très-joliment ; elle a trouvé l'un de mes paysages de Marc fort bien et me l'a demandé pour le copier.

Le tonnerre continue son terrible carillon ; j'en ai les yeux éblouis et les oreilles fatiguées ; et notez que je suis auprès d'un grand feu depuis le matin ; avoir froid et être étourdi du tonnerre est un fait assez rare.

Je vous recommande ma lettre pour Juif, c'est une nouvelle invitation de venir me voir. Vous ne serez pas assez aimable pour l'accompagner, méchant que vous êtes ; jouez-moi donc ce mauvais tour.

Adieu, votre ami,

G. P.

XVIIe LETTRE.

Dijon, 10 décembre 1819.

Mon cher ami,

J'ai fait part à MM. Giraud et Amanton de leur réception à la Société d'agriculture de la Haute-Saône : ces Messieurs me chargent de vous remercier, en attendant qu'ils le fassent par écrit, lorsqu'ils auront reçu leur titre de réception.

Je n'ai pas les ouvrages sur la magie et sur la chronologie dont vous me parlez ; je désirerais particulièrement connaître le second, à cause du *fac simile*. Je ne crois pas qu'il soit annoncé dans mon journal de la librairie.

Je ne sais si je vous ai dit que j'ai reçu, à titre de cadeau, un beau volume de la part du fameux orientaliste Sylvestre de Sacy, l'un des matadors de notre ordre. Il est membre de la commission de l'instruction publique et chargé de la comptabilité. Il m'a écrit aussi une lettre charmante. Le volume est intitulé : *Le Livre des Conseils*, par le Perse Ferid-

Addin Attar : c'est une traduction du Persan avec le texte à la fin.

J'avais écrit à M. Sylvestre de Sacy au sujet de ma créance, et je lui avais adressé une pétition pour la commission. Il m'a promis que d'ici au jour de l'an il me fera payer moitié de ce qui m'est dû, ce sera 5,000 francs ; je vous réponds que cela ne me fera pas de mal ; son volume est fort beau, mais l'ordonnance de paiement brillera encore mieux à mes yeux, si tant est qu'elle arrive. Croiriez-vous que j'ai en ce moment 20,000 francs en caisse, que 6,000 francs me sont dus et bien légitimement dus sur cette somme, et que je ne puis y toucher ; c'est le supplice de Tantale. Je viens encore d'écrire à mon Monsieur de l'Orient. *Puisse, le prophète chéri du Très-Haut lui promptement inspirer de secouer sur mon honorable poussière les perles de sa générosité et les roses de ses bienfaits !* Eh bien ! qu'en dites-vous ? Quand j'aurais suivi un cours d'enseignement mutuel à Constantinople ou à Ispahan, je ne dirais pas mieux. Voici comment M. Sylvestre de Sacy finit sa préface en Persan, ou plutôt ses vers à Louis XVIII : « *Roi favorisé du ciel, daigne, je t'en conjure au nom de Dieu, accéder au vœu que je forme ; qu'il me soit permis, dans ton auguste palais, de baiser la poussière de tes pieds, rivale de la sphère céleste.* » Vous traiteriez peut-être cela de style esclave ? Eh bien ! pas du tout, c'est la tournure des compliments à la persanne ; cela équivaut à notre : « *de Votre Majesté, le très-humble et très-obéissant serviteur.* » Baiser la poussière des pieds, être le très-humble serviteur *sunt verba prætereaque nihil.*

Adieu, tout à vous de cœur,

G. P.

XVIIIe LETTRE.

Dijon, le 31 décembre 1819.

MON CHER AMI,

J'ai reçu votre charmante lettre d'hier, et je vous remercie
bien sincèrement de la joie que vous me témoignez de mon
retour à la santé ; c'est dommage que ce n'ait été qu'un éclair
de mieux, comme je vous l'ai mandé précédemment ; la faiblesse d'estomac est toujours la même. Diète forcée et nulle
amélioration ; ce matin Morland m'a ordonné la magnésie et
demain je commencerai à en faire usage ; mon médecin Brenet est retenu en chambre par la goutte ; il faut bien que chacun paie son écho dans ce maudit hiver et univers.

J'arrive maintenant au premier jour de l'an que je vous
souhaite, ainsi qu'à Mme Baulmont, bon, heureux et riant
un peu plus que le précédent ; j'aurais mille vœux à vous
adresser, le plus ardent de tous serait de nous voir réunis,
comme nous l'avons été pendant tant d'années ; hélas ! elles
se sont écoulées comme un jour, et, je le dis à notre vraie satisfaction commune, comme un jour sans nuages ; savez-vous,
mon cher ami, que le souvenir que cela laisse est bien doux ;
mais au moins la poste nous dédommage un peu ; et si nous
ne causons plus dans mon cabinet ou dans votre joli musée,
nous jetons quelques mots, vous sur votre bureau et moi sur
le mien ; il est vrai qu'ils se croisent quelquefois et que cela
fait une conversation bien interrompue ; n'importe, on y
goûte toujours bien du plaisir. Votre anecdote *des chiens* m'a
beaucoup fait rire ; on dit qu'elle a aussi beaucoup amusé
notre préfet qui était présent, stipulant et acceptant ; le Suisse
a dû prendre une bonne part du compliment.

Adieu, mon cher ami, salut à 1820, car 1819 n'a plus
qu'une heure d'existence, puis il tombera pour jamais dans le

gouffre de l'éternité ; et, nous donc, sommes-nous plus so-
lidés ? Adieu, tâchons d'enterrer encore une trentaine d'années, puis nous tâcherons à notre tour de nous décider à
nous laisser aussi enterrer, quoique, selon toute apparence,
nous n'y soyions pas plus résolus qu'aujourd'hui ; en attendant continuons à rire, boire ;.... j'allais dire manger, mais
mon grognard d'estomac me dit que cela n'est pas donné à
tout le monde ; il faudra cependant bien que cela vienne, à
moins que je ne m'en aille pour lui faire plaisir, mais pas si
bête.

Ma femme et toute ma famille présente ses vœux et ses
compliments à Mme Baulmont ainsi qu'à vous ; je vous embrasse pour 1820 et même pour 1850, amen, tout à vous.

G. P.

P. S. Ne m'oubliez pas, je vous prie, auprès de M. votre
frère quand vous lui écrirez ; il ne doute ni de mes vœux ni
de mon attachement pour lui. Il n'a donc pas pu retrouver
les notices sur *les fortunes anglaises ;* je suis si chanceux que
la fortune se moque de moi et m'échappe, même quand je ne
demande qu'un petit bout de son effigie ou de la peinture de
sa réalité chez les autres.

XIXe LETTRE.

Dijon, le 12 avril 1820.

MON CHER AMI,

Il ne s'est rien passé de nouveau ici depuis ma dernière
lettre.

Je m'occupe toujours de mes recherches sur Laharpe ; on
les mettra sous presse dans huit jours ; cela sera encore assez
fort ; j'espère qu'on m'en tirera quelques exemplaires à
part.

Notre censure des journaux est enrayée, parce que les deux personnes nommées avec moi ont remercié ; et moi je ne veux accepter, quoique j'aie ma commission, que lorsque j'aurai deux collègues qui me conviennent.

Je suis allé ce soir à l'Académie où j'ai appris quelle était la plus grande profondeur du lac de Genève ; une lettre écrite par M. de Luc, notre correspondant, nous mande qu'un Anglais a exploré ce lac pour le sonder et qu'il a trouvé 900 pieds, à la partie la plus profonde ; vers les rives il a 451 pieds, et dans le milieu il y a des parties où il n'a que 36 pieds.

Voilà ce que j'ai retenu encore tant bien que mal, car ma mémoire est comme mes yeux, elle n'est pas très-bonne.

J'ai eu aujourd'hui la visite de M. Lardillon, notre directeur de la poste ; nous avons bien parlé de vous, et il m'a chargé de vous dire mille choses aimables de sa part.

Adieu, mes respects à Madame, je vous embrasse.

Tout à vous,
G. P.

XXe LETTRE.

Dijon, le 9 mai 1820.

Ma lettre sur les détails de l'arrivée du prince (1) n'était point en réponse à votre dernière missive, car elle était écrite et partie avant que je reçusse votre demande : et si je ne vous ai pas répondu, c'est qu'Amanton, ayant donné à cet égard tous les détails, je ne croyais pas pouvoir vous en procurer plus. Mais je vais répondre article par article à votre dernière.

(1) Le duc d'Angoulême.

— A-t-on tiré le canon? Non, par 56,000 raisons dont vous devinez la première.

— A-t-on illuminé? Oui et non. La préfecture et l'hôtel de ville l'étaient, peu de personnes ont suivi cet exemple.

— A-t-on drapé les rues et arboré aux fenêtres? Non pour drapé, oui pour quelques drapeaux, mais les rues par où devait passer le prince ont été sablées.

— Le prince a-t-il refusé la grande garde? Non. La garde nationale, les cuirassiers et les Suisses ont monté continuellement la garde; la garde nationale dans l'intérieur des appartements, les Suisses dans les cours, les cuirassiers à la porte extérieure à cheval.

— A-t-il entendu la messe avant son départ? Oui, il se l'est fait dire dans ses appartements le mardi, à sept heures, et il est parti à huit. La veille et l'avant-veille il l'avait entendue à Saint-Michel.

— La mairie était-elle allée au-devant de lui? Je ne crois pas; on n'est point sorti de la ville, mais on l'a attendu à la préfecture.

— A-t-il été harangué? Oh oui!

— Etait-il à pied ou à cheval à la revue du Parc? Je n'en sais rien, car je n'y suis pas allé; mais je crois qu'il était à cheval; c'est ainsi qu'il a paru à la manœuvre du lundi.

— A-t-il été salué de nombreux *vivat*?... Pas le mot quand il est entré dans la ville, et même on m'a dit que, dans la première rue, un marchand de parapluies en avait étalé de tout ouverts devant sa boutique avec une symétrie de couleurs vraiment édifiante, et qui devait être fort agréable au prince; le rouge, le bleu et le blanc se mariaient à ravir; mais la première rue passée, les *vivat* ont commencé, et il y en a eu à la préfecture pas mal, à la revue du Parc couci-couci, à la manœuvre du lundi beaucoup.

Voilà, mon cher ami, toutes mes questions et toutes mes

réponses qui, pour la plupart, ne sont malheureusement pas *de visu*. J'ai été faire deux visites au Prince : le reste du temps je suis resté dans mon cabinet. Vous savez que je fuis la foule, le brouhaha et surtout le grand cérémonial; d'ailleurs l'assassinat du duc de Berry était devant mes yeux quand j'étais en présence du Prince, et cela me pénétrait tellement qu'il me tardait d'être rentré chez moi pour être délivré des sentiments pénibles que j'éprouvais *in conspectu fratris victimæ*.

Vous avez déjà vu, ou vous allez voir MM. de Villeneuve; ne m'oubliez pas, je vous prie, auprès de l'un et de l'autre. M. de Villeneuve, le jeune, est d'une grande amabilité, plein d'esprit et de connaissances; il a fait de charmantes strophes sur la mort du duc de Berry. Il m'a donné un *fac-simile* d'une lettre d'Henri IV. Je lui ai beaucoup parlé de vous, il désire bien faire votre connaissance; il est grand amateur de lettres autographes; vous régalerez ses yeux de vos richesses en ce genre. Si vous aviez quelque chose sur Réné d'Anjou, à lui communiquer, vous le mettriez aux anges; j'ai trouvé bien peu à ce sujet, cependant cela lui a fait plaisir et à moi plus encore. Ce bon Réné était le Henri IV des Provençaux, il était juste qu'il eût un historien qui eût une belle ame et un cœur fait pour apprécier celui d'un si bon prince (1).

Adieu, tout à vous de cœur,

G. P.

XXIe LETTRE.

Dijon, le 19 mai 1820.

Mon cher Baulmont,

Quoique vous vous trouviez dans les fêtes et les embarras jusqu'au cou, je ne puis m'empêcher de vous remercier de ce

---

(1) Voilà comment G. Peignot parlait de ses rivaux littéraires.

que vous m'avez mandé du début de mon Joseph dans la carrière du barreau. Savez-vous que je suis le plus heureux des pères dans ce moment. Hier mon Gabriel m'a fait présent d'une superbe écritoire en argent du poids de deux marcs et demi ; c'est un cadeau qu'on lui a fait pour une affaire dont il était chargé. J'ignorais cela ; il est venu hier matin dans ma chambre et m'a dit : « Mon père, voici mon premier gain dans la carrière du barreau, je te prie de l'accepter, je ne puis en faire un usage plus agréable pour moi ; si tu veux bien le recevoir, je suis sûr que cela me portera bonheur. »

Jugez quelle a été ma surprise et ma joie ; j'en ai été tellement satisfait que j'ai voulu le lui prouver à l'instant. Je suis allé à mon secrétaire et j'y ai pris une poignée d'écus que je lui ai présentés : « Oh ! m'a-t-il dit, tu m'enlèves tout le plaisir que j'éprouvais. » Je lui ai répondu que ce n'était point dans l'intention de lui payer son joli meuble dont j'entendais n'être que dépositaire, mais que je voulais seulement lui donner une marque de la satisfaction que j'avais, à lui voir un si bon cœur. Puissent ces deux débuts de mes chers enfants les encourager à bien travailler et à se bien conduire ! Je n'ai pas à me plaindre jusqu'à ce moment, j'espère que le ciel bénira leurs travaux.

J'ai ici des inspecteurs généraux ; depuis trois jours notre recteur n'est pas à Dijon, et c'est moi qui suis chargé de toute la besogne ; j'en ai encore pour huit jours du matin au soir ; je suis déjà excessivement fatigué.

Hier M. Baudot m'a apporté un paquet pour M. de Villeneuve, je vous l'adresse ; mille choses respectueuses à M. le préfet et à son aimable frère. Il est une heure du matin. J'embrasse Bobillier de tout mon cœur, ainsi que le cher Piot. *Vale et semper ama.*

G. P.

XXIIe LETTRE.

Dijon, le 19 septembre 1820.

MON CHER AMI,

J'ai été fort satisfait de mon voyage à Semur ; j'ai été reçu partout avec affabilité et vive amitié, surtout chez l'ami qui m'avait emmené, un peu malgré moi, et chez un autre vieil ami de trente-cinq ans, qui est là inspecteur des domaines, le meilleur homme du monde ; il se nomme Pillon ; Piot le connaît bien ; l'ami chez lequel j'étais logé est un M. Tridon, cœur de la même pâte ; il est receveur particulier de l'arrondissement, c'est un grand et gros gaillard, vif comme la poudre, mais le meilleur des hommes ; il est encore jeune ; sa femme est on ne peut pas plus aimable. Il est beau-frère d'Armand Gouffé, le chansonnier, qui vient passer quelquefois une quinzaine à Semur ; la première fois qu'il y viendra, il me l'amènera.

Parlons un peu de la ville de Semur ; elle offre un coup d'œil des plus pittoresques. Figurez-vous une ville bâtie en amphithéâtre, et cet amphithéâtre a bien au moins 400 pieds de hauteur. Depuis le cabinet que j'occupais sur une jolie terrasse, je voyais la ville se développer en cintre autour de moi comme dans un panorama. L'Armançon coule au bas des rochers sur lesquels la ville est construite comme en cascades ; rien n'est plus pittoresque ; les environs sont très-beaux. Jeudi je suis allé voir jouer le télégraphe, c'est un mécanisme assez curieux et qui m'a fait plaisir ; dans moins d'une minute j'ai vu donner et recevoir des nouvelles sur une ligne de huit lieues (1).

(1) Que dirait-il aujourd'hui ?

J'ai été reçu à la bibliothèque publique par le bibliothécaire de manière à me faire rougir, tant il m'a parlé du
bonheur qu'il avait de me posséder, et autres absurdités de ce
genre : il avait mes ouvrages de bibliographie et ne cessait
de m'en faire de plats compliments ; il m'a demandé quelques
renseignements sur des éditions du xvᵉ siècle, je lui ai relevé
quelques erreurs qu'il avait commises, cela ne faisait que l'en-
gouer davantage de ma chétive personne.

J'ai vu aussi des jardins construits sur les rochers dont je
vous ai parlé, c'est vraiment curieux ; dans le jardin du
maire il y a une statue colossale de Jason qui est un chef-
d'œuvre de sculpture ; elle est sur la pointe d'un rocher et fait
un effet admirable.

Adieu, je n'ai pas le temps de me relire, tout à vous.

G. P.

XXIIIᵉ LETTRE.

Beaune, le 30 septembre 1820.

MON CHER AMI,

J'ai eu beau former la résolution de vous laisser tranquille
pendant mon absence de Dijon ; je n'y puis plus tenir dans
ma solitude de Beaune, où je suis sans femme, sans enfants
et nez à nez avec Prieur et les Césars que je travaille d'importance ; il faut absolument que je vous écrive.

Je ne sais encore si j'irai à Lyon ; je compte aller passer un
ou deux jours à Chalon chez M. de Jussieu, mon bon ami ;
j'attends de ses nouvelles, il est dans son vignoble près de
Chalon.

Le soir je parcours les environs de Beaune qui sont fort
agréables. Je suis allé dîner à Bligny-sous-Beaune, chez le

jeune Foisset qui, à 21 ans, est déjà mon confrère à l'Académie de Dijon, où il a été couronné il y a deux ans; c'est un fort aimable jeune homme, dont la famille est plus aimable encore; je n'ai à lui reprocher que la petitesse de sa taille, il n'a encore que six pieds un pouce, mais il espère bien grandir jusqu'à 25 ans, alors cela fera un jeune homme présentable dans un salon, en baissant cependant la tête pour y entrer; où est J. Boudot (1) pour se mesurer avec un pareil gaillard? Aujourd'hui Foisset vient dîner avec moi, nous boirons à votre santé, vous savez que les amis de nos amis participent à toutes jouissances réciproques, et par là même sont aussi nos amis.

Je vous annoncerai la mort de Pinard; il était allé voir son fils, receveur du côté de Paris; il y est tombé malade et a voulu revenir. Son fils l'a ramené en voiture, mais le mal a empiré pendant la route et le pauvre malade est mort dans un hôtel à Arnay. Le fils a ramené le corps à Demigny, où Pinard faisait son domicile et où il désirait être enterré. Il avait un appartement à Beaune, où je l'ai déjà vu et où je comptais le voir encore, mais c'est une affaire qui n'aura plus lieu.

Combien de nos connaissances tombent autour de nous! chez les anciens, les survivants buvaient un coup de plus, et moi je trouve que rien n'est plus triste. Comme nous existons plus au moral qu'au physique, et que la vie ne se compose pour ainsi dire que de nos relations avec les autres, il me semble, quand il en meurt quelques-uns, que c'est une brique de moi-même qui s'en va. Il est vrai que cette brique se remplace par d'autres, mais on aimerait tout conserver; d'ailleurs il y a brique et brique; celles qui ont été longtemps chauffées au four de l'amitié sont les plus précieuses et celles que l'on voit dégringoler avec une peine difficile à exprimer. Avis

---

(1) Parent et ami de G. Peignot de taille excessivement petite.

donc au lecteur et conservez ma brique Baulmont saine et sauve, longtemps après que votre brique Peignot aura roulé de son toit fragile, dans l'abîme universel.

Où diable vais-je prendre toutes ces idées saugrenues? On voit bien que j'habite le pays des Aliborons; mais aussi c'est le pays des vins excellents; c'est dommage que mon estomac ne puisse s'en accommoder; j'ai été obligé de reprendre le régime de la rhubarbe et du sirop de citron.

Pour me délasser, je continue mon histoire généalogique de la famille des Césars; j'en noie, j'en assomme, j'en égorge, j'en étrangle, j'en décapite; en vérité c'est charmant; il n'y a pas de passe-temps plus doux. Oh! la jolie famille! Ce n'est rien que lire l'histoire en passant pour avoir une idée de ces gaillards-là; il faut s'appesantir sur les faits; compulser tous les historiens, tout réunir; alors on voit d'un bien autre œil combien ces gens-là et leur gouvernement diffèrent de ce que nous sommes et de ce que nous voyons; si l'homme est le plus bel ouvrage de la création, il faut convenir que l'espèce humaine est bien ce qu'il y a de plus pitoyable; j'entends par espèce humaine l'ordre social; il est vrai que l'homme est l'ouvrage de Dieu, et que l'ordre social est l'ouvrage des hommes, ne soyons donc plus surpris.

Encore de la morale! Mais j'ai donc le diable au corps! Adieu, si vous voyez mes fils, dites-leur que je me porte assez bien : je les embrasse tous trois, si j'en avais quatre ce serait ma croix, autant vaut; mille choses à Piot, Bobillier et tous mes bons amis.

Tuus in æternum.

G. P.

XXIVe LETTRE.

Dijon, le 23 octobre 1820.

MON CHER AMI,

Me voici enfin de retour depuis deux jours, les yeux
éblouis de tout ce que j'ai vu et les pieds abîmés à force d'a-
voir battu le pavé pointu de Lyon. L'énorme besogne arriérée
que j'ai trouvée en rentrant et qui augmente le tracas de l'ouverture des classes ne m'a pas permis de vous donner plus
tôt tous les détails de mon voyage.

Le lendemain de mon arrivée à Lyon, je suis allé voir quelques personnes avec lesquelles j'étais en correspondance littéraire, entre autres l'avocat du Roi, j'en ai été reçu avec
une affabilité qu'il est impossible de vous peindre. D'autres
messieurs que je ne connaissais point, mais qui avaient eu
la bonté de faire quelqu'attention à mon nom jeté par-ci par-
là sur les journaux, m'ont fait un accueil non moins agréable,
et c'était à qui me ferait offre de service pour me conduire
partout où il y avait quelque chose qui pût piquer ma curiosité.
C'est surtout le président de l'Académie des sciences qui m'a
accablé d'amitiés et m'a fait voir dans le plus grand détail le
musée, les antiquités, la bibliothèque, les cabinets particuliers et le sien propre qui est charmant. Figurez-vous qu'à
côté de ses livres, il a un musée en ivoire, c'est une vaste
pièce remplie de morceaux en tous genres, tels que figurines
ou petites statues, bustes, diptyques, croix, tableaux, etc...,
le tout en ivoire; il en a déjà pour plus de 15,000 francs. Ce
monsieur m'a conduit chez le premier amateur de Lyon et
peut-être de toute la France pour la magnificence et le luxe

de sa bibliothèque ; c'est M. Coulon. J'ai encore eu là un accueil qui m'a vraiment couvert le front d'une couche d'incarnat, tant j'ai été confus de toutes les honnêtetés que j'ai
reçues de ce Monsieur. Figurez-vous, mon cher ami, un
cabinet de la grandeur de votre joli musée ; de petites colonnes élégantes, supportant un riche couronnement, entre
elles des rayons en acajou chargés de tous les chefs-d'œuvres
de la typographie, ornés d'un luxe de reliure tel que je n'en
ai jamais vu. Tous les grands papiers des auteurs anciens et
exemplaires de choix y sont habillés par les Bozerian, les
Simier, etc... Quant aux œuvres modernes, M. Coulon fait
venir les meilleures éditions en grand papier vélin, brochées ;
il les examine feuille à feuille, et quand il n'y trouve aucun
défaut, il renvoie cela à Bozerian pour le relier avec toute
l'élégance possible. Quand j'étais là, il venait de recevoir une
petite caisse de ce relieur où il y avait pour 1,460 francs de
reliure seulement ; j'ai vu de petits in-12 dont l'habit coûtait
15 francs. Quelle richesse, mon ami ! Et ces reliures ne res-
semblent nullement à nos plus belles, c'est un genre tout
nouveau que l'on nomme *antique*. M. Coulon estime 160,000
francs son cabinet, je serais tenté de croire qu'il vaut plus.
Jugez, mon bon ami, quelle a été ma confusion quand ce
Lucullus bibliophile est allé tirer de ses riches rayons cinq
ou six volumes de mes œuvres et m'a dit : « Voilà, Monsieur
Peignot, tout ce que je possède de vous, et je suis très-fâché
de n'avoir pas tous vos ouvrages ; je les ai demandé à Renouard, il n'en avait plus, mais je les chercherai tant que je
les découvrirai ; oui, je veux tout avoir. »—« Monsieur, lui ai-
je répondu, voilà une galanterie ou plutôt une plaisanterie
qui est un peu trop forte, je sais qu'il faut des ombres au
tableau, mais avouez que mes babioles en font une ici plus
que saillante. »—« Non, non, m'a-t-il répliqué, vos livres sont
pleins de recherches, et je ne conçois pas comment vous avez

pu déterrer tout cela en Province (1). » Enfin, mon cher ami, je vous ennuierais, si je vous racontais toutes les honnêtetés qui m'ont été faites de tous côtés, non compris quelques livres que j'ai été forcé d'accepter, surtout d'un libraire renommé d'Aix qui se trouvait par hasard à Lyon et qui ne pouvait revenir de la surprise de me voir dans cette ville, lui qui, disait-il, désirait depuis 15 ans entrer en relation avec moi. C'est un ami de M. Hubaud de Marseille, celui qui m'écrit des lettres en caractères si fins ; je l'ai fait dernièrement recevoir membre de l'Académie de Dijon.

Revenons à nos curiosités de Lyon. Je suis monté jusqu'au dessus du clocher de Notre-Dame de Fourvières par un temps magnifique, et, de là, j'ai admiré toute l'étendue de Lyon, la richesse de ses quais, la majesté de ses deux fleuves qui semblent n'avoir voulu se réunir qu'après avoir contribué individuellement à la splendeur de la ville la plus commerçante de France ; j'ai voulu assister au mariage de la Saône et du Rhône à l'extrémité de Perrache ; le mari, comme de raison, m'a paru beaucoup plus grand, plus nerveux, plus fort que sa tendre moitié qui semble faire quelques façons pour mêler ses eaux avec celles de son bruyant époux.

Je suis allé à Chaponot voir les débris des aqueducs romains ; j'en ai trouvé dans les champs une ligne de 2,150 pas bien comptés ; 74 arcades occupent une grande partie de cette ligne ; les uns disent qu'on doit ce monument à Marc Antoine, les autres l'attribuent à Claude. A propos de Claude, j'ai vu à l'antiquaille le lieu où il est né, ainsi que Caracalla ; ce sont deux pauvres sujets, mais ils tiennent leur place dans

---

(1) Ce n'est qu'à M. Baulmont que G. Peignot pouvait confier des détails de cette nature. Il était d'une modestie telle que ses parents eux-mêmes n'ont pas toujours été instruits des ovations dont il a été l'objet.

l'histoire. J'ai vu aussi le discours de Claude sur les tables d'airain qu'on prétend avoir été gravées par ses ordres.

J'ai passé deux heures au cimetière où j'ai admiré de beaux monuments ; la tombe de mon pauvre ami Delandine est la première que j'ai vue ; *sit illi terra levis* (1) ! La place Belle-cour est entièrement réparée.

On remet à neuf l'hôtel de ville, c'est-à-dire qu'on gratte les murs pour leur ôter cette teinte noire, désagréable à l'œil. Le café Gaillet est de toute beauté ; tout d'une seule pièce, il renferme cent tables assez espacées, les glaces, les sculptures, les dorures y sont en profusion. J'ai été très content de la plupart des églises (2).

Je ne vous parle pas de l'accueil que j'ai reçu de mes parents ; il a été tel que je devais l'attendre de la plus sin-cère et de la plus vive amitié.

J'aurais encore mille choses à vous dire sur Lyon et sur ma route en allant et en revenant, mais il est une heure du matin et il faut bien aller se coucher. Adieu, je vous em-brasse de tout cœur, bien fâché de ne vous avoir pas eu en route avec moi.

G. P.

P. S. Je vous parlerai une autre fois du désert de l'her-mitage du Mont-d'Or, que l'on appelle les folies Guilliaud ; c'est une des curiosités les plus originales des environs de Lyon ; je les ai vues dans le plus grand détail.

Ci-joint une épître nuptiale pour le futur beau-père Des-sirier ; combien ces mariages-là nous poussent au bal.... mais c'est à celui de la danse d'Holbein ; il me semble que c'est hier que j'ai vu la future en petite bavette et portée sur le bras.

(1) Delandine de Saint-Esprit, homme de lettres distingué, était un des amis les plus intimes de Gabriel Peignot.

(2) Il est assez singulier que G. Peignot, qui avait voyagé dans sa

XXVe LETTRE.

Dijon, le 27 décembre 1820.

MON CHER AMI,

Encore une de ces chétives années de notre frêle existence d'écoulée, encore des souhaits, des vœux, des compliments que le vent emporte comme il a emporté la feuille jaune à la fin de l'automne. J'ai déjà versé plus de la moitié d'un siècle dans le grand sac du temps, et je ne me trouve guère plus avancé. Combien y verserai-je encore de minutes avant d'y tomber moi-même? C'est ce que je ne sais pas, mais j'attache assez peu de prix à la vie pour désirer vivement ne pas survivre à tout ce qui m'est cher. Cependant je serai content si je puis encore vous dire pendant quelques dizaines d'années : le petit bonhomme vit encore et vous féliciter, mon cher ami, de vous voir une existence agréable sous le rapport de la santé, de la fortune et du bonheur conjugal. Je ne voudrais pas que vous eussiez des monts d'or, parce que votre cœur, devenu métallique, ne serait peut-être plus sensible aux douceurs de l'amitié; mais je veux que vous continuiez à jouir de cette médiocrité un peu dorée qui, ayant pour base la modération, laisse un libre essor à toutes les qualités d'une belle ame. Je veux que vous me surviviez assez longtemps, afin que vous contribuiez au bonheur de nos amis communs (1), comme vous contribuez au mien; je veux, enfin, que vous et

jeunesse, qui avait visité Londres avant vingt ans, ait vu à cinquante-deux ans, pour la première fois, Lyon où il avait une partie de sa famille.

(1) Jamais souhait ne fut si heureusement accompli.

Madame finissiez comme Philémon et Baucis, sans vous en apercevoir, au bout d'une longue suite d'années et simultanément. Vous direz peut-être : « Voilà un drôle de corps qui nous plante là pour reverdir, comme ces deux vieux ormes de la fable. » Oui, certes, je vous souhaite ce reverdissement, et je serais heureux si ma tombe reposait à l'ombre de votre feuillage.

Adieu, je suis très-pressé d'ouvrage dans ce temps-ci ; dites, je vous prie, tout ce qu'il est possible de dire en fait de vœux, de compliments, de félicitations d'usage à tous nos amis communs. Adieu encore ; je vous prie de croire à toute mon amitié qui ne finira qu'avec toutes les *bonnes années* présentes, futures, et celles au-delà du terme, si *bonne année* il y a dans le sombre ou rayonnant manoir.

Tout à vous, *in œternum.*

G. P.

XXVIᵉ LETTRE.

Dijon, le 13 janvier 1821.

MON CHER AMI,

Votre lettre sur l'effroi que vous causent les changements dans votre patrie m'ont singulièrement affecté. Je croyais le système des innovations terminé, mais il paraît qu'on veut toujours bâtir sur un sable mouvant, ce n'est pas le moyen de consolider la machine. Cependant il ne faut pas jeter le manche après la cognée ; en faisant tout ce qu'on peut, si cela ne va pas, tant pis pour ceux qui donnent une fausse direction aux mouvements secondaires, mais au moins les subalternes n'ont rien à se reprocher.

Nous ne sommes pas non plus à l'abri de changements qui peut-être seront encore plus terribles que les vôtres. Il faut attendre avec patience et résignation ; je vous avoue que ces vertus sont chez moi presque à bout. Vous vous plaignez de vos ennuis. Ah ! si vous connaissiez tous les miens, vous vous regarderiez, par comparaison, comme le plus heureux des mortels (1)! Au reste, chacun a sa besace, et la plus lourde est toujours celle que l'on a sur les épaules.

Je vous remercie bien du livret que vous m'avez fait passer de la part de Weis.

J'aurais le plus grand et le plus pressant besoin de quelques notices sur les orages et particulièrement sur les effets singuliers de la foudre, depuis 1778 jusqu'à 1804 ou 1806 à peu près ; n'en aurai-je que deux ou trois, ce serait toujours autant ; je ne trouve rien ici en ce genre, pour ces années seulement. Je vous prierais de me dire si, dans nos grandes notices de l'almanach sous verre, il n'y aurait pas quelque chose à cet égard ; et, dans le cas où il y aurait *pâture*, je vous prierais, comme le livre est un peu trop fort pour me l'envoyer, et comme je ne voudrais vous donner aucune peine, sachant combien vous êtes occupé, je vous prierais, dis-je, de confier votre volume à mon fils Joseph qui me copierait ce qu'il trouverait de plus intéressant dans les années susdites, et me l'enverrait sans faute pour mardi. Il faut que cela soit écrit très-lisiblement. Ayez la bonté de lui communiquer ma lettre, si vous croyez que votre livre renferme ce que je vous demande ; il se mettrait immédiatement à la besogne.

Ce que je vous demande est une addition à un volume assez curieux que vous recevrez dans quelque temps ; je ne voulais

---

(1) G. Peignot ne se plaint sans doute si amèrement que du peu de stabilité de sa position de fonctionnaire public, car aucune satisfaction morale ne lui a manqué. La Providence a remplacé pour lui la gloire brillante qu'il eût pu rechercher par le bonheur intérieur, le plus pur et le seul qu'on n'achète pas.

vous en parler qu'en vous l'envoyant, mais il faut bien que je me procure tout ce qui peut compléter le travail. La glace et la foudre, voilà les deux objets que j'ai traités historiquement et chronologiquement. Puissé-je ne m'être ni gelé, ni brûlé les doigts en maniant un tel sujet. L'impression que je fais faire à Chalon est fort belle et très-avancée. Vous verrez des phénomènes de toute espèce dans ce recueil.

Adieu, tout à vous de cœur.

G. P.

XXVIIe LETTRE.

25 janvier 1821.

Grand merci, mon cher ami, des excellentes notes que vous m'avez envoyées vous-même. On a bien raison de dire qu'il vaut mieux s'adresser à Dieu qu'à ses saints. Mon saint Joseph m'avait fait une bouillie pour les chats, et mon Dieu Baulmont m'a envoyé justement mon affaire. Il n'y a que le pistolet de verre qui probablement restera entre mes mains, parce que je ne le conçois qu'imparfaitement, au reste je verrai. Mais pour tout le reste c'est très-bon; j'ai déjà classé quelque chose. Je présume que tout cela partira samedi pour Chalon.

Adieu, cher ami, remercîments réitérés et mille amitiés.

G. P.

XXVIIIe LETTRE.

Dijon, le 21 février 1821.

CHER AMI,

J'ai chargé Lagier, le libraire, de vous faire passer par l'intermédiaire de mon fils Joseph le catalogue des livres de feu M. Maret, rédigé par M. Delmasse, et dans lequel vous trouverez une terrible faute typographique à l'article 1649 (*consulorum romanorum*). Frantin, l'imprimeur, en est désolé; comme l'éditeur est un grand grammairien et bibliographe, il est évident que ce n'est qu'un *lapsus*. Ce catalogue ne renferme que le tiers des livres de M. Maret. Il y a de belles choses, mais il y a aussi bien du fatras. Si le cœur vous en dit, vous pouvez adresser vos demandes à moi ou à Lagier. Pour moi je n'y ferai pas grande poussière, et, pour éviter la tentation, je n'irai pas à la vente (1) ou j'irai fort peu et par pure curiosité. Je viens de me procurer quelques ouvrages assez chers, tels que le Virgile de Plassan en 4 volumes in-8°, grand papier vélin, le Racine d'Aimé Martin en 6 volumes in-8°, avec toutes les notes des commentateurs, les nouveaux dramatistes latins; 18 volumes, les nouvelles nuits d'Aulu-Gelle, 3 volumes in-8°; je n'ose pas vous finir ma confession, car vous me refuseriez toute absolution; il est temps de m'arrêter; cependant je couche en joue parmi les livres de M. Maret le beau Cicéron de Lefebvre en 30 volumes in-8°. Mon cabinet s'enrichit, mais le diable me fait les cornes au fond de ma bourse; et vous savez ce que c'est quand le diable est au fond de la bourse; quand je dis vous savez, je n'entends pas que vous le savez par expérience, mais je veux dire que vous connaissez le proverbe.

Lagier me tourmente pour mettre au net ma seconde édition du choix des livres. Dieu soit loué! la librairie, si active depuis six ans, m'offre assez de matériaux, mais je suis le plus sot animal qu'on ait vu : je ne ressemble pas mal à ces bonnes bêtes des environs de Beaune, qui, malgré leurs

(1) Le goût immodéré de G. Peignot, pour les livres, est suffisamment peint dans cette lettre; il forme la résolution de ne pas aller à la vente; mais se connaissant trop bien pour ne pas savoir qu'il s'y rendra malgré la promesse qu'il se fait, il n'ira que fort peu, dit-il, et par curiosité; cependant il convoite un Cicéron; il y a peut-être acheté vingt autres ouvrages.

longues oreilles, n'entendent rien quand elles ont chaussé
quelque caprice dans leur tête; on a beau leur taper sur la
croupe pour les faire passer par tel chemin, si elles ont dit
non, elles n'y passent-pas. J'en suis de même, on me talonne
pour me faire enfiler la voie du *choix des livres.* Eh bien! pas
du tout, je m'enfonce sur la voie appienne, et me voilà au
milieu de ces vieux Romains, chargés de l'or et des dépouilles
de toute la terre; encore passe si de tout cet or il m'en restait un peu au bout des doigts; mais *va-t-en voir s'ils viennent;*
le *choix des livres* me rapporterait quelques centaines de francs
et je n'y travaille pas; les vieux Romains me traitent comme
Pyrrhus, Mittridate, etc..., et j'en raffole quoique ce soient
de vilains messieurs. Que voulez-vous, ainsi va le monde.
Grondez-moi, grondez-moi bien fort. Cependant, raillerie à
part, je vais m'occuper du choix des livres.

Adieu, je finis en tombant de sommeil et vous embrassant.

G. P.

XXIXᵉ LETTRE.

Dijon, le 14 septembre 1821.

Dieu soit loué! cher ami, me voilà débarrassé de tout
examen, de tout concours, etc... Aujourd'hui j'ai signé les
derniers procès-verbaux, et dimanche je serai sur la route de
Vesoul où je compte vous embrasser lundi.

Je vous avoue qu'il est bien temps que je prenne un peu de
repos ou, pour mieux dire, que je sois un peu dégagé des soucis de ma place. Hélas! encore le *souci monte en groupe et
galoppe avec nous,* mais je tâcherai que ma monture fasse un
tel soubresaut, qu'elle le jette sur le pavé en sortant de
Dijon.

Quelle joie je me fais, mes bons amis, de vous tous embrasser! Voilà deux ou trois ans que je n'ai eu ce bonheur.

Les années s'écoulent, on devient vieux, on n'aime plus à voyager ; les privations sont plus longues, mais aussi, quand le cœur ne vieillit pas, les jouissances qu'il procure sont bien plus vives. Je ne soupire plus maintenant que pour le repos ; les Romains étaient toujours à crier : *panem et circenses* ; pour moi je n'en demande pas tant : *libri, quies* et le pot au feu, voilà toute mon ambition ; vous voyez qu'elle n'est pas déraisonnable. Il est vrai que j'y ajouterai encore la tasse de café que ces coquins de Romains n'auraient jamais eu l'honnêteté de m'offrir ; j'avoue qu'à mon tour je serais fort embarrassé de les régaler de *garum*, de *laserpitium* et même d'un cyathe de *Cécube*. Ainsi va le monde, tout se perd, tout se succède ; il n'y a d'éternel que ce qui n'est pas l'ouvrage des hommes. Or, comme les bons cœurs ne sont pas l'ouvrage des hommes, les.... quel diable d'argument en Baroco vous fais-je donc là ? Je voulais en conclure que notre attachement sera éternel ; ma foi ! je suis un triste logicien qui exprime son vœu par le plus pitoyable *ergo* qui ait déshonoré les bancs de l'école ; il est vrai que je tombe de sommeil ; il est minuit sonné, et je n'y vois plus goutte.

Adieu, cher ami, j'ai beau déraisonner, j'ai beau avoir sommeil, je ne vous en suis pas moins attaché, *nocturno diurnoque corde.*

Tout à vous.

G. P.

XXXᵉ LETTRE.

Dijon, le 7 octobre 1821.

MON BON AMI,

En retour de l'excellent et agréable dîner dont votre amitié m'a gratifié, je vous envoie un petit plat de dessert d'autant plus agréable que vous en aurez la primeur. Mon cher Prieur

5

arrive de Paris, où il a été constamment avec Armand
Gouffé, qui est sous-chef au ministère des finances, et qui, en
sa présence, a composé la chanson suivante que je trouve
fort jolie et qui me plaît d'autant plus qu'elle s'éloigne de tout
excès ; mais elle ne ferait aucun effet, chantée à table, parce
qu'elle ne flatterait aucune des deux passions qui, sans doute,
partageraient les convives, comme elles partagent toute la
France.

LA GAUCHE ET LA DROITE

CHANSONNETTE IMPARTIALE.

AIR : *A boire je passe ma vie, &c...*

1

Gens de la cour, gens de la ville,
C'est à qui me tourmentera
Pour composer un vaudeville
Bien libéral ou bien ultra ;
Mais, trop loyal pour qu'on l'embauche,
Momus à part se tient blotti,
Il pince *à droite*, il pince *à gauche*,
Et ne caresse aucun parti.

2

Sur tous les sujets à la ronde,
Heureux de m'exercer gaiement,
En chantant, je fais dans le monde
Ce qu'à table fait un gourmand ;
Raflant tous les mets qu'il convoite
Dans un banquet bien assorti,
Il mord *à gauche*, il mord *à droite*,
Et ne ménage aucun parti.

3

Bacchus, ce libéral antique,
L'ami des peuples et des rois,

Voit à regret la politique
Rendre, hélas ! tous nos dîners froids ;
Mais dans une aimable débauche,
Lorsqu'il nous tient *tutti quanti*,
Il verse *à droite*, il verse *à gauche*,
Et ne soutient aucun parti.

4

Que font à l'enfant de Cythère
Nos vœux et nos projets divers ?
Le Dieu Malin parcourt la terre
Pour nous donner à tous des fers.
De sa main vive autant qu'adroite
Un trait sûr est bientôt parti,
Il vise *à gauche*, il vise *à droite*,
Mais il n'épouse aucun parti.

5

Du vrai bien la voie étroite,
Qui de nous la découvrira?
Est-elle à gauche, est-elle à droite?
Le temps seul nous en instruira.
Ce grand sorcier, qui toujours fauche,
Fauche en courant grands et petits :
Il fauche *à droite,* il fauche *à gauche ,*
Et fauchera tous les partis.

Cette chansonnette a quinze jours ou trois semaines de
date ; la Foudre avait demandé une chanson à Gouffé, le
Miroir lui en demandait une en même temps ; il était difficile
de contenter à la fois ces deux extrêmes, mais l'auteur n'y a
pas mieux réussi par les couplets que je vous envoie, car
aucun des deux journaux n'a voulu les insérer, et ils restent
en portefeuille.

Je vous prie de me rappeler au bon souvenir de nos excellents amis Piot, Bobillier, etc..., et de leur dire combien je
suis pénétré de toutes les amitiés dont j'ai été comblé.

Adieu, mon cher ami, je vous renouvelle tous mes sentiments d'attachement, de reconnaissance et de dévouement.

Votre vieux camarade et ami,

G. P.

XXXIᵉ LETTRE (1).

Dijon, le 12 novembre 1821.

On a bien raison de dire, mon cher ami, que rien n'est plus difficile à écorcher que la queue ; c'est bien en effet ce qui m'arrive en tenant encore par la queue l'anguille que M. Cl airin, mon successeur, va empoigner par la tête ; il verra que cet animal tout glissant qu'il est, a encore de terribles arêtes ; enfin l'ennui de mon déménagement, réuni à l'ennui de la rentrée du collége, m'a tellement absorbé depuis quinze jours, que je n'ai pu vous écrire, et j'ai tout oublié, ayant la tête cassée et par les visites et par le transport de mes livres qui sont maintenant en tas de foin dans une grande salle de mon nouvel hôtel.

Mon successeur sera i nstallé vendredi, de sorte que je pourrai bien samedi aller faire un petit tour à Beaune. Vous voyez qu'en parlant de ma liberté je pourrai dire : *Sitôt pris, sitôt pendu*.

Je suis maintenant dans mon cabinet sans livres et m'ennuyant beaucoup, parce qu'il faut que je travaille de mémoire.

Adieu, mon cher ami, je vais encore dans les salles d'étude semoncer et punir deux philosophes et un rhétoricien ;

---

(1) Cette lettre est la dernière que G. Peignot écrivit à M. Baulmont comme proviseur, il venait d'être nommé inspecteur de l'Académie.

vous voyez que je tiens ferme jusqu'au bout, je ne veux pas que, même le jour où je quitterai, l'on puisse dire de moi :

Peignot régnait encore, mais ses mains incertaines
Du collége ébranlé laissait flotter les rênes.

Adieu, tout à vous.

G. P.

XXXIIᵉ LETTRE.

Saint-Dizier, le 20 avril 1820.

J'arrive à Saint-Dizier, cher ami, et j'y trouve votre lettre : la manne qui tomba jadis dans le désert ne fit pas plus de plaisir aux Israélites ; j'étais depuis mon départ sevré de toutes nouvelles de parents et d'amis ; combien votre lettre m'a enchanté !

J'ai bien de la peine à me faire à la vie que je mène depuis huit jours ; toujours, ou sur la route, ou dans des auberges dont la diversité de logement et de nourriture me fatigue et m'incommode, je vous avoue que c'est très-pénible. Que Dieu me donne la force de terminer cette corvée ! J'ai déjà vu Langres, Bourmont, Joinville et Vassy ; demain je repars pour Chaumont où je serai rendu mardi ; ce qu'il y a de plus terrible dans ma route est la traverse depuis Bourmont à Joinville. Quoique le temps fût superbe et le terrain très-sec, j'ai cru vingt fois que ma jolie voiture aurait le sort du char d'Hippolyte qui, selon MM. Euripide, Senèque et Racine, vola en éclats ; j'ai eu à escalader des rochers, des buissons, etc... J'ai été obligé de coucher dans un petit village nommé Rimaucourt où M. Decrès, l'ancien ministre, a fait de charmantes constructions que le curé du lieu nous a fait voir ; mon Gabriel a été content de cette petite distraction, mais moi je l'ai été bien moins de ma nuit, que j'ai passée sur des planches appelées improprement matelas, avec de petits draps qui m'allaient à mi-jambe; cependant c'était chez M. le Maire, aubergiste de son métier, que je logeais.

Quant à ce que vous me demandez relativement aux fonctions de bibliothécaire, il serait difficile de donner à cet égard bien des détails, ou du moins ce serait long : d'ailleurs vous les trouverez dans mon dictionnaire de Bibliologie, aux mots *Bibliothécaire, Classification, Livres,* etc... La chose la plus essentielle pour le candidat que vous protégez est qu'il connaisse parfaitement les divisions et sous-divisions de la bibliothèque, et qu'il s'applique à retenir la place de chaque ouvrage, afin que quand un étranger arrive et demande si tel ouvrage existe dans la bibliothèque, on puisse lui répondre à l'instant oui ou non, et, s'il existe, qu'on puisse à la minute présenter le volume : c'est le point essentiel pour un bibliothécaire; je sais que pour pouvoir raisonner de chaque ouvrage, il faut des études immenses et une longue habitude ; mais on peut à peu près suppléer à cela en connaissant bien la place de chaque livre et en étant prêt à l'offrir au premier demandant; il ne faut pour cela que des yeux, un peu de méthode et de la mémoire. Il est facile d'y parvenir en se pénétrant bien de l'emplacement des cinq grandes divisions : Théologie, Jurisprudence, Sciences et Arts, Belles-Lettres et Histoire. La bibliothèque doit être divisée en ces cinq parties; puis chacune de ces divisions a ses sous-divisions, et chaque sous-division a la série des ouvrages, c'est cette série qu'il faut retenir. Il est vrai que c'est une grande quantité d'auteurs dont il faut posséder la nomenclature, mais il est impossible de pouvoir satisfaire les curieux sans cela ; au reste, tout cela s'acquiert avec le temps et un peu d'application.

J'espère recevoir encore de vos nouvelles avant mon retour ; j'ai environ 300 lieues à faire encore et 60 établissements à inspecter.

Il est minuit.

> Adieu donc, Gabriel, la paupière affaissée,
> Sur son pupitre obscur sent sa plume glacée ;
> Et las de griffonner, succombant sous l'effort,
> Soupire, étend les bras, ferme l'œil et s'endort.

Ces vers, comme vous le voyez, sont inspirés par la mollesse qui aime à trouver les morceaux tout faits. Adieu encore, tout à vous.

G. P.

XXXIIIᵉ LETTRE.

Montbard, le 28 avril 1822.

Cher ami,

Je quitte à l'instant le château et les belles terrasses de M. de Buffon, je quitte le seuil de ce cabinet où il a, prétend-on, écrit les belles pages de sa belle histoire de la nature, ce seuil que J.-J. Rousseau a baisé avec un respect religieux, Buffon vivant encore ! Vous connaissez sans doute ces sites enchantés, dites-moi, je vous prie, en les parcourant, n'avez-vous pas éprouvé un serrement de cœur? n'avez-vous pas senti votre ame oppressée sous une masse effroyable d'idées confuses, de souvenirs glorieux pour la France et surtout pour le petit coin de terre où vous étiez et où je suis? En parcourant tous ces lieux magiques avec mon fils Gabriel, je lui disais à chaque pas : *Sta, viator,* je n'ajoutais pas *heroem calcas,* mais je disais : Tu foules le sol que la main savante d'un grand homme a disposé d'une manière si pittoresque, tu parcours les terrasses que lui-même a parcourues si souvent dans la société des personnages les plus considérables de l'Europe qui venaient rendre hommage à ses talents et à son génie.

A ces idées d'immortalité sont venues se mêler de tristes pensées…. le fils de Buffon égorgé par la révolution. Sa veuve qui laisse dépérir les objets les plus sacrés de ce temple, tout cela qui, peut-être un jour, deviendra la proie d'une bande noire, après avoir été la proie des Barbares du Nord; oui, quoi qu'on en ait dit, 1815 a vu les ennemis ravager le château, les jardins, les bosquets, briser les vitres, enfoncer les portes, etc… Croyez donc les gazettes qui vous ont dit que les chefs des alliés, par respect pour le Pline français, avaient interdit à leurs troupes l'approche des domaines de Buffon. Plus de 6,000 hommes les ont fourragés, et il reste encore des traces de leurs féroces et lâches exploits.

Vous voyez, cher ami, que quand je me suis servi ci-dessus du terme *idées confuses* en parlant de ce que j'ai éprouvé à la vue des monuments de Buffon, vous voyez, dis-je, que je me suis servi du mot propre; en effet, rien ne ressemble plus à la confusion et au chaos que les pensées que font naître et la gloire immortelle du père, et le sort misérable du fils, et l'art avec lequel on a élevé tant de belles choses et la brutalité avec laquelle une aveugle et cupide soldatesque alliée (avec le démon du pillage) les a mutilées; c'est un vieux jardinier de la maison qui a passsé 17 ans avec M de Buffon qui nous a donné quelques-uns des détails que je vous transmets.

Déchiffrez mon barbouillage comme vous pourrez, je vous écris sans suite, sans ordre, tel que mes idées bouleversées se présentent. Je ne sais si je vous ai dit que j'ai vu à Rimaucourt le château appartenant à feu M. Decrès. J'ai visité aussi, à Châtillon, le château et les fabriques en tout genre du duc de Raguse; tout cela est grand, superbe, magnifique. Eh bien! cela ne m'a pas causé la millième partie des sensations que j'ai éprouvées sur les terrasses du château de Montbard.

Convenons donc qu'en fait de gloire il en est à peu près comme des fagots de Sganarelle; il y a fagots et fagots. Pour moi je préférerai toujours les vieux fagots qui, faits proprement en temps de paix et dépourvus d'épines, n'ont écorché les mains de personne, pas même de ceux qui les ont fabriqués.

Adieu, votre tout dévoué,

G. P.

XXXIVᵉ LETTRE.

Mâcon, le 16 mai 1822.

Vous m'avez donc totalement oublié, mon cher ami; Semur, Autun, Cluny, Mâcon sont passés et je n'ai rien trouvé de vous. Seriez-vous malade, ou n'auriez-vous pas reçu une lettre que je vous ai écrite de Montbard? J'espère que je serai plus heureux, lorsque je serai rendu à Dijon, où il me tarde bien de goûter un peu de repos, car je suis depuis plus d'un mois comme le volant entre deux raquettes, et depuis six jours une pluie continuelle a joliment détrempé mes plumes, surtout en traversant le Charolais, pays montagneux, où j'ai été obligé de faire plus de la moitié du chemin à pied, trempé jusqu'aux os. Pour me refaire, j'entre dans la Bresse où l'on ne trouverait pas une pierre à jeter à un chien qui menacerait vos mollets. Ce sont toutes terres grasses qui vont donner du fil à retordre à mon cheval; le malheureux a déjà fait 230 lieues.

Hier nous avons célébré, Gabriel et moi, l'anniversaire de notre naissance avec une bouteille de fin mâconnais; vous savez que l'un et l'autre nous sommes nés le 15 mai; pour moi j'ai peu pris part à la fête étant trop fatigué de ma journée.

Savez-vous qu'à Cluny, ce n'est pas un collége, mais bien

un magnifique palais que j'ai visité? Le collége est dans l'une des trois aîles de la magnifique abbaye qui a été conservée et dont le reste a été abattu, entre autres l'église qui avait 620 pieds de longueur. C'était la plus vaste de l'Europe; les barbares ont détruit ce monument unique pour le plaisir de le détruire.

J'ai vu aussi le haras du gouvernement; il y avait peu de chevaux dans ce moment, mais le Soliman est une magnifique bête. On peut chanter l'air :

> Ah ! c'est un superbe cheval,
> Jamais vit-on un plus fier animal !

Adieu, cher ami, ma santé se soutient, mais l'ennui me gagne, ou plutôt c'est un malaise moral causé par la fatigue et l'uniformité de ma besogne.

Tout à vous de cœur,

G. P.

XXXVe LETTRE.

Joncy, le 21 mai 1822.

CHER AMI,

J'ai quitté Tournus hier, à deux heures du soir, après y avoir été témoin avant-hier, de trois à quatre heures après midi, de l'orage le plus terrible dont on puisse se faire idée, et qui a eu des suites dont la ville se sentira longtemps. Cette lettre vous eût été écrite de Tournus, si le bureau de poste eût encore existé. Figurez-vous, mon cher ami, que, dans moins d'une demi-heure, la ville basse où est le bureau a été attaquée par plusieurs torrents qui s'y sont précipités avec une violence et une abondance telles que rien n'a pu résister. Le bureau de poste était précisément vis-à-vis une rue en pente qui servait de canal à un torrent de plusieurs pieds d'élévation; la porte a été enfoncée, le pauvre directeur a eu toutes les peines imaginables de sauver sa femme, son enfant et son beau-père qui, dans l'espace de quelques instants, ont eu de l'eau jusqu'au cou. Les registres, les dépêches, les rayons, les tiroirs, la caisse, tout a été détruit et entraîné; la cloison du fond du bureau a été emportée; lits, tables, tableaux ont été brisés, confondus, perdus. J'avais au bureau deux lettres qui m'avaient été envoyées de Mâcon (et sans doute il y en a une de vous); elles ont subi le sort fatal.

Je suis allé moi-même au bureau voir le dégât; rien de plus pitoyable; mais surtout il faut entendre le pauvre directeur raconter comment il a sauvé sa famille, c'est vraiment miraculeux. Eh bien! mon cher ami, dans plus de cent vingt maisons il y a eu désastre pareil, et même plus fort dans quelques-unes, car, à mon départ, on avait déjà trouvé deux personnes noyées. Quel affreux spectacle que cette pauvre ville, tant dans la soirée du jour de l'orage que le lendemain. Toutes les rues sont couvertes des débris du dégât; ce sont des meubles brisés et couverts de limon, des marchandises de toute espèce dont il est impossible de reconnaître la nature, des arbres déracinés et entraînés au milieu des rues, des poutres, des planches, des solives, etc... Le quai de la Saône, formé de cailloux retenus par des dalles, a été en partie détruit par les eaux qui venaient de traverser la ville; les cailloux et les dalles ont été arrachés et entraînés de distance en distance. Des bateaux sont entrés en ville pour porter des secours, ce que l'on n'a jamais vu; dans plusieurs maisons, il a fallu briser les plafonds pour sauver les malheureux auxquels on passait une corde sous les bras. Si cet événement eût eu lieu la nuit, le nombre des noyés serait immense, tout ce qui habitait les rez-de-chaussée eût péri infailliblement; une maison entière s'est écroulée auprès de la ville, à peine les habitants ont-ils pu se sauver; de superbes jardins, leurs arbres, leurs fleurs, n'offrent plus qu'une surface plane couverte d'un limon jaunâtre.

Je finis ici ma narration bien triste, mon cher ami; excusez le désordre qui y règne : je ne vous ai pas peint le quart de tout ce j'ai vu, et tout ce que je pourrais vous dire serait encore au-dessous de la réalité. On n'a pas encore un aperçu du montant des pertes : on parle de plus d'un million. Les vins de commission qui étaient dans les caves et les marchandises qui étaient dans les entrepôts sont des objets très-considérables : combien de balles de coton, de sacs, de caisses ont été entraînés dans la Saône !

Adieu, je serai rendu à Dijon le 31.

Votre ami tout dévoué,

G. P.

XXXVIᵉ LETTRE.

Beaune, le 27 mai 1822.

Cher ami,

J'ai enfin reçu deux de vos lettres, dont l'une, du 29 avril, par une inconcevable bizarrerie, a fait la tournée à ma suite. Je vous remercie bien de n'avoir pas oublié le pauvre inspecteur errant, il pensait souvent à vous : souvent n'est pas le mot, lisez tous les jours. Je termine mes courses par Auxonne où je compte inspecter avec grande joie, le cher colonel.

J'avais oublié pendant ma tournée, toute littérature, tous les livres, tous mes goûts, mais voilà qu'à Chalon j'apprends qu'il y a un reste de bibliothèque à vendre. Aussitôt mon goût se réveille (comme celui d'Achille quand on lui présente des armes au milieu des fuseaux); de Jussieu me conduisit à cette vente, et je m'y suis embouquiné de quelques drogues assez bonnes.

On m'a fait passer dans la même ville, trois exemplaires d'une nouvelle babiole que l'on a tirée à part à Dijon pendant mon absence ; je vous en envoie un ; il y a à mordre, à boire et à manger ; mais ne mordez pas trop fort, je vous prie ; je ne suis pas très-content de l'impression, mais je n'étais pas là : au reste tout est au niveau.

A Chalon, j'étais descendu à l'hôtel des *Trois-Faisans* qui est l'un des meilleurs ; mais, ma foi, si ces maudits faisans ne sont pas gras, ce n'est pas la faute des maîtres, car pour un repas que j'y ai pris, on ne m'a demandé que la modique somme de 22 fr.; il est vrai que dans cela est comprise la nourriture de mon cheval pendant deux jours ; je présume qu'il a été nourri aux biscotins et aux macarons comme l'âne de Tristam Sandy. Je promets bien, à mon premier voyage à Chalon, de ne plus aller donner la becquée à la trinité faisandière, elle a l'estomac trop chaud pour ma bourse.

Il est vrai que j'ai eu un petit dédommagement la première nuit que j'ai passée dans cet hôtel ; vous connaissez ces petits insectes ronds, plats, puants, avides de sang humain et créés par le plus impitoyable ennemi de Morphée ; un seul me ferait fuir de Saint-Dizier à Marcigny (les deux extrêmes de ma course, ligne de 80 lieues) ; hé bien, mon cher ami, j'ai eu le plaisir, la première nuit de mon séjour chez les faisans, de sentir une légion au grand complet de ces animaux voraces venir manœuvrer et se repaître sur ma pauvre circasse harassée et souffrante ; réveillé en sursaut, et tout en feu, par l'attaque de l'ennemi, j'ai sauté hors du lit et j'ai fini ma nuit comme j'ai pu. Le lendemain, j'ai fait faire des dispositions pour débusquer ces bataillons d'anthropophages, et, grâces à Dieu, j'ai un peu reposé. Voilà ma petite aventure à Chalon ; vous voyez que si j'ai eu du plaisir, j'y ai aussi acquis la vérité du système de M. Azaïs, le grand compensateur. Si jamais il donne une nouvelle édition de ses compensations, je lui enverrai le chapitre des punaises pour la rendre tout à fait complète.

Adieu, cher ami, toujours souffrant, je vous embrasse de tout cœur; vous ne m'écrirez plus en route, car j'espère que, plus heureux que Moïse, non-seulement je verrai la terre promise dans quatre jours, mais j'y aurai dressé ma tente de repos. Il est temps.

Adieu encore, tout à vous.

G. P.

XXXVIIᵉ LETTRE.

Dijon, le 18 novembre 1822.

Cher ami,

J'ai mille remercîments à vous faire de l'empressement que vous avez mis à m'instruire du résultat de vos élections. C'est par vous seul que j'ai appris la nomination de Galmiche, celle de M. Nourrisson m'avait été annoncée la veille de la réception de votre lettre par M. d'Andelarre. Dirons-nous avec le bon Pangloss : *Tout est pour le mieux dans le meilleur des mondes possibles?* Il est vrai que le brave homme disait cela quand il était affecté d'un certain mal dont Dieu vous garde, ou, pour mieux dire, n'a pas besoin de vous garder, et à coup sûr nous pouvons juger plus sainement des choses que ledit sieur Pangloss. Mais moi qui ressemble un peu au charbonnier (et non pas aux Carbonari) du côté de la foi, je me contente de dire dans toute la simplicité de ma bonhomie : Dieu soit béni !

Je viens de faire insérer dans le *Journal de la Librairie* une forte réclamation contre des libraires de Paris qui, depuis sept ou huit ans, me mettent sur le dos un abrégé du *Dictionnaire historique* en 4 volumes in-8°, parce que j'en avais fait les quatre ou cinq premières feuilles sur à peu près

150 qu'a l'ouvrage. Comme c'est une vraie rapsodie, plusieurs personnes de Paris m'ont prévenu que cela me faisait tort dans l'esprit de ceux qui me connaissent; j'avais déjà réclamé il y a quelques années, mais je viens de le faire plus positivement, et mon ami Beuchot a sur-le-champ publié ma réclamation. Je dirai encore un mot à ce sujet dans mon choix des livres, il est bon de démasquer la cupidité et la mauvaise foi des fourbes de la librairie.

Adieu, mes respects à Madame, tout à vous.

G. P.

XXXVIIIᵉ LETTRE.

Dijon, le 24 décembre 1822.

MON CHER AMI,

Je vous annoncerai que la Société de jurisprudence qui existait ici entre les jeunes avocats, et dont mon fils Gabriel a été souvent président, vient d'être fermée par ordre du ministre; le motif de la clôture est le mauvais esprit qui y régnait; elle était composée de 25 membres, dont 19 libéraux et 6 royalistes. Les libéraux excluaient presque tous les royalistes qui se présentaient; un jeune homme très-marquant s'est présenté la semaine dernière; Gabriel présidait et a appuyé la présentation parce que le jeune homme est mon ami et le sien, et que d'ailleurs il avait tout droit à être reçu. L'exclusion a été prononcée avec éclat; cela a fait un peu de bruit, et comme le procureur général est aussi très-bien avec ce jeune homme, il a pris feu; il a fait son rapport au ministre et deux jours après est arrivé l'arrêté de clôture qui a été signifié jeudi dernier. On va recomposer une autre Société, tout cela est bien misérable.

Voilà la seule particularité nouvelle, on n'en parle déjà plus. Mais je me trompe; il y a encore grande querelle entre

tous nos journalistes. Le jeune Amanton et Carion s'arque-
busent à qui mieux mieux. Les balles du jeune Amanton
ne sont pas du même calibre que celles de Carion. Noëllat est
en guerre ouverte dans ses *Petites Affiches* avec notre anti-
quaire Girault; ici c'est du gros canon à cinq ou six pages
in-8° par charge; il y a déjà eu trois ou quatre volées tirées
de part et d'autre; il paraît que cela n'est pas près de finir.
Le malin public s'amuse de toutes ces billevesées; si vous
êtes curieux de voir les bordées que Girault tire à bout portant sur son adversaire, je vous les enverrai, mais cela n'est
pas amusant.

Adieu, je vous embrasse d'aussi bon cœur que ces Messieurs mettent de chaleur dans le combat.

Tout à vous.

G. P.

M. Girault sort de chez moi et m'a remis une ou deux de
ses broutilles, je vous les transmets; vous verrez que ce n'est
pas de la cendrée, mais du gros plomb.

XXXIXe LETTRE.

Dijon, le 29 décembre 1822.

MON CHER AMI,

La chienne de ritournelle ordinaire! Les souhaits de bonne
année! chose la plus fastidieuse du monde et que le diable a
créée pour favoriser l'hypocrisie, la duplicité, et pour faire enrager les gens tranquilles qui préféreraient beaucoup rester au
coin du feu, et ne pas aller de porte en porte se geler pour dis-
tribuer leur nom ou dire des choses insignifiantes. Dites-moi,
ai-je besoin d'un jour dans l'année pour vous dire que je vous
suis attaché, que je vous souhaite santé, fortune, bonheur? A

quel moment de la vie me prendrait-on sans que ces pensées
ne fussent dans mon cœur ou sur mes lèvres si on m'en parle?
Il faut, pour obéir à une coutume absurde, que je vous écrive
une belle lettre dans laquelle je vous dirai mille choses inutiles, puisque vous les savez aussi bien que moi; il faut qu'à
Dijon je coure comme un lapin durant toute la journée, et
pourquoi? pour semer dans les rues de plates petites bandes
de papier où ma signature atteste que j'enrage et que je fais
enrager les autres astreints à la même galère. Avouez donc
que les hommes sont bien fous! et encore tout cet ennui n'est
qu'un des côtés de la médaille; vient après le chapitre des
étrennes, c'est bien un autre diable à étriller : vingt dont le
tarif va depuis 30 sols jusqu'à 20 francs, sont tendues là
comme un bras de potence et vous assaillent de toutes parts.
Le froid a beau être de 5, 6, 8 degrés, on vous écorche tout
vif, et puis, le soir, vous rentrez chez vous, sec comme ama-
dou, froid comme un glaçon et harassé comme la monture
du chevalier de la triste figure à qui vous ne ressemblez pas
mal. Oh! la belle chose qu'un jour de l'an! mais enfin, puisqu'il faut passer par là, je vous dirai, mon cher ami, que je
vous souhaite ainsi qu'à Madame tout ce que vous pourrez
désirer; je comprends aussi dans mes vœux le cher frère et la
chère sœur de Châteauroux, puisse le nouvel an vous apporter une nouvelle agréable de leur part, c'est-à-dire leur rapprochement de vous.

Voilà où se bornent pour le moment tous mes vœux pour
votre famille.

Je n'ai pas le temps d'écrire à Bobillier. Dites-lui, je vous
prie, que ses deux yeux sont pour les trois quarts et demi
dans mes souhaits, et que je désire bien vivement qu'en 1850
il puisse me voir clairement, distinctement lui renouveler le
même souhait. Mais va-t-en voir s'ils viennent, à cette époque
il y aura sans doute longtemps que ses deux yeux et les deux

miens seront au niveau de ceux des taupes à qui nos côtes serviront peut-être d'anti-chambre; en attendant, qu'il ménage bien sa vue, et qu'il voie le mieux et le plus longtemps qu'il pourra. Je voudrais bien pouvoir lui donner un de mes deux yeux, puisqu'on dit que l'on voit aussi bien avec un qu'avec deux, je le lui enverrais bien vite pour étrennes.

Adieu, excusez mes folies, je vous embrasse de tout cœur.

G. P.

XLᵉ LETTRE.

Dijon, le 10 mars 1823.

Mon cher ami,

J'attendais de vos nouvelles avec d'autant plus d'impatience que, depuis trois jours, je savais, mais vaguement, les propositions qui vous avaient été faites par M. le maréchal (1), et mon amitié murmurait de ce que vous aviez tant tardé à m'en faire part.

Je sens combien vous avez dû être occupé de tout cela; d'un côté les inquiétudes de Mᵐᵉ Baulmont, de l'autre votre incertitude pour accepter ou refuser, je conçois que cela ne laisse pas la tête bien libre; ainsi je pardonne, et d'autant plus volontiers que votre attention à me communiquer votre lettre à M. de Vannoz a tout réparé en me mettant bien au courant des particularités de cet événement qui vous est infiniment honorable quoi qu'il arrive.

Il y a apparence que vous ne sortirez pas de France; je le désire pour votre satisfaction. Il y aura, j'espère, de bons appointements qui aplaniront ce que la route en allant et en revenant pourrait avoir de raboteux. Autre avantage encore,

(1) Le maréchal Moncey, duc de Conegliano.

c'est d'être avec l'aimable maréchal qui vous donne une si belle preuve de son affection. Tout vu, tout considéré, je suis dans cette affaire-ci comme Jean qui pleure et Jean qui rit : Jean qui pleure de votre départ, et Jean qui rit d'avance de votre retour.

Adieu, cher ami, 1° santé, 2° contentement, 3° *aurum argentum bonumque appetitum,* voilà les trois points du sermon que je réciterai tous les soirs à votre intention. Mille tendres respects à Mme Baulmont qui devrait venir passer une quinzaine avec nous pour dissiper son ennui. Adieu, bon voyage, tout à vous, à Vesoul, à Perpignan, à Bayonne, à Madrid, partout enfin où la fortune vous conduira, votre ami,

G. P.

XLIe LETTRE.

Tournus, le 6 mai 1823.

MON CHER AMI,

Ce n'est qu'hier, à Mâcon, que j'ai appris votre passage à Dijon le 25 avril dernier, le lendemain de mon départ ; je n'ai pas besoin de vous peindre mes regrets de m'être trouvé absent dans une telle circonstance ; ces coups-là sont faits pour moi. Au moins vous êtes-vous un peu reposé chez moi ? avez-vous agi comme chez vous ? Combien je suis fâché de n'avoir pas différé encore de deux jours mon départ ! C'est de votre faute ; pourquoi ne m'avez-vous pas écrit ?

Je vous félicite de votre retour ; si vous aviez continué votre campagne littéraire-poste dans la brûlante Espagne par la chaleur qu'il fait, vous en seriez revenu plus sec qu'un hareng saur ou qu'une de ces momies d'Egypte qui en ont la couleur. Moi, de mon côté, je suis déjà las de mon inspection ;

si cette fatigue continue, il faudra, ma foi! me décider à rentrer à Dijon en corbillard.

On me mande que vous avez emporté une copie de mon itinéraire; vous êtes bien aimable, je vous en remercie de grand cœur.

Pour dissiper un peu l'ennui de la route, j'ai pris quelques livres avec moi, entre autres la relation du voyage à Bruxelles par notre roi lorsqu'il a quitté la France en 1791 ; un singulier rapprochement, c'est que je le lisais en arrivant à Arnay-le-Duc où ont été arrêtées Mesdames de France, fuyant à peu près dans le même temps, et, autre singularité, c'est que, dans le même hôtel où cette arrestation eut lieu, on me servit un dîner excellent apprêté par un des cuisiniers de Napoléon. Ainsi vous voyez, mon cher ami, que dans ce petit endroit mon imagination a été remplie de puissances et de majestés abattues, relevées, exilées et disparues. *Sic transit gloria mundi.*

D'Autun, où j'ai dîné chez l'évêque (le mardi précédent j'avais dîné chez l'évêque de Dijon, vous voyez que je suis un homme qui n'est pas nourri à la portion congrue du bas clergé) d'Autun, dis-je, je suis allé voir le Creuzot dont les usines sont fort curieuses ; mais il m'a fallu escalader bien des montagnes pour arriver à cet antre de Vulcain. J'ai été satisfait des verreries, fonderies et pompes à feu ; j'y ai vu une infinité de pièces coulées pour la machine de Marly ; quelques-unes des pièces pèsent plus de vingt mille ; il y a deux ans et demi qu'on y travaille. Du Creuzot et du Montcenis à Blanzy j'ai failli être noyé ; je suivais la chaussée du canal du Centre, lorsque, à l'approche d'un bateau traîné par deux mariniers, mon cheval se cabre et fait faire volte face à ma voiture qui allait infailliblement tomber dans le canal sans l'agilité de mon fils Gabriel : il saute promptement à la bride du cheval et ramène à la raison ce sot effarouché ; je suis fort mécontent de cette rossinante qui est d'une susceptibilité rare pour des riens.

En parlant de rossinante, je fais aussi, dans ma voiture, ma campagne d'Espagne, et j'ai pris pour mon général, le grand, l'incomparable Don Quichotte. C'est une nouvelle traduction fort jolie et complète avec la carte du pays ennobli par les exploits du héros et de son digne écuyer à large panse; ma campagne sera finie dans trois jours. Mais je m'aperçois qu'il est bien temps aussi de finir cette longue épître; partant, je clos la présente en vous embrassant aussi étroitement qu'a été long l'intervalle de notre correspondance. Tout à vous.

G. P.

XLIIᵉ LETTRE.

Dijon, le 10 octobre 1823.

MON CHER AMI,

Hier au soir je passais, à huit heures, devant le magasin de mon libraire, quand un certain M. Philomneste (1) m'a arrêté et, m'apostrophant, m'a dit : « Hé! monsieur l'inspec
» teur, vous êtes bien fier, vous quittez tous vos anciens
» amis et amies, c'est-à-dire les bouquins et les recherches,
» pour vous enterrer dans votre bureau; mais, dites donc, ce
» n'est pas une raison pour que vous ne donniez pas de mes
» nouvelles au cher Baulmont, et je veux absolument que
» vous me procuriez le plaisir d'aller le voir avant 48 heures. »
Tout en disant cela, voilà ce diable de Philomneste qui me saute sous le bras et qui, en chemin, me fait remarquer qu'il

---

(1) G. Peignot a très-souvent pris ce pseudonyme en tête de ses ouvrages. Le volume qu'il envoyait à M. Baulmont, avec cette lettre, était probablement un exemplaire de la première édition de ses amusements philologiques. La date de la lettre le fait présumer.

a un bel habit de papier fin, au lieu que ses frères sont en papier presque bule ; et il me dit : « C'est pour plaire davan- » tage au cher Baulmont que je me distingue par mon habit. » Tais-toi, bavard, lui répondis-je, tu n'es que guenille au de- dans et au dehors ; je suis sûr que tu vas très-fort ennuyer l'ami Baulmont, quoiqu'on t'ait fait gémir avec assez de soin sous la presse de Frantin pour former ton éducation ; j'ai bien peur, quand on t'aura vu, qu'on ne te mette à la porte comme un malotru que tu es. Ton père n'a pas même osé se nom- mer ; comment veux-tu qu'un homme d'un goût aussi dé- licat que l'ami Baulmont donne l'hospitalité à un bâtard de ton espèce ? Va te cacher, au lieu d'aller courir les champs et d'oser vouloir te montrer en bonne compagnie.

Parbleu , monsieur l'impertinent , m'a-t-il répliqué , vous avez tourné le dos aux livres. Sachez que, chez l'ami Baul- mont, je serai en pays de connaissance ; sachez qu'il a fait accueil à mes aînés ; pourquoi me rejeterait-il , quand il a reçu avec bonté mes petits marmots de frères dont quelques- uns étaient loin d'avoir mon embonpoint ? Envoyez-moi tou- jours et ne vous inquiétez pas du reste.

Comme je n'aurais jamais eu le dernier avec ce sempiternel causeur, je vous l'envoie à tout hasard. Faites-en tout ce qui vous plaira, vous pourrez même le mettre dans la chapelle du dieu Stercus, et il vous servira toujours pendant 552 jours bien comptés.

Adieu, votre ami,

G. P.

XLIIIᵉ LETTRE.

Dijon, le 22 décembre 1823.

Mon cher ami,

Je calculais hier qu'il y avait un siècle que je ne vous avais écrit ; je pensais à notre petite correspondance qui avait son cours régulier comme un petit ruisseau pérenne, destiné à rafraîchir et à entretenir notre amitié ; le maudit rectorat (1) le met à sec ; enfin, il faut se résoudre comme le grand philosophe Pangloss. Dans ce moment, je suis obligé de vous écrire dans mon bureau académique, car je vais tout-à-l'heure aller dîner, et à peine aurai-je le morceau hors de la bouche que la fatigue, je le sens, me condamnera au sommeil. Vous voyez que je ne puis guère alors écrire, ou je vous enverrais alors de la vraie morphine, mais non pas de l'acétate, Dieu m'en préserve ! J'ai vu dernièrement le colonel Bobillier. Nous avons dîné en petit comité chez le général ; il se porte à merveille.

Rien de nouveau ici que la préparation d'un char de triomphe qui pourra bien se promener à travers la neige ou la crotte ; la saison n'est pas favorable à ces fêtes. On parle aussi de grands repas, mais ce n'est pas pour mon débile estomac.

Comme dans huit jours l'homme aux deux visages ouvrira un nouveau cercle annuel, permettez que je vous adresse, pour Madame et pour vous, une pacotille bien garnie de vœux tels que la plus sincère amitié peut les faire. C'est vous dire que rien n'y manque, ni pour la quantité, ni pour la qualité ; prenez un vocabulaire français et choisissez toutes les épithètes analogues au sujet, depuis le mot *ardent* jusqu'aux mots *sincères* et *vrais*, affublez-en les vœux que je fais pour vous, et vous pourrez dire qu'ils seront conditionnés tels que je vous les offre.

Adieu, mon ami, encore une trentaine de semblables souhaits, et nous aviserons à renouveler le bail ; sur ce, je vous embrasse en courant la poste.

G. P.

(1) G. Peignot était en ce moment chargé par intérim des fonctions de recteur.

XLIVᵉ LETTRE.

Dijon, le 22 septembre 1824.

Mon cher Baulmont,

Me voici de nouveau à l'enseigne des médicaments; ayant l'estomac plein d'humeurs, je me suis astreint à un régime qui ne doit pas beaucoup augmenter la charge de ce vilain estomac. A cinq heures du matin, un verre d'eau dont la direction est de haut en bas, selon les lois de la gravité des corps; à six heures, autre eau dont la direction est de bas en haut par le moyen d'une pompe foulante, vulgairement appelée seringue; à sept heures, thé au citron préparé par une grande dame au teint pâle, bien complaisante, qui m'arrange cela à merveille avec les zist et les zest; à dix heures, sels purgatifs avec décoction d'amers; cette cuisine regarde maître Diafoyrus-Masson, pharmacien de Son Altesse Sérénissime Monseigneur le prince de Condé; à midi, bouillon léger que m'apporte une seconde dame au teint blanc, parsemé de quelques roses qui fleurissent depuis 55 printemps; à quatre heures, limonade cuite, faite et parfaite par une troisième dame qui a le teint brun, mais qui est très-aimable (1); à six heures du soir, deux pastilles d'ipécacuana; à huit heures, quatre pastilles de rhubarbe; à onze heures, verres d'eau à discrétion et coucher.

Eh bien, mon cher, que dites-vous de ce régime? ne suis-je pas un joli cadet avec un pareil ordre du jour? Il faudra bientôt que je rivalise avec notre bon roi Louis XIII, de purgative mémoire, qui, dans les dix dernières années de sa vie, a pris 215 médecines et 210 lavements. Il peut se flatter

---

(1) G. Peignot a ainsi plaisamment dépeint sa femme et ses deux filles.

d'être allé au ciel sans humeurs peccantes; et moi où irai-je?

Pour raccommoder ma tête très-embarrassée, on m'apporte des notices faites par un président d'Académie où se trouve cette portion de phrase : *Il était du petit nombre de ceux du triomphe de la cause duquel il n'a jamais désespéré;* et ailleurs : *Ranger dans la classe des victimes ceux des leurs du sang desquels les bourreaux ont souillé le fer qui moissonnait,* etc ... Votre R*** ferait-il mieux! ce diable de président génitif m'a engendré une pinte de bile de plus. Ils sont deux ou trois malins qui viennent dans mon cabinet disséquer cette plume génitive, et je crois que les fripons vont extraire des productions du président mille et mille phrases de ce genre, et en feront un discours tendant à faire admettre ledit président à l'Institut.

Vous allez donc à Béfort; ne m'oubliez pas, je vous prie, auprès du cher ami d'Auxon; c'est encore un vieil ami de cœur qui est dans mes pensées quotidiennes. Ne pourrons-nous donc jamais nous voir une fois réunis? Une pareille fête pour moi me vaudrait mieux que toute l'enfilade de remèdes dont je fatigue ma frêle carcasse, et que toute l'éloquence en *de du des* de mon impitoyable président. En parlant de remèdes, je vous quitte pour suivre mon régime; j'ai la carte de mes mets et entre-mets sous les yeux, elle ne vaut pas celle de Véry. J'en suis au potage clair qui ne se sert pas en vaisselle plate mais bien pointue; ce n'est pas le cas de dire que l'eau m'en vient à la bouche. Sur ce, je vous embrasse. Tout à vous.

G. P.

XLVᵉ LETTRE.

Dijon, le 5 novembre 1824.

CHER AMI,

J'ai attendu le retour complet de la colonie dijonnaise pour vous écrire, et vous dire que le voyage successif de Gabriel qui formait l'avant-garde, de moi qui l'ai suivi deux jours après, et du corps d'armée qui est arrivé hier au soir, a été fort heureux. Personne n'a été incommodé de la poussière le long de la route ; cette légère et gênante compagne de voyage pendant la canicule gisait, surtout à Gray, sous la plus belle nappe d'eau que j'aie vue de ma vie en pleine campagne ; elle était engloutie sous cet immense miroir jaunâtre ainsi que la Saône, les prés, les champs, les jardins, etc... Je plains beaucoup les taupes et les rats des champs qui, sans doute, y auront gagné plus d'un rhume de cerveau, car ils doivent avoir les pieds humides, ou pattes, si vous voulez. Quelles tristes vendanges ! il est bon de mettre de l'eau dans son vin, *mais trop est trop, princesse,* dirait encore Viennot, s'il existait. Pour moi, si je vais, dans deux ou trois ans, boire du vin de cette année avec vous, je vous dispenserai de faire accompagner ma bouteille d'une carafe ; et même, si le cas y échet, nous pourrons, dans un besoin pressant, faire un chrétien avec cette divine liqueur si abondamment baptisée.

Mais je m'aperçois qu'à force de parler de ce triste déluge, je m'y noie et j'oublie l'objet essentiel de ma lettre qui est de vous tendrement remercier, vous et Madame Baulmont, de toutes les amitiés dont vous m'avez comblé à Vesoul. Connaissant votre excellent cœur, je devais bien m'y attendre, mais, malgré cela votre affection est si ingénieuse dans son expansion et dans ses preuves, que j'en ai éprouvé tout le plaisir que m'aurait, pour ainsi dire, causé la surprise la plus agréable. Ce que je vous dis ici s'adresse également à l'excellent Bobillier dont je voudrais bien que les yeux fussent au niveau du cœur et de l'ame ; certes ils ne péricliteraient pas, ils seraient plus que jamais bons, beaux, forts et solides ; cela s'adresse aussi au brave Piot, un de ces vieux amis de la vieille roche que l'on chérit toujours de plus en plus ; je ne parle pas de Nicolas Juif, c'est encore un de ces hommes qui ont le cœur toujours ouvert à tous les sentiments généreux. Grand merci donc, tous mes chers amis, du plaisir que vous m'avez fait goûter à Vesoul pendant le mois d'octobre.

Adieu, cher ami; toute la famille reconnaissante se joint à moi pour vous embrasser avec toute la cordialité possible.

Votre vieux et fidèle ami,

G. P.

XLVIᵉ LETTRE.

Dijon, le 12 novembre 1824.

CHER AM,

Je félicite bien M. le maréchal (1) sur l'hymen de Mˡˡᵉ sa fille; cela le dédommage un peu de la perte si cruelle qu'il a faite.

Mon Gabriel prolonge encore ses vacances, il est à Chalon dans ce moment; mais il a assisté avant-hier à la rentrée de la Cour royale qui a été très-brillante, surtout par le discours du procureur général dont j'ai été très-content. Notre préfet m'en avait dit d'avance beaucoup de bien; il attend dans peu M. de Villeneuve, du moins il espère le voir à son passage à Dijon; je dois dîner chez lui le jour de l'arrivée de votre excellent préfet avec lequel je me réjouis de passer quelques instants.

Dites à ma sœur, si vous la voyez, que sa petite Turlurette se porte toujours à merveille et qu'elle est très-gaie et très-contente. Depuis trois jours elle a un homme et une femme en pain d'épices d'un pied de long; je n'ai pas encore pu la décider à en manger une jambe, il paraît qu'elle n'est pas antropophage; elle se contente seulement de lustrer avec sa

(1) Le duc de Conegliano.

langue les broderies sucrées de Monsieur et de Madame. Il est probable que quand elle en sera à l'épiderme, les dents pourront bien remplacer le langue.

Adieu, mille respects à Mme Baulmont et mille souvenirs à nos amis. Tout à vous.

G. P.

XLVIIe LETTRE.

Dijon, le 22 novembre 1824.

MON CHER AMI,

Vous me faites bien des questions sur la bibliothèque de Vesoul. Ma très-mauvaise mémoire ne me permet guère d'y répondre; cependant je vais reprendre vos articles les uns après les autres.

Vous me parlez de l'annuaire de Marc où il est question d'un *Priniery* qu'il dit exister à votre bibliothèque publique. Je ne peux retrouver cet annuaire dans mon fatras de livres composé d'environ 6,000 volumes, mais je présume que vous avez voulu parler de Prymerj ou plutôt Prymer qui est un diplomate anglais dont vous devez posséder les *fœdera* en 10 vol. in-folio; c'est une collection importante, mais qui ne peut être citée comme marquante dans une bibliothèque publique, ainsi n'en parlons plus.

Vous me parlez ensuite d'un *Somnium Scipionis* de 1492, comme étant le plus ancien ouvrage imprimé de la bibliothèque. Je n'ai qu'une idée très-confuse de cette ancienne relique, mais je suis sûr que vous avez quelque chose de plus respectable; c'est une Bible que je regarde comme touchant au berceau de l'imprimerie; tâchez de la découvrir; je l'ai laissée dans les rayons qui sont au milieu de la salle. J'avais mis là toutes les vieilles éditions, les a-t-on dérangées? Cette Bible est fort laide, l'impression imite la petite écriture gothique ronde : j'en avais commencé la description sur un feuillet qui doit être dans le volume. Je l'estime de 1460 à 1465 ; mais il n'y a que le premier volume.

Votre mss (Recueil des canons pénitentiaux) est sans doute l'un de vos plus précieux ; mais n'oubliez pas l'in-4° des pièces du procès de Jeanne d'Arc ; ce mss date de peu de temps après la révision du procès, je l'estime de 1480 à 1490 au plus.

Vous avez encore de grands corps d'ouvrages tels que les Bollandistes, la Byzantine, le Gallia Christiana, les Historiens des Gaules, la Polyglotte de Walton avec le Lexicon de Castel, les Mémoires de l'Académie des inscriptions, complets, in-4°, ce qui est assez rare, les 7 derniers volumes ayant été publiés depuis la fin de la révolution, etc.

Voilà, bon ami, tout ce que je puis me rappeler de plus saillant ; si j'étais là, je découvrirais sans doute quelqu'autre chose, mais je vous cite l'essentiel.

Si vous voyez ma sœur, dites-lui que sa Turlurette va toujours à merveille ; santé et gaîté, voilà les deux bonnes béquilles avec lesquelles elle gambade du matin au soir. Elle ne chante plus ô Lichald, ô mon loi ! mais elle nous donne le catalogue de ses affections quotidiennes à dîner. C'est celui-qui lui a donné le plus de bonbons qui est toujours en tête de la liste, après Clara cependant ; car Clara, en qualité de compagne de lit et de première dame de compagnie de Turlurette, a la plus grande part dans le gâteau de ses affections.

Je vous recommande, au nom de la bibliomanie, la lettre ci-incluse pour M. Durand de Lançon.

Adieu, cher ami, tout à vous.

G. P.

XLVIIIe LETTRE.

Dijon, 27 janvier 1825.

Cher ami,

Voici enfin mon bal des morts que j'adresse à Bobillier, pour qu'il habille de son mieux ces pauvres diables que la graisse n'empêche pas de danser (1).

Si vous en avez la patience, vous jetterez un coup d'œil sur ma salle de bal pour juger de l'ensemble, mais je vous défends d'y entrer; attendez pour cela que je vous envoie une carte d'invitation, et je vous promets que vous aurez le temps de préparer votre costume, tant simple qu'il sera. Je vous donne encore une soixantaine d'années pour cet objet important; en attendant j'irai sans doute voir si les violons sont d'accord, et si tout se passe bien dans la grande salle, quoiqu'il y ait un peu de confusion, car Turcs, Grecs et tant d'autres s'y précipitent à qui mieux mieux; laissons passer les plus pressés. J'écris à Bobillier, je vous adresse la lettre que vous lui remettrez avec le manuscrit. J'ai tout envoyé; mais il ne faudra pas imprimer le discours préliminaire le premier; je désire même que Suchaux me le renvoie après l'avoir parcouru; parce que, dans le cours de l'impression, je pourrai encore trouver à le corriger.

Nous comptons sur votre obligeance ordinaire pour me faire passer les épreuves et la copie de chaque feuille que je vous renverrai sur-le-champ.

Je ne doute point que mon héroïne au teint de buis ne vous témoigne sa reconnaissance, en vous accordant un *passe-*

(1) Cette lettre accompagnait le manuscrit de l'ouvrage intitulé *la Danse des Morts,*

debout de trois ou quatre ans par chaque feuille que vous me ferez passer.

J'ai eu occasion de parler, page 160 du mss., du bon roi Réné qui a sifflé la linotte à Dijon pendant trois ou quatre ans. J'aurais voulu mettre au bas de la page l'indication de l'histoire de ce beau prince, que M. le chevalier de Villeneuve fait imprimer en ce moment. Auriez-vous le prospectus de l'ouvrage?

Tout à vous.

G. P.

XLIXe LETTRE.

Dijon, le 8 juin 1825.

CHER AMI,

Nos affaires matrimoniales vont toujours en avant et toujours de mieux en mieux. Tout ce que l'on nous a dit de bien du futur se confirme au centuple par l'étude particulière que j'en fais depuis que je le connais. Sa famille est infiniment aimable; ce sont tous gens riches, vivant fort bien et qui nous accablent d'amitiés. Hier, il a fallu absolument aller voir la maison de campagne qui est située sur une colline, à un quart d'heure et demi de la ville. Les bâtiments sont charmants, la vue y est enchanteresse, on découvre au moins douze lieues d'étendue, et Dijon se déploie sous les fenêtres avec ses environs si variés. Il y a trois sources d'excellente eau, deux grands pavillons, cuverie, caves très-vastes, remise, écurie, etc.... beau jardin, vergers, etc.... tout est à neuf. Avec la longue-vue, on se promène dans les rues d'Auxonne. Cette petite propriété n'est qu'une bague au doigt pour notre cher futur, quoiqu'il y fasse un vin blanc très-recherché. Sur les 140,000 fr. de domaines qu'il possède outre sa charge, cela n'est estimé que 15,000 fr. Il prépare de riches cadeaux, pour moi je ferai ce que je pourrai ; si j'avais en francs ce que j'ai en livres, mes honneurs seraient plus brillants.

La cérémonie aura lieu le 28 ; je compte bien, mon cher ami, que vous viendrez passer au moins trois jours avec nous et que vous aurez la bonté de mettre Piot dans une poche et Bobillier dans l'autre ; si Mme Baulmont avait le courage de se mettre de la partie et de monter sur vos épaules, pendant que vous aurez vos deux amis dans vos poches, oh ! alors nous serions au comble de nos vœux, et votre entrée à Dijon, dont je ferais tous les préparatifs, serait au moins aussi solennelle que celle de Charles X à Paris, le 6 du courant ; j'en ferais faire sur-le-champ la lithographie. Excusez cette plaisanterie, dont le fond n'en est pas une ; nous serions vraiment enchantés de vous posséder tous, et vous nous devez cela.

Adieu, cher ami, je vous embrasse de tout cœur.

G. P.

L^e LETTRE.

Dijon, le 15 juin 1825.

CHER ET BON AMI,

Plus j'avance et plus les préparatifs de la noce deviennent fatigants pour moi ; je suis accablé de lettres, de visites, d'emplettes, de cadeaux, etc., car vous saurez qu'ici les amis de la future lui apportent des présents, et cela est encore de prix ; je ne sais plus auquel entendre. La corbeille du futur est bien une autre mer à boire ; on parle de parure de diamants, d'étoffes superbes, de dentelles fort chères, etc... *Vanitas, vanitatum !* tout cela me tue, quoiqu'il ne m'en coûte que la peine d'admirer. Je vous demande un peu si l'on a besoin de schals de 750 fr., de bagues de 8 à 900 fr., de robes de... Ah! que le diable emporte les noces et les folies des mariés; il faut espérer que j'en verrai le bout. La famille du futur, surtout une de ses sœurs qui est la plus aimable des femmes, accable Clara d'amitiés et préside à toutes ces folies; il faut bien que je laisse couler l'eau sous le pont. Ce qui m'assassine surtout, c'est le bataillon d'ouvriers que j'ai à la maison. Que vous êtes heureux de n'avoir pas tous ces embarras!

Adieu, votre ami bien tracassé,

G. P.

LIᵉ LETTRE.

Dijon, le 24 juillet 1855.

C'est le plus pauvre homme qui vous écrit, mon cher Baulmont; voilà trois jours que je suis assis, debout, couché, et ne me trouvant bien nulle part. Un maudit rhumatisme s'est jeté sur mon côté gauche et me fait souffrir comme un damné au moindre petit mouvement. Est-ce une carte d'invitation que la camarde me fait déjà passer sous le nez? Il serait assez plaisant que la description de son bal finît par mon admission au nombre des danseurs (1).

J'ai reçu votre précieuse lettre du 22 et les pièces qui l'accompagnaient; n'allez pas croire que je me sers du mot *précieuse* parce que vous avez dit que mon travail est le plus érudit et le plus complet qui aura paru sur les cartes à jouer; je sais tout ce qu'il faut rabattre des éloges de l'amitié, et le public le verra peut-être d'un autre œil que vous; enfin, n'importe, j'appelle votre lettre *précieuse*, parce que vous m'y parlez de cartes de fantaisie, intéressantes, que vous dites que j'ai vues autrefois chez vous, et sur lesquelles je dis, moi

_____

(1) Allusion à *la Danse des Morts* alors en cours de publication.

comme cette princesse de théâtre à qui l'on rappelait feu son père :

« *Ma foi, s'il m'en souvient, il ne m'en souvient guère.* » Je vous annonce donc que je brûle du désir de faire une petite notice sur les belles cartes relatives à la tragédie de Schiller sur notre pauvre Jeanne, sur le Boston de Flore, sur le Jeu du Solitaire, sur les Jeux Nécromanciens, etc... Vous sentez, mon cher ami, combien tout cela ajoutera d'intérêt à mes analyses; il faut donc que vous me mettiez à portée de faire ma petite notice; je ne pourrais y travailler qu'avec les pièces sous les yeux. Je me recommande donc à vous pour cela.

Mille remercîments à l'avance, tout à vous.

G. P.

LIIᵉ LETTRE.

Dijon, le 8 septembre 1825.

Cher ami,

Je vous écris en ce moment des hauts lieux, ayant Dijon encadré dans ma fenêtre, et embrassant dix ou douze lieues de campagne depuis mon balcon. C'est vous dire que je suis dans le joli pavillon de Monnier.

Il paraît bien probable que nous n'irons pas cette année à Vesoul, quoique Mᵐᵉ Monnier tourmente beaucoup son mari pour y aller après les vendanges. Mais si je n'y suis pas en personne, vous pouvez bien croire que j'y suis en esprit, si pourtant esprit il y a; et certes je n'ai pas des vacances pour faire ce voyage aérien; le célérifère de mon imagination fait cette route au moins quatre ou cinq fois par jour, et, par cette sympathie qui est méconnue du vulgaire, il me semble que mon célérifère a quelquefois l'honneur de rencontrer le vôtre sur la route bleuâtre de l'espace qui nous sépare.

Si, malgré nos représentations, Mme Monnier venait à gagner son procès, il est présumable que je serais de la partie,
et que ma girouette qui était tournée du côté de Lyon et Valence au sud, me montrerait une direction différente vers le
nord-est. Enfin nous verrons comment Dieu disposera de ce
que l'homme aura proposé.

Il paraît que M. Lambert, prote *par interim* de l'ami Bobillier,
est un peu de la race d'un fameux et savant commentateur
d'Horace, du moins *quoad nomen*. Ce Monsieur s'appelait en
latin Lambinus; c'était un fort honnête homme d'ailleurs,
comme je présume bien qu'est M. Lambert. J'aime beaucoup
Lambinus; si M. Lambert veut que je l'aime aussi, dites-lui
que je le prie d'aller un tant soit peu plus vite, en prenant
toutefois le temps de manger du raisin, comme la saison
l'exige. Il dira peut-être pour ses raisons qu'en ne touchant
point à mon travail, *il ne brouillera pas les cartes* entre nous;
faites-lui bien sentir que ce serait tout le contraire; mettez-lui
le *cœur* au ventre, sinon je me *pique,* et je jette tout sur le
carreau, me moquant de cet ouvrage comme d'un brin de
trèfle.

Le tableau que vous m'avez fait du charmant voisin de
votre bureau m'a causé un rire inextinguible par sa véracité.
Le vieil Anacréon jouant encore avec les amours, l'esprit et
la bouteille à 70 ans n'était pas plus aimable. Il y a de certaines gens fort agréables, qui ne se refusent aucune
jouissance et qu'on appelle, je crois, *pourceaux d'Epicure;*
j'espère que jamais on ne s'avisera de traiter ainsi mon cher
C....; et comme j'ai la certitude qu'il n'a rien de commun
avec les philosophes de l'antiquité, je supprime de ce titre
honorable le mot d'Epicure, parce que je sais combien ledit
C... est bon chrétien; et, autant que je puis me le rappeler,
Epicure était païen et nullement arabe.

Vous me parlez des indemnités de Saint-Domingue; je

suis d'une fière indifférence sur ce brouillard d'Haïti. 24 fr.
tenus me paraîtraient plus sûrs que 24,000 fr. encore entre
les mains des machurés d'Haïti.

Adieu, tout à vous.

G. P.

LIIIe LETTRE.

Dijon, le 12 septembre 1825.

M<small>ON CHER AMI</small>,

Je vous renvoie l'épreuve 15 ; je l'ai lue attentivement,
mais cependant toujours en auteur plus occupé du fond que
de la forme, ainsi il faudra que M. Lambert la revoie encore.

Je vous remercie beaucoup de la communication que vous
m'avez faite du jeu mythologique ; je ne pense pas qu'il faille
en faire une mention particulière, car il est compris dans les
jeux instructifs dont j'ai parlé. D'ailleurs il me semble qu'on
aurait pu mieux faire la distribution des personnages. Nep-
tune aurait dû figurer comme roi, puisqu'il est roi des mers ;
Mars aurait pu être le roi de pique, puisque le pique est un
signe de guerre ; pas du tout, l'auteur le met au trèfle, c'est-
à-dire au vert comme un jeune poulain. Il campe les 3 grâces
à un huit et les trois parques à un neuf, autre absurdité. Ce
jeu serait à refaire ; je ne vous remercie pas moins de me
l'avoir communiqué et je suis bien aise de le connaître.

Avez-vous le roman intitulé : *Monsieur le Préfet*, qui a
paru l'année dernière et qui a eu deux éditions en quelques
mois? Labouisse est venu passer deux jours avec moi en re-
tournant à Castelnaudary. Il est parti ce matin ; avant-hier,
à une soirée donnée par M. d'Agrain, on est venu à parler du
roman en question, et comme on se doutait que c'était une
satyre où des personnages réels figuraient sous des noms

supposés, on lui a demandé s'il en connaissait l'auteur et quelques-uns des personnages; il a dit que oui, et il a défilé e chapelet, sans même s'oublier, car il y est assez maltraité pour ses vers. Si vous êtes curieux de connaître quelques-uns des personnages du roman, je pourrai vous l'envoyer. L'auteur de ce roman est un sieur de la Mothe-Langon, que je ne connais pas, mais que l'on dit assez malin.

Adieu, cher ami, je vous embrasse en Bacchus et au milieu de toutes les bacchantes qui coupent vos raisins.

Tout à vous.

G. P.

LIVᵉ LETTRE.

Dijon, le 5 octobre 1825.

Cher ami,

Toute ma famille arrive à Vesoul en même temps que ma lettre, ce qui ne m'empêche pas de vous écrire pour vous embrasser comme si j'étais là. Je vous certifie que la bonne volonté ne m'a pas manqué, mais je suis retenu ici par plusieurs motifs : impressions urgentes pour l'Académie, affaires d'intérêts pour mon propre compte, autres choses à terminer à Paris sans sortir de Dijon, tout cela a mis obstacle à mon voyage.

J'ai au moins la consolation d'être à Vesoul et entre vos mains trois fois par semaine, et je vous possède *idem;* le seul désagrément, c'est que lorsqu'il y a quelques omissions dans nos colloques, il faut cinq ou six jours pour les réparer; car nous n'avons ni la langue, ni le bras assez longs pour répliquer *subito,* et notre porte-voix ne fait guère que sa lieue par heure.

J'aurais bien voulu vous présenter moi-même mon bon Monnier et sa petite rondelinette de femme, ainsi qu'à

Mme Baulmont, mais ma bonne moitié et Joseph voudront bien me suppléer. A propos, Joseph m'a annoncé le nouveau coup de pied que Madame son épouse vient de me donner; je ne peux pas appeler autrement ces petits bambins qui, en arrivant dans ce monde font des grands-papas et semblent leur dire : *Ote-toi de là que je m'y mette!* La vie est comme une échelle double, aussitôt que ces petits diables grimpent péniblement les premiers échelons d'un côté, les papas arrivent bientôt à califourchon au-dessus de l'échelle, puis les grands-papas dégringolent quatre à quatre les échelons de l'autre côté. Le dernier rôle est précisément le mien maintenant. Vous autres, Messieurs les demi-célibataires ou célibataires, vous n'avez pas de clous qui vous chassent ainsi; vous jouez à l'écarté tout à votre aise, sans craindre que des joueurs, amenés par vous, vous poussent et vous pressent de céder la place.

Adieu, votre ami le dégringoleur vous embrasse de tout son cœur.

G. P.

LVe LETTRE.

Dijon, le 26 octobre 1825.

CHER BON AMI,

Je vous renvoie l'épreuve que j'ai lue de mon mieux.

Je pense que l'on est débarrassé à Vesoul de toute ma racaille dijonnaise; il est bien temps que ce troupeau exotique rentre au bercail la toison pleine de vos excellents pâturages, et le cœur plus plein encore de toutes vos amitiés.

Nous venons d'enterrer la femme du procureur du roi Lorenchet; elle était âgée de 19 ans, et a laissé un fils né il y a quatre jours. Comme vous ne connaissez point cette famille, cela vous intéresse peu, mais je vous en parle parce qu'au

moment de la naissance de cet enfant : 1° lui, 2° sa mère, 3°
Mme Pinot, sa grand-mère, 4° Mme Renaucourt, mère de
Mme Pinot, et 5° Mme Bruslé, mère de Mme Renaucourt,
étaient toutes dans le même appartement. Ainsi voilà cinq
générations réunies ; vous qui aimez les extra, en voilà un.

J'ai lu avant-hier, qu'en 1732, à une visite que le roi de
Danemarck fit dans ses Etats, on lui donna dans une ville un
bal qui commença par une contredanse où les quatre premiers couples formaient entre eux plus de huit siècles ;
avouez, mon ami, que nous ne sommes que de marmouzets
auprès de ces géants chrono, faut-il dire logiques? Non, c'est
métriques, auprès de ces géants chronométriques qui mesu-
rent le temps à une autre aune que nous ne le mesurerons
jamais.

Adieu, je suis fou, je comptais vous écrire un mot et j'ai
pris à cet effet une demi-feuille ; pas du tout, voilà ma bavarde de plume qui jabotte en trottant comme une écervelée.
Adieu, adieu.

G. P.

LVIe LETTRE.

Dijon, le 20 février 1826.

Mon cher ami,

Ci-joint vous trouverez une petite lettre pour ma cousine
Galmiche qui sans doute a reçu ma première lettre. Elle
lui annonçait que son mari était arrivé bien portant vendredi
dernier avec M. Dufournel. Je vous certifie que nous avons
joliment pourchassé son rhumatisme en le faisant trotter samedi, dimanche et aujourd'hui ; il dit que nous le prenons
pour un *tribi*, il tourne à droite, à gauche, et toujours très-
gai et très-content.

Faites-moi le plaisir, je vous prie, de tirer, non pas les

deux oreilles, mais une seule (parce que la somme est petite),
à Bobillier; avant-hier ma femme trouva dans sa poche,
pendant le dîner, un petit chiffon de papier sur lequel était
écrit : *M. Bardenet*, 6 *fr.* 50; elle me le donne et se met à
rire comme une folle; je lui dis : « Bobillier aurait-il eu l'horreur de te compter les fonds considérables dont je l'avais prié
d'être dépositaire et qu'il ne devait remettre qu'à moi? — Tu
l'as dit! — Hé bien! rends-les moi donc. — Un nouvel éclat
de rire a été tout ce que j'ai pu obtenir. Ainsi voilà 6 fr. 50
que Bobillier me fait perdre, comme s'il les prenait dans ma
poche, dites-le-lui bien. Je croyais qu'il connaissait un peu
mieux la conscience féminine quand il s'agit d'argent mari-
tal. Il mérite autant de coups de bretelles qu'il y a de centimes
dans la somme en question. C'est donc 650, ni plus ni moins,
que je vous prie de lui appliquer au comptant ou en comptant, vous en dresserez procès-verbal qui lui servira de quit-
tance.

(J'interromps ici ma lettre, le facteur sonne, et ma domestique m'apporte un paquet qu'il vient de lui remettre.
C'est un magnifique exemplaire de l'ouvrage de notre ministre de l'instruction publique avec ces mots de sa main, en
tête du premier volume : *A M. Peignot, inspecteur de l'Académie de Dijon, de la part de l'auteur.* Cela me fait d'autant
plus de plaisir que je craignais qu'il ne fût un peu fâché contre
moi, sans que je puisse deviner pourquoi. J'en avais reçu des
lettres charmantes, et je n'avais pas reçu de réponse au dernier envoi que je lui ai fait; tout me paraît réparé. Fermons
la parenthèse).

Connaissez-vous un nouvel ouvrage intitulé la *Physiologie
du Goût*, ouvrage très-gai, fort bien écrit et assez piquant
sur la gastronomie, quoiqu'un peu frivole; il fait bruit. Vous
savez sans doute qu'il est de feu Brillat de Savarin, conseiller
à la Cour de cassation. Je vous engage à le lire, il vous amu-

sera beaucoup; il a eu bel et bien d'approbateurs à Dijon, il court tous les salons. L'érudition antique y est faible, mais le style et le raffinement gastronomique y sont au haut de l'échelle. Les méditations, les aphorismes, les variétés ont du bon.

Adieu, mon cher, tout à vous.

G. P.

LVIIᵉ LETTRE.

Dijon, le 4 juin 1826 (1).

Dieu soit loué! vous voilà donc ressuscité à mes yeux, mon cher Baulmont, et je sais enfin quelle terre vous porte, sous quel ciel vous existez et où je puis vous donner signe de vie.

Il eût été difficile que nous nous rencontrassions, vous, allant avec Madame, en partie de plaisir, visiter la capitale, puis les côtes de l'Océan, et moi, seul, courant jour et nuit dans une direction opposée, visitant de sombres et tristes collèges et saluant de loin les côtes de la Méditerranée. Il me tarde beaucoup que vous ayez terminé vos courses; depuis trois jours je suis rendu au sein de mes pénates, où j'ai surpris agréablement tout mon monde que j'ai trouvé en bonne santé, gai et joyeux; on ne m'attendait que huit jours plus tard.

Je vous félicite, ainsi que Mᵐᵉ Baulmont à qui je présente mes tendres respects, sur votre charmant voyage; les détails que vous me donnez sont bien de nature à faire venir l'eau à la bouche. C'est avec le plus grand intérêt que j'ai lu votre curieuse relation; j'ai passé plusieurs jours à Dieppe en 1791, il paraît que la ville est bien changée depuis ce

(1) M. Baulmont se trouvait en ce moment à Paris.

temps, car je ne l'avais pas trouvée fort agréable ; j'avais aussi séjourné à Rouen, mais je ne connais pas le Havre, je désire beaucoup le voir ainsi que Cherbourg.

Je n'ai pas à me plaindre de ma tournée, à part la fatigue ; partout j'ai trouvé le meilleur accueil de la part de mes amis ou connaissances. J'ai commencé par Châtillon, où j'ai logé, sans pouvoir m'en défendre, chez M. de la Peyrouse qui m'a accablé d'amitiés ; il m'a fait voir dans le plus grand détail tous les établissements du duc de Raguse ; c'est immense ; forges anglaises, vermicellerie, sucrerie, vinaigrerie, bergerie, moulins, etc...; tout cela est enfermé dans un parc immense, coupé par la Seine qui le traverse.

Mon ami Tridon, receveur particulier à Semur, est venu me prendre dans sa voiture à Châtillon et m'a fait faire plus de 20 lieues de ma tournée. De Semur je suis allé à Saulieu, puis à Arnay, puis à Autun où Mme Rebillot, dont le mari est à Paris (1) m'a reçu en vraie compatriote.

D'Autun j'ai gagné Beaune, puis Chalon-sur-Saône, Tournus, Bourg et Mâcon. Le bon M. de Villeneuve m'a reçu à merveille ; j'ai passé la soirée chez lui avec le poète Lamartine et d'autres aimables convives. De là je suis allé à Cluny, puis à Charolles et à Paray, enfin à Marcigny où Berchoux est maire ; je l'ai manqué d'un quart d'heure, mais nous nous reverrons ; nous avons grande envie de nous connaître ; je crois qu'il m'enverra la dernière édition de sa gastronomie. M. Barrois de Paray, qui y est juge de paix, a fait un petit poëme du sommeil qui peut rivaliser avec la gastronomie ; j'ai eu bien de la peine à en obtenir un exemplaire. Après avoir

(1) M. Rebillot, alors capitaine de gendarmerie, est parvenu au grade de colonel de la garde municipale à cheval sous le gouvernement de juillet, a été nommé préfet de police sous la république, puis général de brigade ; la mort vient de le surprendre dans ce poste.

parcouru vingt autres localités, j'ai terminé mes courses par Auxonne où je me suis trouvé chez l'ami Tondel avec généraux, colonels, intendants, etc..., dans un superbe déjeûner. Enfin le 31 mai je suis rentré à Dijon. Voilà, mon cher ami, toute ma course, vous voyez qu'elle n'approche pas de la vôtre pour le grandiose des détails; mais le cœur y a eu part à quelques fêtes et cela a bien aussi son prix.

Adieu, revenez au plus tôt, car il me tarde bien de reprendre la chaîne de notre correspondance dont ces deux gros anneaux-ci tiendront lieu de beaucoup de petits.

Je réitère mes tendres hommages à votre aimable compagne de voyage et vous embrasse de cœur et d'affection.

G. P.

LVIIIe LETTRE.

Dijon, le 19 juin 1826.

Avec quel plaisir, mon cher Baulmont, j'ai enfin aperçu un petit mot de vous sur une lettre adressée à mon fils Gabriel : vous voilà donc de retour, bien fatigué sans doute, ainsi que Mme Baulmont, mais la tête pleine de souvenirs d'un voyage agréable qui m'a paru bien long, quoiqu'un heureux hasard ait fait à peu près rencontrer ce voyage avec ma tournée. Vous ne vous êtes pas contentés des merveilles de la capitale, vous êtes allés admirer les ports de mer et cette belle Normandie, qui, malgré son cidre, vaut bien la peine d'être vue. J'espère que ce joli voyage aura fait grand bien à la santé de Mme Baulmont, et que vous-même continuerez à jouir de cet état prospère qui ne clochait jamais.

Quant à moi, je ne suis pas encore remis des fatigues de ma tournée; je sens tous les jours que je vieillis; mon corps devient lourd, et de petits élancements dans l'orteil gauche sont autant de coups d'éperons par lesquels l'héroïne de mon

dernier ouvrage m'avertit que je dois aller vite la rejoindre.
Malgré cela je lui disputerai le terrain le plus que je pourrai,
et je ne ferai pas comme deux dijonnais qui, à deux jours de
distance, se sont précipités dans un puits.

Voici des brochures que je suis chargé de vous transmettre de la part de M. Nault, le procureur général, et de la part
d'Amanton. J'y joins un petit paquet qui en renferme deux
pour M. Durand de Lançon.

Nous n'avons rien de nouveau ici que l'arrivée de M. De-
lamalle, conseiller d'Etat et inspecteur général de l'Université
pour les écoles de droit ; il vient présider le concours pour la
chaire vacante par la mort de Guichon. Il y a trois concur-
rents : M. Morelot, conseiller de préfecture, suppléant à
l'école de droit ; mon bon ami, M. Serrigny, et M. Matry.
Morelot l'emportera, ses deux émules sont ses élèves (1). Ce
concours doit durer six semaines et coûter de quatre à cinq
mille francs. Que de frais inutiles ! Je ne suis compromis dans
tout cela que pour mon estomac ; il faut assister à de grands
dîners auxquels je préfèrerais de beaucoup mon modeste ordinaire en famille. Jeudi dernier, c'était chez le préfet ; hier,
dimanche, chez le recteur ; demain, chez le maire ; dimanche
prochain, chez le premier président... On a beau se tenir à
quatre, quel est le diable qui pourrait se tirer les culottes
nettes d'une telle besogne ? N'allez cependant pas croire que
j'aie sali ou que je doive salir les miennes ; grâces à Dieu, re-
nonçant à tout vin étranger, à tout mets épicé, je n'ai à

_____

(1) La prédiction s'est réalisée. M. Morelot est aujourd'hui doyen
de la Faculté de droit, M. Serrigny, professeur de droit administratif, et M. Matry, avocat. Puisque le nom de M. Matry se présente
dans ces lettres, j'en profiterai pour rendre à ses connaissances et à
son désintéressement un public hommage, en mémoire des excellents conseils qu'il a bien voulu me donner dans une affaire de la
plus haute importance.

redouter que le changement de nourriture qui dérange toujours un peu ; quoiqu'on n'en prenne pas plus qu'à l'ordinaire.

Adieu, tout à vous de cœur.

G. P.

LIXᵉ LETTRE.

Dijon, le 12 juillet 1826.

CHER AMI,

J'ai communiqué mon manuscrit, sur les repas des Romains, à un de mes amis, grand connaisseur et juge aussi franc que sévère. C'est l'auteur des annales du Moyen-Age, en 8 volumes ; il a lu mon travail d'un bout à l'autre, et il ne revient de l'immensité des recherches que renferme l'ouvrage ; mais ce qui me fait plaisir, c'est qu'il le trouve aussi amusant que plein d'érudition. Je crois donc pouvoir me hasarder à le livrer au public, aussitôt que j'aurai pu entrer en arrangement avec un libraire. Il faudra peut-être attendre que la bourrasque des déconfitures typographiques de Paris soit passée. Comme l'Europe n'attend pas ce livre et qu'il n'y a pas à craindre que les mets servis sur la table des Romains se refroidissent, il sera toujours temps d'inviter les amateurs à mon grand repas qui sera à deux services, c'est-à-dire en deux volumes.

Vous savez sans doute que mes *Amusements philologiques* ont été imprimés en 1824 à 2,000 exemplaires. J'ai appris qu'il en restait à peine un cent à mon éditeur. Il m'a payé le manuscrit 600 fr., il vend l'exemplaire 6 francs, les 2,000 font bien 12,000 fr., voyez combien je suis heureux dans mes marchés ; j'ai maintenant de quoi faire deux volumes au moins aussi curieux que celui de la dernière édition. Croyez-vous que je serai aussi champenois que je l'ai été en 1824 ? Non, ma foi.

Le rédacteur en chef du journal de Paris, M. Ourry, vient de demander à Dijon un de mes anciens ouvrages qu'il a vainement cherché à Paris (ce sont mes brûlés). On a eu bien de la peine à lui en trouver un exemplaire à 15 fr. chez un de nos libraires. Tout cela me donne envie de sortir de ma poussière ; mais, hélas ! ce serait pour retomber dans celle du tombeau, car si l'arbre est vivace encore par le corps, il commence à pécher par les racines.

Je n'ai pas le temps d'écrire à Bobillier pour le remercier de sa galanterie à l'égard du pressoir ; je lui demandais deux humbles lignes dans son journai, et voilà mon gaillard, d'une libéralité in-4°, qui me fait une affiche comme pour un domaine de 80,000 fr. L'épigramme est bonne et je l'en remercie bien sincèrement, au moins elle me prouve que si le cher ami pouvait m'être utile en occasion plus sérieuse, il le ferait de cœur et d'affection, et sous ce rapport il peut compter sur une reconnaissance égale à la vieille amitié qui nous unit.

Adieu, cher ami, tout à vous.

G. P.

LXe LETTRE.

Dijon, le 27 novembre 1826.

Qu'êtes-vous donc devenu, mon cher ami ? voilà le quatrième courrier que je n'ai pas eu un mot de votre main, quoique je vous aie accablé de grosse et menue denrée. Seriez-vous malade ? je ne le pense pas, Bobillier m'en eût instruit. Auriez-vous des ennuis ? c'est une raison de plus pour écrire et les verser dans le sein de l'amitié. Vous devez savoir que votre silence est toujours très-inquiétant pour moi.

Pour vous le faire rompre, je prends le parti de vous jeter à la tête un petit volume que la presse de Frantin vient de vomir dans mon cabinet. Ce sont mes dépenses de Louis XIV, dont le supplément a été terminé seulement avant-hier. Auriez-vous la bonté de faire passer à M. Durand de Lançon l'exemplaire ci-joint que j'accompagne des deux numéros de la *Gazette littéraire* de Londres qu'il a eu l'obligeance de me prêter.

Mes testaments singuliers sont à l'ordre du jour ; c'est **très**-curieux. Je termine celui d'Isabelle de Bavière ; j'ai fait ces jours derniers ceux de Brantôme, du chancelier Lhospital, etc... Les uns sont très-intéressants, les autres très-bizarres, mais tous fort curieux ; c'est une branche de l'histoire de l'esprit humain qu'on n'a pas encore cultivée, et qui mérite de l'être.

Je vous adresse encore un exemplaire de la seconde édition de ma lettre sur Henry VIII ; c'est M. Crapelet qui a voulu la réimprimer, il m'en a envoyé deux ou trois exemplaires, et celui que je vous envoie est le seul qui sortira de mon cabinet.

Vous voyez que je vous accable de mes petits péchés comme de mes gros ; mais un directeur indulgent n'est pas chiche d'absolution pour un ami.

J'ai reçu hier une lettre de Charles Nodier ; il va venir me voir et se réjouit de couler à fond la partie bouquinaille avec moi.

Pourriez-vous me dire qui m'a joué le mauvais tour de m'inscrire dans l'*Indépendant de Lyon* comme membre ou candidat de l'Académie provinciale, à laquelle je n'ai pas plus pensé que vous, et qui d'ailleurs n'est pas dans mes principes littéraires, car ces Messieurs sont tous romantiques, et moi, vieux routinier, je m'en tiens aux classiques que je trouve assez riches d'expressions pour moi. L'olympe brillant d'Homère me plaît un peu plus que les nuages nébuleux des modernes, et je préfèrerai toujours la belle prose de Fénélon à l'épouvantable style de M. d'Arlincourt. C'est un petit malheur, mais je suis trop vieux pour me corriger.

Adieu, cher ami, je vous embrasse *ex toto corde meo.*

G. P.

LXIe LETTRE.

Dijon, le 29 décembre 1826.

MON CHER AMI,

Je reçois à l'instant le journal de Bobillier, et je ne puis retarder le plaisir de vous féliciter sur la cérémonie de votre installation, sur l'excellent discours que vous y avez prononcé et sur la part qu'y ont prise tous les habitants de Vesoul (1). Rien de surprenant dans tout cela, mais il est toujours bien agréable de voir rendre justice au zèle, au dévouement et au vrai mérite, règle qui devrait être générale et qui souffre cependant bien des exceptions.

Je vous gronde cependant de ne m'avoir pas rendu compte vous-même, ou du moins de ne m'avoir pas parlé de cette intéressante cérémonie; c'est, sans doute, parce que vous en étiez le héros que votre modestie a voulu garder le silence. Vous avez eu tort; souvenez-vous qu'il ne doit point y avoir de cette espèce de modestie entre amis qui se connaissent aussi intimement depuis vingt-cinq ans, et qui, depuis quatorze ans, n'ont pas laissé passer trois courriers sans un petit bonjour au moins; dites donc votre *meâ culpâ,* ou bien je croirais que la toge prétoriale vous aurait mis dans le cas de vous faire appliquer le mot, malheureusement applicable trop souvent: *Honores mutant mores.* Mais non, je le jure par mon occiput et mon synciput, jamais ce mot ne sera applicable à mon ami Baulmont.

(1) M. Baulmont venait d'être nommé maire de Vesoul.

Je vous prie de présenter mes vœux de renouvellement d'année à Mme Baulmont; pour vous, recevez tout ce que je vous ai voué depuis 1796 ou 97, époque où nous nous sommes trouvés habitant sous les mêmes murs; car je ne parle pas de l'école militaire où vous m'avez vu raclant une sarabande que j'ai à peine interrompue, ne vous connaissant pas encore; vous rappelez-vous la visite du maxillaire Bouvier qui craignait que j'épousasse sa sœur? Elle était loin de ragaillardir mon luth que je puis qualifier de sapin et sapin le plus épais que Mirecourt ait vu sortir de ses boutiques amphioniques.

Pardonnez-moi, cher ami, ces petites jovialités qui se trouvent au bout de ma plume, au milieu de vieux souvenirs qui ne sont pas tous couleur de rose.

Adieu, tout à vous de cœur.

G. P.

LXIIe LETTRE.

Dijon, le 5 février 1827.

Cher et bon ami,

Je reçois à l'instant votre lettre du 11, au moment sans doute où vous en recevez une de moi datée de Dijon, et dans une heure je monte en voiture pour continuer mon agréable tournée; mais je serai de retour dimanche ou lundi, et j'espère que ce sera pour longtemps. Je vous remercie bien de votre attention à me donner de vos nouvelles aussi exactement, malgré vos nombreuses occupations et mes zig-zag inspectoriaux.

Les autographes dont je vous ai parlé se sont trouvés dans ma malle à mon arrivée à Dijon; je les ai regardés de près; ils ne sont pas tout-à-fait aussi précieux que je le croyais d'abord. Les scènes de Zaïre sont des rôles copiés par Voltaire qui jouait ses pièces sur le théâtre de Mme Duchâtelet; il y a beaucoup de commissions militaires signées par Louis XIII, Louis XIV et Louis XV; il y a une lettre de cachet donnée par ce dernier roi, un ordre de Henry IV, signé par lui, etc... mais tout cela est bien vermoulu.

J'ai reçu, pendant les deux jours que j'ai passés à Dijon, lettres et visites de gens fort considérables de l'étranger à qui mes faibles travaux ont fait concevoir de moi une idée sans doute trop avantageuse. Avant-hier j'ai vu un M. Bourdillon, grand amateur; hier j'ai reçu la visite du célèbre baron de Zach, si connu par son goût pour l'astronomie et qui demeure à Gênes. Il va à Paris se faire faire l'opération de la pierre. Il paraît qu'il est excessivement riche; il a soixante-treize ans; depuis 1784, il est de notre Académie; c'est un homme plein d'esprit et de connaissances, fort gai malgré ses douleurs. Il se propose de revenir passer une huitaine à Dijon, si l'opération est heureuse. Il m'a fait toutes les amitiés possibles, m'embrassant affectueusement en me quittant, et me priant de lui envoyer tout ce que je publierai à l'avenir; il venait de prendre chez Lagier sept ou huit volumes qui lui manquaient de mes ouvrages.

Deux lettres d'un M. Firmias-Périés, officier supérieur, résidant en Bavière, m'ont également fort surpris; c'est le beau-frère de l'archevêque, prince de Croy; il paraît fou de bibliographie et désire vivement entrer en relation avec moi. Je ne sais où lui et le baron de Zach ont appris que je m'occupais de testaments, ils attendent avec impatience (1).

A propos de testaments, un de mes amis m'en a fait passer un excessivement curieux; c'est celui du cardinal de Ri-

_____

(1) Qu'on se garde d'attribuer à un défaut de modestie le contenu de cette lettre; il ne faut y voir de la part d'un ami que le désir de rendre son ami heureux de ses succès.

chelieu ; grand Dieu , quelles richesses ! J'aurai aussi celui de Charles II, qui a nommé le petit-fils de Louis XIV son successeur au trône d'Espagne.

Je viens de recevoir une lettre charmante du duc de Brissac qui, sur ma demande, a eu la bonté de m'envoyer par le retour du courrier tous les rapports et discours qui ont été faits sur les Jésuites à la chambre des pairs ; c'est fort curieux.

Adieu, cher ami, je vous embrasse de tout cœur.

G. P.

LXIIIᵉ LETTRE.

Dijon, le 4 juillet 1827.

Cher ami,

A dater de cette nuit tout danger a cessé pour Monnier, il se trouve infiniment mieux ; il ne souffre plus. A quatre heures du matin, on m'a apporté un billet de sa femme m'annonçant cette heureuse nouvelle ; ma joie est aussi grande que ma tristesse et mon inquiétude étaient terribles. Nous sommes tous dans la jubilation ; je suis allé l'embrasser ; vous vous peindriez difficilement l'ivresse de notre satisfaction. Ce diable de pot-fêlé a bien besoin de précautions et de repos : il travaille trop ; je surveillerai de près son régime, car je ne me soucie pas de voir souvent renouveler de pareilles alertes.

On a enterré hier un de ses confrères qui lui ressemblait comme un éléphant ressemble à un lévrier. C'est un M. Monturcux qui, à trente ans, pesait plus de deux quintaux ; notre ressuscité a glissé comme une anguille des mains de la camarde, tandis qu'elle a eu belle prise sur son joufflu de confrère qui n'a pu lui échapper.

Il paraît que les amours et les testaments ne vont pas ensemble, car je n'entends plus parler de ces derniers depuis que les premiers sont en jeu. Est-ce que, par hasard, le flambeau du petit Dieu aurait mis le feu à ma pacotille testamentaire et l'aurait réduite en cendres? J'en serais tout consolé, car vous savez que je tiens peu à tout dans ce bas monde, même à ce bas monde lui-même. Si cela est arrivé, j'en fais mon compliment à l'ami Suchaux, cela prouverait que ses feux sont d'une belle ardeur, puisqu'ils auraient enflammé et consumé des objets aussi froids, aussi glaçants que des testaments; au reste, qu'il prenne son temps, qu'il courre au plus pressé, j'ai le temps d'attendre.

Il faudra que j'aille vous dire un petit bonjour, à Vesoul, aussitôt que le 1er septembre aura chassé de ma tête et de mon cabinet tous les soucis et ennuis des deux Académies qui me pendent de chaque côté, à peu près comme les bâts de certains messieurs à longues oreilles; je ne sais vraiment comment m'en tirer.

J'ai eu hier la visite de M. Matheley, de Paris, elzévirien de premier ordre; il va à Genêve et en Italie. Je ne sais comment ces Messieurs viennent déterrer un pauvre réclus de mon espèce.

Crapelet m'avait l'autre jour fait présent d'un très-beau volume, *le Combat des Trente,* et du premier cahier de son ouvrage sur l'imprimerie. Je l'ai remercié, et en le remerciant je lui ai demandé ce que coûterait la feuille d'impression en gothique d'un petit ouvrage que j'ai refait à neuf, c'est assez curieux. Savez-vous ce qu'il m'a répondu? « Monsieur, envoyez-moi votre manuscrit, je l'imprimerai » sans frais pour vous; j'y veux mettre plus de soins qu'à » tout ce que j'ai imprimé jusqu'à présent; je vous soumet- » trai les épreuves, je vous en enverrai des exemplaires, le » nombre que vous voudrez, je suis trop heureux de trouver » l'occasion de vous prouver ma sincère amitié et mon dé- » vouement. » Que dites-vous de cela, cher ami? Quant à moi, j'en suis si confus que je ne sais qu'en penser, et que

j'hésite à accepter une proposition aussi affable et aussi inconcevable. Vous savez comme il m'a déjà traité pour sa lettre sur Henry VIII. Je mets en ordre mon manuscrit; je
verrai, quand il sera terminé, ce que je dois faire.

Je vous renvoie l'épreuve pour Bobillier. Cette feuille m'a
fait un bien grand plaisir à lire; je ne sais pourquoi le bon
P. Pithou m'enthousiasme, mais j'en suis fou. Pendant que
je lisais l'épreuve, un président de la cour royale est venu
me voir. Vous me surprenez, lui ai-je dit, avec un homme
célèbre et grand jurisconsulte. Voyez son testament, je suis
assez curieux de savoir si vous le jugerez comme moi. Il le
lut, et son attendrissement se manifesta sur-le-champ. Vous
êtes sorcier, me dit-il, pour trouver des choses auxquelles
personne n'aurait pensé; vous faites là un livre bien curieux,
j'en retiens un exemplaire. — Oui-dà, ai-je répondu, mais je
n'en ai aucun mérite, ce sont les gens dont je tâte le pouls
in extremis, qui en font tous les frais. Ainsi, dites à Bobillier
que l'édition entière ne nous restera pas; voilà déjà un
exemplaire de placé.

Je vous écrivais d'abord sur une demi-feuille, pensant
n'avoir que quelques mots à vous dire; mais le sujet s'est
étendu sous ma plume comme feront les raisins dans vos
vignes, vous en trouverez plus que vous ne pensiez.

Adieu, votre ami,

G. P.

LXIVᵉ LETTRE.

Dijon, le 24 octobre 1827.

Je commence, cher ami, par vous bien remercier de la
part de M. Bizot des renseignements que vous avez bien
voulu me donner sur l'honnête homme au vinaigre.

Je ne me rappelle pas quel prince anglais, condamné à

mort, mais à son choix pour le genre de supplice, a choisi
une pièce de vin de Malvoisie dans laquelle il s'est noyé
après, sans doute, s'en être copieusement ingurgité. Hé
bien ! je voudrais que votre fripon en question fût condamné
à rester le derrière dans un tonneau de vinaigre à 22 degrés,
trois heures par jour, pendant une quinzaine, tant à Vesoul
qu'à Mulhouse. M. Bizot fait le sacrifice de ses 132 fr.

J'ai reçu hier l'épicurien de Thomas Moore, joli volume,
traduit par Renouard qui m'en a fait présent. Si vous êtes
curieux de le lire, je vous le communiquerai.

Vous ne me dites rien des testaments, depuis une quinzaine de jours je n'ai rien vu ; est-ce que l'ami Suchaux veut
que je meure intestat ?

Le général Simon est mort hier au soir presque subitement
d'une remonte de goutte ; c'était un très-brave homme avec
un bras de moins et bien des infirmités ; on le regrette beaucoup ; je le voyais souvent ; c'était, comme vous le savez, le
beau-frère du maréchal de Raguse.

Connaîtriez-vous quelqu'un qui eût l'ouvrage de Nicolaï,
sur les *Perruques* ; je l'ai eu jadis ; mon exemplaire est à
Dijon, mais je ne sais où.

J'ai vu l'ami Weis hier toute la journée, il revient de
Paris où il a passé deux mois. Nous avons causé bouquins à
cœur-joie.

Adieu, votre ami,

G. P.

LXVᵉ LETTRE.

Dijon, le 7 novembre 1827.

Mon cher ami,

Je prends la plus grande part à la perte cruelle que vient
de faire Monsieur votre frère, d'abord pour lui, car je sais

que le cœur d'un père a à souffrir d'un si terrible malheur, et ensuite pour vous qui n'aviez pas besoin de ce nouveau coup au milieu de toutes les peines et de tous les ennuis embarrassants que la fête publique vous a donnés.

Quand on voit le chemin de la vie semé de tant de tribulations, cela donne vraiment du courage pour en envisager le terme avec moins d'effroi. Cependant il ne faut pas se laisser abattre par la douleur ; tous les jours ne sont pas à l'orage, et tous les buissons que l'on rencontre sur la route ne sont pas armés de longues épines. Espérons que le temps, ce grand consolateur, versera un peu de son baume dans la plaie profonde de votre famille. Présentez, je vous prie, mes sincères compliments de condoléance à Monsieur votre frère.

Nous n'avons eu ici d'autres nouveautés que la rentrée des Facultés et de la Cour ; le procureur général a fait sur l'ancien et le nouveau barreau un discours que j'ai fort apprécié.

L'hiver approche, aussi je ne sors presque plus : je m'occupe toujours de recherches en tout genre ; et je vois chaque jour arriver la nuit, en pestant de ne pouvoir retarder la marche de son char d'ébène... Je ne saurais trop vous dire comment cette idée poétique se trouve au bout de ma plume, car je suis en ce moment au milieu des *dindons :* oui, des dindons. Un auteur prétend que dès 1385 on en a apporté de l'Artois à Dijon, et moi je crois être en mesure de prouver qu'ils n'ont paru en France qu'au xvie ou même au xviie siècle ; j'ai pour moi Buffon et d'autres encore. Je mettrai peut-être cette petite dissertation dans Amanton, c'est encore fort douteux.

J'attends à dîner ce soir Armand Gouffé arrivé depuis hier ici.

Adieu, cher ami, je vous embrasse.

G. P.

LXVIᵉ LETTRE.

Joinville, le 3 mai 1828.

CARISSIME,

J'ai reçu votre aimable lettre à Chaumont au milieu de mon tourbillon inspectoral qui me donne à peine le temps de respirer ; elle m'a fait le plus grand plaisir ; elle a été pour moi la goutte d'eau qui tombe du sein d'Abraham sur la langue du damné ; je tords un peu le nez à cette citation, n'importe, vous m'entendez.

A Langres, ma première station, j'ai eu le plaisir de rencontrer le recteur de l'Académie de Lyon, l'un de mes amis, qui y est en retraite depuis deux mois, c'est l'abbé D'Regel que j'ai vu fréquemment à Dijon. Il a fallu absolument lui accorder une séance gastronomique, et, grâces à Dieu, nous nous en sommes fort bien tirés. J'ai aussi rencontré deux de mes confrères, inspecteurs qui sont également en retraite et qui m'ont fait beaucoup d'amitiés. L'un vient de Limoges et l'autre de Douai ; ils sont de ces pays-ci. Il me tarde bien de pouvoir, comme eux, porter ma chaîne brisée dans ma poche.

A Bourmont, j'ai voulu tout en arrivant dans un petit village (Saint-Thiébault), qui est au bas de la ville, me faire faire la barbe. Ah ! mon pauvre ami dans quelles mains je suis tombé ! dans celle d'un chaudronnier qui arrache deux ou trois barbes de rencontre par an, et ma maudite étoile a voulu que la mienne fût du nombre. Non, jamais de ma vie je n'ai tant souffert ! il s'y est pris à trois fois avec un chien d'instrument, plutôt serpe que rasoir ; il s'apercevait bien que des larmes, grosses comme le pouce, me tombaient des yeux. — Est-ce que je vous fais mal, Monsieur ? — Non, non, du tout, mais dépêchez-vous. — Voyez, Monsieur, c'est que je n'ai pas l'habitude. — Je le vois bien, et je le sens encore mieux, allons vite. — Et le barbare, promenant lentement le fatal instrument sur un petit espace, arrachait péniblement chaque poil de ma longue barbe ; opération cruelle qu'il a fallu recommencer trois fois, car la terrible faulx n'enlevait pas tout ce qu'elle touchait.

Pour comble de bonheur, je ne sais quel diable empesté lui a fourni le prétendu savon dont il m'a barboubillé le menton, mais je puis vous assurer que le supplice de l'odorat était au moins au niveau de l'autre. C'est pendant cet effroyable martyr que je m'écriais *in petto :* Où es-tu, brave et illustre barbier de Champlitte.

Je ne pense guère à mes testaments, ou plutôt j'y pense beaucoup, mais je ne peux guère m'en occuper.

Vous me dites que l'ami Suchaux va aller son train; il fera bien. Qu'est-ce donc que cette nichée de testaments anglais qu'il a découverte? Vous ne m'en aviez pas parlé. Il me semble qu'il pourrait figurer à l'article de cette anglaise qui a légué une rente viagère à son singe, son chien et son chat. Nous verrons cela en temps et lieu.

Adieu, mon cher ami, pensez un peu au pauvre voyageur, et donnez-lui encore de vos nouvelles avant qu'il mette le pied sur la terre promise ; il vous embrasse vous et les vôtres de cœur et d'affection.

G. P.

LXVIIe LETTRE.

Châtillon, le 13 mai 1828.

Mon bon ami,

J'ai reçu votre aimable lettre et celle de l'ami Suchaux au milieu des examens du collége de Châtillon, comme vous l'a-

viez bien présumé. Vous voyez que je suis fidèle à mon itinéraire, mais pour cela, il faut souvent que je voyage la nuit,
ce qui est un peu pénible pour ma soixante-deuxième année
qui, après-demain, frappera brusquement à ma porte, et qui
devrait bien en même temps frapper pour moi l'heure de la
retraite, car vraiment j'en ai besoin. Mais enfin la résignation
est nécessaire, je me soumets, faisant le plus que je peux
provision de ce que Mirabeau appelait la vertu des ânes, je
veux dire la patience.

Ce n'est pas que mes tournées ne m'offrent au milieu des
fatigues beaucoup d'agrément. Il est impossible d'être accueilli
par des amis avec plus de cordialité, d'épanchement et de
preuves du plus sincère attachement. Toutes les villes où j'ai
séjourné ne m'ont rien laissé à désirer à cet égard; on vient
au-devant de moi, on m'offre logement, chevaux, voiture;
je refuse, voulant être chez moi dans les hôtels, mais je n'en
suis pas moins extrêmement sensible à tant de prévenances.
Cependant j'accepte quelquefois les chevaux quand les di-
ligences me manquent pour les traverses, et je ne puis
guère refuser quelques repas, ce dont mon estomac murmure
quelquefois; je présume que les maîtres des hôtels où je descends en font autant.

Vous êtes en vérité bien bon de songer à mon menton
de Saint-Thiébault; grâces à Dieu, il est remis du terrible
assaut que lui a livré le barbier-chaudronnier; et, depuis
ce temps, maints rasoirs plus *polis* l'ont un peu réconcilié
avec la nécessité où je suis de me servir du premier venu.
Vous me dites que je devrais me raser moi-même! Ah! mon
cher ami, si vous saviez l'histoire de mon essai dans ce
genre, il y a juste 43 ans à Besançon, vous vous garderiez
bien de me donner un pareil conseil. C'est bien une autre
aventure que celle de Saint-Thiébault, et je vous réponds
que tous les stygmates de saint François ne sont rien auprès

de ceux dont j'ai orné à peu près le quart de mon menton dans cette cruelle opération d'essai.

Non, le martyrologe n'a pas un seul saint à palme qui ait été autant déchiqueté, autant arrosé de son sang versé par les bourreaux, que je l'ai été par le mien versé de ma propre main; ne me parlez donc plus de me raser moi-même, car je pourrais bien renouveler le miracle de saint Denis qui ramassa sa tête. Voyez le bel inspecteur que je ferais avec une tête de moins et un suicide de plus; il est bien vrai que je serais acquitté sur la question intentionnelle.

Du 15 mai, anniversaire de ma naissance. *Deo gratias !*

J'ai été forcé d'interrompre ma lettre pour me rendre avant-hier à Laignes et hier à Aignay-le-Duc. Avant-hier j'ai fait 12 lieues de poste et hier 18 à peu près, le tout par des chemins affreux, non à cause du mauvais temps, car il est magnifique, mais à cause des montagnes, roches et pierres qui ont mis en compote ma cervelle et mes reins par les soubresauts continuels que j'ai éprouvés. Je suis tout disloqué, il me semble que ma cervelle joue sous sa voûte osseuse, comme une savonnette à moitié usée roule dans la boîte où on la renferme ; et remarquez que ce sont des chevaux de poste qui me faisaient ainsi voltiger sur les cailloux, rocailles et ornières profondes. Comme je suis bien éloigné d'être saint, je ne vous demande pas une place dans le martyrologe romain auquel ma course d'Aignay me donnerait bien quelque droit, mais je vous prie de me mettre précisément entre l'Hippolyte, fils de Thésée, et Mme Brunehaut, fille, femme et mère de rois, qui ont, comme vous le savez, fini leur carrière par une course assez analogue à la mienne. Je ne figurerais pas mal dans ce martyrologe profane.

Je viens de recevoir à l'instant une petite pièce de vers

— 124 —

d'Armand Gouffé, qui, pendant mon absence, a passé deux ou trois jours chez moi. Voici son petit impromptu :

Dijon, le 11 mai.

A M. Peignot, absent.

J'ai vu ton aimable moitié,
J'ai vu tes fils, j'ai vu ta fille,
Touché de leur franche amitié,
J'ai cru me trouver en famille....!
J'ai vu tes livres, tes crayons;
Près de Boileau, près de Corneille,
J'ai vu ces nombreux bataillons
D'auteurs qui de vingt nations
Ont fait l'orgueil et la merveille,
Ce cabinet d'allusions
Où, tandis que nous sommeillons,
Pour nos plaisirs ton esprit veille!...
Mais au milieu de ses *rayons*
J'aurais voulu trouver l'*abeille*.

Armand Gouffé.

Adieu, le papier me manque, je vous embrasse.

G. P.

LXVIIIe LETTRE.

Dijon, le 31 mai 1828.

Mon bon ami,

Au moment où vous recevrez cette lettre, j'aurai de nouveau enfourché le *dada* inspectoral et je serai sans doute dans la ville aux longues oreilles.

J'y suis attendu par le cher Gouffé qui m'a écrit que nous serions brouillés pour la vie, si je ne descendais pas chez lui; ce que pourtant je ne ferai pas, car en fait d'inspectorat, je veux toujours être logé chez moi, et mon domicile est ordinairement dans les meilleurs hôtels de toutes les villes où je séjourne ; mais cela ne m'empêche pas d'aller trinquer avec mes bons amis, comme avec ledit Gouffé à Beaune, avec le bon Rebillot à Autun, avec le cher Dejussieu père à Chalon et fils à Mâcon, etc... Vous voyez que je ne voyage pas dans des plaines inconnues ; cependant, quelle belle bougie j'allumerais à saint Nicolas, si ce grand saint pouvait me dispenser d'ainsi courir les champs. J'espère que cela viendra avec les années et avant que j'aie acquis une triple majorité, non pas la moderne, car j'y touche, mais l'ancienne qui était à 25 ans.

Qui aurait jamais cru que le rudiment de Lhomond, la rhétorique de Wolfius et l'arithmétique de Bézout auraient fait faire tant de pas. Il est vrai qu'on crie sur les toits que le siècle marche, il y a apparence qu'il faut que les inspecteurs d'Académie en fassent autant. Eh bien ! marchons donc ; mais si le siècle est aussi fatigué après sa course que moi après la mienne, il se reposera longtemps.

Je joins à ma lettre un petit mot de rectification pour le testament de Virgile, je vous prie de le remettre à l'ami Suchaux. J'ai fait mourir ce pauvre pulmonique l'an 733 de Rome, et il faut mettre l'an 735, selon le comput de Varron que je suis ordinairement. Combien les testaments grecs et celui de Virgile m'ont donné d'occupation pendant le peu de temps que je suis resté à Dijon ! J'y ai consacré quatre grands jours, sans compter ma besogne courante ; de sorte que le repos que je comptais goûter ici a été une vraie fatigue. Un païen se résignerait en disant : *Sic voluere fata,* mais le *fatum* n'étant plus de recette, je dis tout bonnement *fiat voluntas.*

Adieu, tout à vous.

G. P.

LXIXᵉ LETTRE.

Mâcon, le 30 juin 1828.

Mon cher ami,

J'ai éprouvé la plus agréable surprise en trouvant une lettre de vous à mon arrivée ici, ainsi qu'une épreuve de nos testaments grecs, latins et gaulois ; je vous en remercie du fond de ce cœur qui est tout vôtre.

Cela m'a un peu dédommagé de la fatigue effroyable que j'ai essuyée. Je suis bien las de ce métier vagabond. Un vieux vermoulu, dont la tête blanchie par les hivers succombe sous le poids de 62 perce-neige, n'est plus bon pour courir le monde. Encore une course comme celle-ci, et il faudra, je crois, ajouter mon testament à tous ceux dont Suchaux, en bon notaire, prépare une expédition pour le public.

Vous avez sans doute reçu la dernière épreuve que je vous ai fait passer de Louhans, autant que je puis me le rappeler ; excusez-moi, je crois que ma pauvre mémoire est restée dans les voitures qui m'ont tant torturé. Ne vous ai-je pas aussi écrit de Cluny ? Je n'en suis pas sûr. Vous ai-je parlé d'une anecdote concernant le bon Malesherbes, passant à Cluny sous le nom de M. Guillaume ? Si je ne vous en ai rien dit, je vous la réserve ; j'en ai pris note.

Vous me parlez de la blague à tabac du général Mina, tombée entre vos mains. Quelque précieuse qu'elle soit, je voudrais que vous trouvassiez à la changer contre la tabatière d'or enrichie du chiffre du roi en diamants et entourée de pierres du même genre, que Sa Majesté a donnée au préfet de Saône-et-Loire chez lequel je viens de dîner, il m'en a fait remarquer toutes les beautés. On l'estime 6,000 fr. Au dedans est gravé : *Donné par le Roi au comte de Puymaigre, le 7 octobre 1827.*

L'accueil si cordial que j'ai reçu partout a été pour moi la plus grande consolation au milieu de mes fatigues. M. Azaïs n'a-t-il pas eu raison de dire que tout se compense dans ce bas monde? Peines du corps, plaisirs du cœur, tout cela se succède, s'amalgame et fait de l'existence un fardeau supportable.

Gouffé m'a fait présent, au dessert de l'excellent dîner qu'il m'a donné, d'un exemplaire des œuvres d'Adam Billault; cette édition a paru huit jours après la mort du poète; c'est l'exemplaire le plus curieux de ses œuvres que j'aie jamais vu.

Adieu, aussitôt que j'aurai mis le bout du pied sur mon foyer où mon chat et mon chien de cuivre, plantés sur leurs deux pattes de devant, me tiennent lieu de petits dieux pénates, je m'empresserai de vous en donner avis, et de vous dire avec quelle joie j'aurai entonné *in petto* le *Te Deum laudamus*. Je remarque que voilà un *Te Deum* bien placé entre des chiens, des chats et des pénates; c'est bien le *quid libet audendi potestas* d'Horace. Pardonnez à ces folies, je vous embrasse de cœur et d'affection.

G. P.

LXXᵉ LETTRE.

Dijon, le 13 septembre 1828.

Ah! Monsieur le modeste, je vous y prends; vous faisiez l'autre jour l'embarrassé, le timide, le pauvre rédacteur qui, après tant de fatigues, ne savait comment s'y prendre pour donner une description du séjour de Madame la Dauphine à Vesoul, et puis *subito* paraît un récit charmant, où tous les détails, depuis les plus petits jusqu'aux plus importants sont rendus avec une exactitude qui transporte le lecteur sur le lieu de la scène. En vérité, mon cher ami, je ne conçois rien à cela; il faut que vous ayez un corps de fer et une plume de cygne; tous vos apprêts si longs, si pénibles, si bien réglés et qui ont parfaitement réussi sont votre ouvrage, et puis aussitôt après le tout est raconté par la même main qui avait tout disposé; l'art, la facilité, l'aisance se sont trouvés les mêmes et dans la construction et dans la description. Passez-moi votre recette, je vous en prie, et je pourrai m'appliquer ainsi qu'à vous le *gaudeant benè nati*.

Il est certain que j'ai été très-satisfait de votre article, et je suis enchanté de me trouver en cela parfaitement d'accord avec tout le monde, mais particulièrement avec Madame la Dauphine qui avait prévenu votre relation puisque la chose elle-même avait enlevé son suffrage. Recevez donc, cher ami, mon sincère compliment; mais il est bien temps de prendre un peu de repos, vous devez en avoir grand besoin.

Pour moi, loin de l'éclat, et enfermé dans ma cellule; je jouis de ce repos que je vous recommande, si cependant on peut appeler repos un bouleversement continuel de paperasses depuis l'aurore jusqu'au crépuscule du soir.

Aujourd'hui j'ai été tout occupé du concours du jeune Marulaz; il a fini ce soir; ses compositions sont bonnes; j'ai bon espoir.

Adieu, je vous réitère mes félicitations et mes amitiés, *sicut fieri solet*.

Votre tout dévoué,

G. P.

LXXIe LETTRE.

Valence, le 1er octobre 1828.

CHER AMI,

Je suis à Valence depuis quelques heures et déjà je vous écris. J'étais arrivé à Lyon samedi soir 27 par le bateau à vapeur; j'y suis resté le dimanche, le lundi et le mardi; je vous certifie que je n'y ai pas perdu mon temps. Le bibliothécaire de la ville, M. Péricaud, son beau-frère, vice-président du tribunal; M. Duplessis, recteur de l'Académie, m'attendaient et m'avaient déjà demandé plusieurs fois chez mon beau-frère. Aussitôt après mon arrivée, M. Perricaud est venu m'assigner un rendez-vous chez lui, à la bibliothèque publique; c'est là qu'il demeure avec 6,000 fr. d'appointements; vous pensez que je n'y ai pas manqué. Tous ces Messieurs s'y sont trouvés, et la matinée s'est passée le plus agréablement du monde dans une conférence littéraire, depuis huit heures du matin jusqu'à deux heures après midi; le déjeûner n'a nullement interrompu notre causerie bibliographique. Le recteur voulait tous nous emmener à la campagne, mais je n'ai pu accepter, étant retenu par ma famille. Le lendemain, nous avons renoué la conférence qui a été aussi agréable que la veille. Ces Messieurs m'ont accablé d'amitiés et, de plus, de fort jolis cadeaux en livres, ce dont je suis tout confus.

J'avais emporté les feuilles de mes testaments; je leur en ai communiqué plusieurs; ils m'ont paru en être fort contents; il y a sans doute de l'indulgence dans leur appréciation; cependant nous en sommes à un tel point d'amitié depuis dix ans que je crois à quelque sincérité de leur part; nous nous sommes dit, en effet, quelques vérités, persuadés qu'elles ne partent point d'un sentiment bas de jalousie, ni d'aigreur.

Ces Messieurs m'ont procuré de nouvelles pièces testamentaires fort curieuses. Je désirerais mettre à ces pièces quelques notes historiques ou philologiques, comme j'ai fait aux autres; mais jugez de mon désappointement et admirez les ressources littéraires de Valence! Je suis allé chez le premier libraire de la ville, qui est en même temps imprimeur, et je n'y ai pas trouvé un dictionnaire historique, bien mieux, pas un seul exemplaire d'Horace, même stéréotype pour les écoliers; et Valence est une ville de douze à quinze mille habitants. C'est vraiment à citer; j'en suis dans l'admiration, et cela trouvera sa place quelque part.

Adieu; cette lettre n'est que pour vous annoncer mon arrivée, je compte vous en écrire encore une ou deux avant mon retour. Mes Lyonnais m'ont donné de la besogne, je vais explorer, à leur demande, un vieux bouquin gothique. L'analyse en sera imprimée à Lyon. Vous y apprendrez avec plaisir comme quoi l'empereur Vespasien avait un chancre dont sainte Véronique l'a guéri avec la sainte face du Sauveur; comme quoi en reconnaissance il a détruit Jérusalem, avec ses ducs, comtes, barons et chevaliers; comme quoi il a été baptisé, confessé et a reçu la communion de l'apostille de Rome, son bon ami; comme quoi Pilate a défendu Jérusalem jusqu'à la dernière extrémité; comme quoi il a été excommunié, puis exilé à Vienne et condamné à un supplice qui devait durer vingt-deux jours, etc... C'est un curieux monument de la naïveté du style et de la langue au XVᵉ siècle.

Adieu, encore une fois, tout à vous.

G. P.

LXXIIᵉ LETTRE.

Valence, le 8 octobre 1828.

Mon bon ami, ou plutôt mes chers amis, car cette lettre-ci sera la réponse à celles que j'ai reçues de Vesoul depuis que je suis à Valence, c'est-à-dire à celles de l'ami Baulmont et de Bobillier. Je les remercie bien sincèrement l'un et l'autre de ne pas avoir oublié un pauvre diable qui n'a trouvé ici ni le beau ciel du Midi qu'il espérait, ni cette liberté précieuse de bouquinailler tout à son aise dans un petit cabinet solitaire. Je n'ai encore eu que deux jours de beaux sur sept; et la

société est si aimable, si engageante dans ce pays qu'à peine
puis-je trouver trois ou quatre heures par jour pour me livrer
à mes plaisirs habituels. Les promenades, les repas magni-
fiques, les soirées agréables, voilà ce dont je n'ai pu me
défendre jusqu'à ce moment et ce dont je suis menacé
pendant tout le reste de mon exil. N'êtes-vous pas tentés de
dire : *le pauvre homme!* Eh bien, oui, c'est très-vrai, je suis
à plaindre ; j'avais emporté de la besogne de Dijon; on m'en
avait donné à Lyon; je comptais faire tout cela ici, et pas du
tout, à peine pourrai-je le commencer; encore, comme je
vous l'ai mandé, je ne trouve pas la moindre ressource littéraire dans le pays.

En revanche, la société est charmante, tout le monde y
est sans façon; excellent cœur, prévenances, petits soins....
Il semblerait que j'ai passé toute ma vie avec ces braves gens,
d'après la manière dont ils agissent avec ma famille et avec
moi; et n'allez pas croire que c'est tout-à-fait vulgaire ; vaisselle plate aux repas, appartements meublés avec un goût et
un luxe peu communs, maisons de campagne, je dirai presque châteaux environnés de parcs et d'étangs, équipages, etc.;
l'un est M. le marquis de Seyes, ancien contre-amiral, dont
la fille a épousé le fils de l'auteur des *Soirées de Saint-Péters-
bourg;* l'autre, M. le comte de Sinar, celui-ci un officier supérieur, celui-là un grand vicaire, etc... et parmi ces Messieurs,
un certain M. de Vernon, l'un des hommes les plus aimables
que j'aie connus et qui demeure dans la même maison que
mon gendre. En vous parlant de tous ces Messieurs, j'ai sous-
entendu les dames qui pour leur amabilité, les grâces, l'enjouement et le bon ton ne le cèdent en rien à ce qu'on pourrait
appeler la fleur du beau sexe.

Tout cela est charmant, n'est-il pas vrai? et je devrais me
trouver trop heureux dans un tel paradis terrestre. Eh bien,
mon cher ami, la neige qui couvre ma tête chenue a tellement

refroidi mon caractère et rembruni mes idées, malgré sa
blancheur, qu'au sein de cette société charmante je soupire
après mon trou, ma plume et une feuille de papier. En cela
je trouve la nature bien sage : à mesure que nous approchons
du repos éternel, elle augmente notre goût pour la solitude.

Je voudrais aller terminer mes vacances à Vesoul, mais je
suis si fatigué que je m'effraie déjà de mon voyage de retour
à Dijon, quoique je compte sur une station de cinq ou six
jours à Lyon, et une de vingt-quatre heures à Chalon, chez
mon cher Dejussieu.

Je ne vous envoie pas les testaments promis, parce que je
manque ici des outils nécessaires pour y emmancher un
préambule historique.

Mais il est temps d'arriver à mon pauvre goutteux ; comment, diable ! il n'avait pas assez de ses jouissances ophtal-
miques depuis une trentaine d'années ; il faut encore qu'il y
ajoute celles de ces petits chatouillements aigus, de ces élancements délicieux qui vous clouent un homme au coin du
feu pendant deux ou trois mois par an ! A quoi pense-t-il
donc ! Je sais qu'il est pourvu d'une bonne dose de patience,
mais cela va un peu trop loin, et je suis tenté de dire à sa
goutte avec feu notre ami Viennot : *trop, c'est trop, princesse !*
En vérité, mon cher Bobillier, j'admire de plus en plus votre
courage stoïque, héroïque, philosophique ; mais vous mettrez
le comble à mon admiration, si j'ai le bonheur de voir et de
lire de mes deux yeux le recueil de méditations que vous
suggère votre joyeux sujet et que vous nous promettez ; ce
sera sans doute beaucoup au-dessus de tout le clinquant philosophique de ce vieux fou de Sénèque qui ne buvait que du
lait et prêchait le mépris des richesses avec tant de fortune.
Il a très-bien traité en théorie la *brièveté de la vie*, et son cher
et reconnaissant disciple s'est chargé de lui donner une petite leçon de pratique à cet égard. Comme vous n'avez rien

à craindre de semblable de la part de vos disciples, employez donc la longévité qui vous est assurée par brevet à nous donner un joli traité sur les agréments de la goutte, assaisonné de méditations aussi gaies que les chansons que vous fredonniez jadis quand le terrible Jacquot vous enlevait cuir et chair à la suite des vésicatoires. Vous souvient-il, Seigneur, de ces temps de bonheur?

Passons des vésicatoires de Jacquot à ceux tout nouveaux que veut nous appliquer M. Jules Renouard qui s'imagine sans doute qu'il faut hériter des gens aussitôt qu'ils ont fait leurs *testaments*. J'ai, comme vous, trouvé qu'il est un peu sévère en affaire. C'est un Grec qui a planté ses tentes entre Jérusalem et l'Arabie. Enfin, nous arrangerons tout cela en temps et lieu.

Mon gendre Prieur et sa famille, très-sensibles à votre aimable souvenir, me chargent de tous les compliments possibles pour vous deux et Mme Baulmont. Adieu, mes chers amis, emporté par le plaisir de causer avec vous je n'ai eu ni l'esprit, ni le temps d'être plus court.

Tout à vous.

G. P.

LXXIIIe LETTRE.

Lyon, le 29 octobre 1828.

Je me réveille, mes yeux me semblent rassasiés de sommeil; je les jette sur les deux grandes fenêtres de mon appartement, et j'aperçois une espèce de petit jour percer à travers les huit grands verres de Bohême qui garnissent chaque fenêtre. Il est temps de me lever, dis-je; cependant je me tourne et me retourne dans mon lit; je prie un peu (passez-moi ce mot qui n'est guère du siècle), puis les réflexions, les méditations, les idées se succèdent sur mon séjour à Lyon depuis dix jours,

sur le projet bien formé de vous écrire depuis quatre jours,
sur mes testaments, et *inde* sur Bobillier, sur Suchaux, sur,
sur etc... Vous savez comme l'imagination trotte dans sa
fraîcheur au réveil ; enfin, après une demi-heure de course de
cette vagabonde, je saute du lit, je m'habille au clair-obscur
des rayons de la lune éparpillés dans le brouillard ; ensuite je
prends ma petite fiole phosphorique, et à l'aide de la petite allumette, rougie par le bout, j'en tire une flamme bleuâtre,
qui, se communiquant à ma bougie, répand la clarté dans
l'appartement et me permet enfin de voir quelle heure il est ;
devinez..... trois heures deux minutes ! Me recoucherai-je ?
Certes non ; le temps de me déshabiller, de me rendormir,
de me réveiller, amènerait le grand jour ; profitons de l'occasion, écrivons à l'ami Baulmont, et à l'ami Bobillier (c'est
tout un) ; je me le suis promis depuis quatre jours.

Voilà, mon ami, au plus juste le narré historique de mon
existence au physique et au moral depuis trois quarts d'heure.
J'entre en matière. Il est temps, direz-vous. — C'est vrai,
car des détails aussi minutieux, aussi fastidieux peuvent fort
bien provoquer chez vous ce que j'ai désespéré de rattraper,
le sommeil. Tant pis pour vous ; j'éprouve un malin plaisir à
vous rendre co-victime de ma méprise ; je commence.

Le samedi 18 octobre, j'ai quitté Valence à sept heures du
soir, et ce n'est pas sans peine, car deux jours de suite les
voitures ont été pleines. Vers onze heures du soir, pendant
qu'on changeait de chevaux à Tain, près Tournon, je suis
allé au clair de la lune jeter un coup d'œil sur le pont en fil
de fer que l'on vient de construire sur le Rhône. A six heures
du matin, la diligence s'étant arrêtée devant la cathédrale
de Vienne, j'ai grimpé à la hâte les vingt-deux escaliers qui
conduisent à cette ancienne basilique, et c'est à la hâte que
j'ai porté mes regards dans tous les coins et recoins de sa
vaste enceinte, j'ai bien cherché sur les bords du Rhône,

dans la ville même, le lieu où le fameux Ponce-Pilate s'est puni d'avoir fait un coup très-sale, malgré son lavabo ; mais le coquin n'a laissé aucune trace de sa propre déconfiture, de manière que je ne puis vous dire si cet excommunié a invoqué la profondeur du Rhône ou son stylet pour en finir ; on m'a donné un vieux livre gothique très-plaisant sur cette matière ; j'en dois faire l'analyse qui sera imprimée à Lyon ; vous en recevrez un exemplaire ; alors vous saurez à quoi vous en tenir.

Je suis arrivé à Lyon le dimanche 19, à midi ; j'ai passé le reste de la journée à la campagne de mon frère. Le lendemain, j'ai rejoint mes bons amis que j'avais, sur leur demande, prévenu de mon arrivée, et qui ont bien voulu me consacrer toute la semaine. Il me serait impossible de vous rendre toutes les prévenances, les obligeances, les libéralités dont ces Messieurs m'ont comblé. Mon cœur, ma tête et ma malle en ont jusqu'au couvercle. Il suffit de vous dire que tous les jours nous avons passé cinq ou six heures ensemble ; ces Messieurs m'ont ouvert tous les trésors de la bibliothèque publique et de leurs cabinets particuliers. J'ai recueilli beaucoup de fruits de leur conversation et beaucoup de notes de leurs livres ; j'en ai bien la valeur d'un gros volume parmi lesquels se trouvent des fragments de manuscrits des XIIIe, XIVe et XVe siècles, qui me seront très-utiles pour mon histoire des monuments de la langue française. Quand les notes à prendre dans les livres de leur bibliothèque étaient trop longues, on me forçait à prendre le volume, et cela ne s'est pas rencontré une fois, mais sept, huit, dix ; et puis de combien d'ouvrages modernes ne m'a-t-on pas gratifié? Enfin, une caisse, mon ami, une caisse...; et tout cela me met dans un grand embarras, car *quid retribuam pro tantis beneficiis?* Mercredi, je suis allé voir la bibliothèque de M. Coulon, amateur connu dans toute l'Europe par son goût pour les

beaux livres, il en a pour plus de trois cent mille francs; au
mérite des ouvrages est joint celui des éditions et le luxe des
reliures, dont quelques-unes vont à 800 fr. l'in-folio et 48 fr.
l'in-8°. Ce grand bibliophile est d'une extrême affabilité ; il
m'a reçu les bras ouverts, m'a fait voir toutes ses richesses,
et, faut-il le dire? il m'a fait rougir en me montrant tous mes
ouvrages reliés en maroquin rouge et vert. Il voulait absolument m'avoir à dîner, il était même revenu exprès de la
campagne à cause de moi ; mais j'étais engagé.

Autre personne dont j'ai reçu encore les témoignages les
plus flatteurs et les plus affectueux d'une considération dont
je me sens indigne, c'est M. de Brosses, préfet du Rhône, fils
du célèbre de Brosses, auteur du Salluste, de la mécanique des
langues, etc... Ce brave dijonnais a voulu que je dînasse chez
lui, et il a invité les susdits bons amis à dîner avec moi. C'est
samedi qu'a eu lieu cette agréable soirée. M. l'abbé de
Bonnevie, célèbre prédicateur, a voulu être près de moi à table.
Le hasard a fait rencontrer au même dîner des hommes étran-
gers et fort connus, entre autres M. Berton, le musicien, auteur
de plusieurs opéras que vous connaissez bien ; pour honorer sa
présence à Lyon, on jouait ses pièces au grand théâtre. Il avait
avec lui sa femme et sa fille. Après le dîner, il nous a régalé
d'excellente musique ; il accompagna sa fille sur le piano.
M. Gail, fils du célèbre helléniste (quoi qu'en dise Paul-Louis
Courrier, de spirituelle et malicieuse mémoire), a exécuté des
duos avec Mlle Berton. Le lendemain, M. Gail est venu voir la
bibliothèque publique où nous nous étions donné rendez-vous.
Enfin, mon ami, tous les jours m'ont procuré des jouissances
très-agréables.

Mais il est temps d'avertir l'ami Bobillier que je n'ai pas
oublié la recommandation qu'il m'avait faite de voir quelques
libraires pour nos *testaments*. Après dues et suffisantes infor-
mations, je ne me suis adressé qu'à la maison Périsse, qui, en

dépit du jeu de mot qu'on peut faire sur ce nom, est la plus ancienne (250 ans d'existence) et la plus solide de Lyon, ou, pour mieux dire, c'est la seule solide ; car celle dont Bobillier m'a parlé a plus d'éclat que d'aplomb ; les fondations de cette maison sont moëllons qui se débitent de temps en temps, à ce que l'on dit. Tout le reste de la librairie de Lyon est *couci-couci*, et ne sort pas du cercle des boutiques de province destinées à alimenter la ville et un rayon peu étendu dans le voisinage. Je reviens à MM. Périsse frères ; j'ai eu une conversation d'une heure avec l'aîné. J'ai commencé par une petite commission dont Frantin, de Dijon, m'avait chargé pour lui. Je vous avoue que, dès son début, M. Périsse m'a surpris par son ton de dignité et de connaissance approfondie dans son état, et surtout par la facilité avec laquelle il s'exprime ; je crois que c'est le premier libraire que je vois ainsi parler de sa profession et de son commerce. Après la commission de Frantin, je me hasardai à parler de moi ; il m'écoutait avec beaucoup d'attention et épiait mes paroles ; j'ai mis sur le tapis mes *testaments* et un autre ouvrage ; il me dit que cela aurait du succès, mais d'après ses manières je vis qu'il désirait savoir mon nom ; je le balbutiai, en citant mes principaux ouvrages ; aussitôt figure nouvelle, ton plus ouvert, et compliments de pleuvoir sur mon pauvre chef. Il m'apprit que j'étais très-connu de l'abbé Picot, rédacteur du journal l'*Ami du Roi et de la Religion*, et qu'il faisait beaucoup de cas de moi ; il est fort honnête, en vérité, ce Monsieur, mais je ne le connais nullement. Enfin, je demande à M. Périsse s'il serait possible de faire quelque chose avec lui pour mes deux ouvrages, et je ne lui dissimule pas que j'ai eu de longues relations avec la maison Renouard, et que je lui ai déjà fait des propositions pour les *testaments ;* sur ce, il a fait l'éloge de cette maison, de ses relations avec les librairies les plus connues de l'Europe ; mais j'ai aperçu beaucoup de finesse dans cet éloge, dont le résultat a été que lui, Périsse, répand en France et à l'étranger plus de 10,000 prospectus par an, qu'il a toujours quatre voyageurs sur les routes, et que ses bureaux, tant dans sa maison de Paris que dans celle de Lyon, lui coûtent environ 30,000 fr. par an; que ce.serait avec le plus grand plaisir qu'il se chargerait du débit de mes ouvrages, et qu'aussitôt après mon retour à Dijon, et après en avoir conféré avec M. Bobillier, mon imprimeur, je n'avais qu'à lui mander mes propositions et qu'il me répondrait immédiatement. Nous nous sommes quittés après de nouveaux compliments de sa part sur ce qu'il avait fait ma connaissance.

Je serai à Dijon après-demain jeudi, à dix heures du matin.

Eh bien! mon cher ami, que dites-vous des gens qui se lèvent de grand matin? Sont-ils assez babillards? Ne devrait-on pas leur tordre le cou, comme firent les chambrières au coq dont parle La Fontaine. Hélas! la pauvre bête ne faisait que ce que je viens de faire, il chantait trois heures avant l'aurore, et, à coup sûr, son *kirikiki* n'était pas aussi long que le mien dont je viens de vous donner un si ennuyeux *fac simile*.

Adieu, mon ami, ou plutôt mes amis, je vous quitte pour une opération dont vous ne vous douteriez guère : ma femme ne s'est-elle pas avisée depuis que nous sommes en voyage de faire de moi sa femme de chambre? et tous les matins je vais lacer son corset; belle fonction pour un bibliographe!

Tout à vous.

G. P.

LXXIVe LETTRE.

[Dijon, le 15 novembre 1828.

Je vous remercie bien, mon bon ami, de la complaisance que vous avez eue de vous occuper de ma commission de

Bâle; j'allais vous en demander des nouvelles, au moment où votre lettre m'est arrivée.

J'ai reçu en toute humilité, mais non en pécheur converti, votre sermon et la menace que vous m'avez faite de rompre toutes mes relations avec le bon M. Rumpf, de Bâle; et, pour vous prouver quel est mon endurcissement dans ce maudit péché, je veux vous communiquer une petite acquisition que le hasard m'a fait faire sitôt après votre lettre reçue.

J'ai vu hier et avant-hier l'ami Weis, revenant de Paris avec le brillant et honorifique incarnat sur la poitrine; il m'a apporté de la part de Nodier un magnifique exemplaire en grand vélin de la troisième édition de ses fables de La Fontaine; c'est fort beau. Je vais m'empresser de remercier l'honorable et fécond bibliothécaire de l'arsenal.

Weis est bien autrement attaqué que moi de la fringale bibliomanique; il rapporte de Paris 900 volumes, et en a encore acheté un à Dijon pour 150 fr., sur quoi il a été attrapé de 40 fr. à sa grande surprise, car il s'y connaît et lui-même avait fait le prix.

Ce matin, depuis quatre heures du matin jusqu'à neuf, j'ai laissé éteindre mon feu, sans m'en apercevoir, ce qui m'a causé une crise très-douloureuse La sueur me perlait au front comme il arrivait jadis à Bobillier quand, à la rouge et noire, les eaux du Pactole descendaient un peu bas. Heureusement je puis dire de cette crise ce que l'ancienne fille du régent disait de sa vie *courte et bonne*. Je ne m'en sens plus.

Adieu, mon cher ami, je vous embrasse tendrement.

G. P.

LXXVe LETTRE.

Dijon, le 13 décembre 1828.

MON CHER AMI,

Ouvrez bien les oreilles et tâchez de les faire ouvrir à Bobillier et à l'ami Suchaux; je suis si honteux de ma nouvelle

découverte que je n'ose presque pas en parler. Mais, ma foi!
couré-je, ou courai-je, ou cours-je le risque d'être repoussé,
honni, déchiré, battu et mis en pièces par l'ami Suchaux, il
faut que je parle.

Hé bien! c'est encore un testament! J'entends le salon de
Bobillier retentir de mille imprécations contre ma trouvaille.
— Et moi, à deux genoux : Eh! mes chers Messieurs, écou-
tez-moi; un petit mot s'il vous plaît et ne me condamnez pas
sans m'entendre; deux pages, s'il vous plaît, deux pages, je
n'en demande pas plus. Rien n'est encore paginé dans l'é-
preuve à bâtons rompus que vous m'avez envoyée. Ne pour-
rait-on pas, sauf votre respect, y glisser par le milieu deux
pages, deux petites pages? Eh! bon Dieu, vous n'avez pas
des cœurs de roche, attendrissez-vous pour mes deux pages.

Voici, Messieurs, de quoi il s'agit. Je corrigeais la grimoise épreuve ou l'épreuve grimoise que vous m'avez envoyé
ou envoyée, lorsque je trouve dans le testament pour rire du
sieur Etienne Jouy, ermite de son métier, un article où il
est question du testament d'un sieur Duclos, académicien par
état, et qui a laissé 260,000 fr. en or dans son secrétaire;
et puis, alléché par l'odeur, je me mets en quête, comme
un chien se met en chasse, crac! je tombe dessus. Or, je
vous le demande, Messieurs, laisserez-vous une telle pièce
de gibier moisir dans mon garde-manger quand nous pouvons
en faire un si joli plat pour le public? Voilà toute l'affaire;
maintenant je m'en rapporte à votre décision. Si ledit testament Duclos n'était pas mentionné dans Jouy, je passerais
condamnation; mais on le désirera.

Enfin, quel que soit votre accueil ou rejet de ma pétition,
demain je vous enverrai ma pièce, et vous en ferez choux
ou raves, tout ce qu'il vous plaira.

Tout à vous.

G. P.

LXXVIᵉ LETTRE.

Dijon, le 7 janvier 1829.

Mon cher ami,

Vous m'avez invité à dîner pour jeudi chez Bobillier avec
le colonel. M'y voici, et je vous promets que depuis cinq
heures jusqu'à huit, je serai avec vous tous, plus spécialement encore qu'à l'ordinaire. Je ne tiendrai pas beaucoup de
place à table, mais il en faut si peu pour le cœur! et le mien,
comme un sylphe, voltigera autour de vous; il vous portera
grande santé, à charge de revanche. Ce serait bien le diable,
si ce dîner-là me donnait des coliques.

En parlant de coliques, je n'en ai plus éprouvé, grâce à
une énorme consommation de bois qui échauffe bien mon
cabinet depuis que nous sommes entrelardés de neige et de
gelée. Pourvu toutefois que le feu n'aille pas prendre dans
mes paperasses comme dans l'hôtel ou plutôt le palais de
M. Seguin; mais au moins je n'ai pas l'inquiétude que ledit
feu puisse me dévorer une petite liasse de papiers de 1,500,000
francs, car jamais je n'ai tenu livret d'une telle valeur. Je
regretterais cependant bien le beau présent dont je vous ai
parlé et que tout le monde admire... Ah! curieux, ce n'est
pas un désir de femme qui vous dévore, c'est cent fois pis
encore, c'est un désir de none. Hé bien! faut-il vous le dire?
C'est un recueil de 54 gravures, représentant cinquante-
quatre femmes en pied, avec une enluminure admirable et
faite avec un soin tout particulier. Cette galerie de femmes
connues remonte à l'an 1147, et donne avec fidélité les costumes de siècle en siècle depuis ce temps, jusqu'à Mˡˡᵉ Ar-
noud; il en faut encore 16 pour que l'ouvrage soit complet.
C'est grand in-4°; il y a des reflets d'or pour toutes les parties

qui étaient en or dans les costumes des reines, princesses, etc..., dont vous verrez la liste dans une lettre qui est sous presse.

Adieu, très-pressé, je n'ai que le temps de vous embrasser ainsi que les chers convives: On porte des santés et des rasades à la ronde, moi, j'y porte mon embrassade.

Tout à vous.

G. P.

LXXVIIe LETTRE.

Dijon, le 5 février 1829.

Mon cher Baulmont,

J'ai enfin reçu les testaments bien et dûment clos et terminés. Reste à savoir si le goût du public fera le sien en ma faveur, et si je ne serai pas entièrement déshérité (1). Il aurait, ma foi, grand tort, car je me suis donné bien des peines pour le satisfaire; il est vrai que ces peines étaient des plaisirs pour moi, mais enfin des plaisirs laborieux. Je vous remercie de l'envoi.

Je vous donne en cent, en mille, en dix mille à deviner l'objet sur lequel j'ai dirigé mes recherches pendant les trois semaines que j'ai eu la jambe en pantoufle. Il faut un fou de mon espèce pour avoir été déterrer un pareil sujet; j'ai appris hier qu'on avait fait une dissertation à peu près équivalente à Lyon et qu'on l'avait présentée à l'Académie lyonnaise l'année dernière; mais c'était une simple dissertation, tandis que moi j'ai fait un traité complet. Quel est donc ce noble et grand sujet, direz-vous? Eh bien, c'est... c'est le Bourreau, oui, le Bourreau, mon cher ami, et le Bourreau traité

(1) Les craintes de G. Peignot ne se sont pas réalisées, ses *Testaments* ont eu toute la vogue que méritait cet ouvrage remarquable.

de la manière la plus curieuse et la plus piquante; je ne crains pas de dire que si vous aviez lu la première page du manuscrit, vous voudriez aller jusqu'au bout. Dès lors qu'on nous donne au théâtre le *Bourreau d'Amsterdam*, les *Mémoires de Vidocq*, qui a eu plus d'une affaire à démêler avec mon héros, on peut bien faire des recherches sur ce haut personnage, l'*ultima ratio* de la société.

Mon manuscrit est intitulé :

SUR LE BOURREAU,

RECHERCHES HISTORIQUES, ÉTYMOLOGIQUES, JURIDIQUES ET LITTÉRAIRES,

Par un ancien avocat.

> Il n'est personne, si peu que l'on soit porté à réfléchir, qui n'ait quelquefois médité sur le Bourreau.
>
> *Soirées de St.-Pétersbourg.*

La matière est traitée avec gravité, et cependant il y a certains chapitres amusants. Plus le sujet est repoussant, et plus peut-être on serait tenté de courir après (1). C'est un de mes ouvrages où il y a le plus d'érudition et que je regarde comme le plus curieux.

Voici les principaux chapitres puisés dans la table des divisions :

Du bourreau chez les Anciens (les Asiatiques, les Grecs, les Romains, etc.)

De l'étymologie du mot bourreau.

Du bourreau chez les modernes.

Droit de prise accordé jadis au bourreau.

Des droits du bourreau sur la dépouille du patient.

A défaut de bourreau, qui doit en faire les fonctions?

Des tourmenteurs jurés au moyen-âge.

----

(1) C'est sur ce genre de curiosité qu'ont compté certains romanciers, l'auteur des *Mystères de Paris* entre autres.

Du costume et de la demeure du bourreau.

Des femmes bourreaux du temps de saint Louis

De l'empressement du peuple à assister aux exécutions.

Description et analyse du mystère de la Sainte-Hostie, dans lequel figurent les bourreaux de Paris et de Senlis.

Fragment de Jean Bouchet (vieux poète) sur les bourreaux.

D'un gentilhomme qui se fit bourreau de dépit.

Bourreau pendu à Paris du temps de la Ligue.

A-t-il existé des cas où le bourreau, conduisant un patient au supplice, a été autorisé à le mettre en liberté?

Du bourreau qui a décapité le maréchal de Biron.

Anecdote sur le cardinal de Richelieu, où figure le bourreau.

Dédicace au bourreau par Furetière.

Analyse de la tragédie de Sainte-Reine où le bourreau et son valet jouent un rôle.

Eloge du bourreau de Naples, par l'abbé Galiani.

Eloge du bourreau en général par le Tassoni.

Ouvrage de dévotion composé par Samson, bourreau de Paris.

Souvenirs déchirants, ou lettre de Samson, bourreau de Paris.

Du bourreau, par M. de Maistre.

Bibliographie des ouvrages publiés en Allemagne sur le bourreau (il n'en existe pas en France).

Appendice historico-littéraire sur l'ancienneté de l'instrument de supplice appelé guillotine.

Tout cela est plein d'anecdotes, de réflexions et d'observations analogues au sujet. Les recherches y sont multipliées à l'infini.

Vous voyez, mon cher ami, que je continue à vous faire toutes mes petites confessions littéraires; n'en parlez qu'à

Bobillier. Quoique ce ne soit que de l'histoire , je ne veux pas y mettre mon nom. L'ouvrage est terminé entièrement. Il serait bien temps que je me reposasse, mais Crapelet me talonne pour mes monuments de la langue française.

Adieu, priez pour les fous, et j'aurai grande part à vos prières.

Je vous embrasse de tout cœur.

G. P.

LXXVIIIe LETTRE.

Dijon, le 9 février 1829.

Que vous êtes aimable , mon bon ami ! Que vous êtes obligeant ! J'ai reçu *grato gratissimoque animo* les deux volumes que vous m'avez envoyés, et dont j'ai déjà fait et ferai encore mon profit; j'ai exploré le Mercier de M. de Charmes, et je vous le renvoie en vous faisant mille remercîments que je vous prie de partager avec lui. Quant au Praxis qui vous appartient, je le garde encore, car il faudra traduire, analyser un ou deux chapitres, et cela demande un peu de temps, mais vous n'en êtes pas inquiet.

Je vous adresse un petit volume assez curieux (1) , et vous prie de l'accepter. Pourquoi me ditez-vous? parce que c'est moi qui, il y a quatre ou cinq ans, en ai fait la préface et quelques-unes des notes. Je crois avoir quelque droit à vous l'offrir.

Le libraire-éditeur qui n'a imprimé cet ouvrage que depuis deux mois a mis son nom à la préface, c'est une impudeur dont je n'ai pu m'empêcher de lui dire un mot. Je lui avais défendu de me nommer, mais était-ce un titre pour se mettre

(1) Voyage à Montbard par un conventionnel, Louvet ou Fabre d'Eglantine ; ouvrage posthume.

10

à ma place? Il a cru sans doute qu'il y avait prescription ; mais son impudeur est comme les grandes fêtes de l'année, double majeure, puisqu'il est venu lui-même m'apporter un exemplaire de l'ouvrage, en me remerciant beaucoup. Quelle délicatesse ! Il y a dans ce bas-monde des gens bien ostrogo-thiquement bâtis.

Un autre coquin de Paris vient de publier un petit livre sur les emblêmes des fleurs et autres, qu'il dit dans sa préface lui avoir coûté beaucoup de recherches pénibles ; et ce Car-touche a copié littéralement une trentaine de pages de mes *Amusements philologiques* pour en faire un petit in-32. Il me tarde bien qu'on établisse une gendarmerie littéraire pour la lâcher dans cette forêt de Bondy qu'on appelle République des Lettres.

Vous n'avez pas tout-à-fait idée de mon traité du Bourreau, tel qu'il est. Je vous réponds que c'est un livre très-sérieux et très-intéressant, auquel je ne craindrais nullement de mettre mon nom, tant il est écrit avec précaution, convenance et circonspection. Il n'y a que le nom qui serait un épouvan-tail, et si, au lieu du mot *Bourreau,* on mettait Exécu-teur des jugements criminels, personne n'en serait effarou-ché. L'oreille est un organe bien susceptible en France.

Adieu, je vous embrasse tendrement.

G. P.

LXXIXᵉ LETTRE.

Dijon, le 16 mars 1829.

Mon cher ami,

Je suis allé demander un exemplaire des *Amusements phi-lologiques* à Lagier pour mon ami M. Delachaume ; je regrette beaucoup de ne pouvoir le lui offrir, mais l'édition appartient à Lagier, et il y tient d'autant plus qu'il ne lui reste que très-peu d'exemplaires de 2,500 qu'il a tirés il y a trois ans. Je voudrais pouvoir dédommager M. Delachaume en lui offrant un exemplaire des *Testaments;* mais il faudrait qu'il y en eût un de disponible à Vesoul. Voyez si vous pouvez me faire ce petit plaisir ; le tout est à votre discrétion.

C'est un peu tard que notre ami Boisson se prépare à cultiver la vigne du Seigneur (1). Je ne me sens pas les mêmes dispositions, j'en aurais plus pour la Trappe.

Je tiens toujours par les oreilles mon héros patibulaire, et je découvre toujours quelques petites choses curieuses en mettant mon manuscrit au net pour la seconde fois. Weis m'écrit que le roi de Prusse a fait l'éloge de cet homme, je ne le connais pas, en savez-vous quelque chose?

Je n'ai pas envie de parler de votre bourreau de Besançon depuis que j'ai appris qu'à force d'avoir fait perdre la tête aux autres, il avait perdu la sienne sans qu'elle quittât ses épaules. Mon sujet est trop beau pour le gâter par la présence d'un fou.

Adieu, *Carissime,* tout à vous.

G. P.

LXXXe LETTRE.

Dijon, le 9 avril 1829.

Mon cher ami,

J'ai reçu le Damhouder et l'almanach de Suchaux ; ce dont je vous remercie.

Serez-vous assez bon pour être mon interprète auprès de

(1) M. Boisson, ancien professeur de mathématiques, veuf et père de deux enfants, se fit prêtre à l'âge d'environ 60 ans,

Suchaux et lui faire mes sincères compliments? Son travail
est fort intéressant et sort de la ligne de ces almanachs dont
la Saint-Sylvestre est ordinairement le tombeau. Le sien
pourra être consulté dans 30 ans comme aujourd'hui. Si
Mg^r de Martignac voulait seulement me céder sa place pour
24 heures, j'emploierais cinq minutes à faire délivrer à l'ami
Suchaux un mandat de cinquante louis, à titre de récompense
et d'encouragement pour son livre utile, et comme il me
resterait encore 1,435 minutes à dépenser, je tâcherais de les
employer de mon mieux *primo mihi*, et ensuite pour mes
amis. Mais je ne courrais pas après la gloire de la tribune;
j'ambitionnerais celle de faire quelques heureux qui le méri-
teraient-dà (expression bourguignonne).

Vous avez sans doute vu que M. Carion a attribué mon article sur le comte Charny à un M. Paul, et qu'il lui a donné
de grands éloges. Il a dû s'en mordre les lèvres, quand mon
nom lui a été révélé par Amanton à mon insu et contre mon
gré.

Adieu, tout à vous.

G. P.

LXXXIe LETTRE.

Semur, le 25 mai 1829.

J'ai reçu votre lettre, mon cher Baulmont, avec un bien
grand plaisir : c'est une goutte de rosée bien précieuse qui
tombe sur un pauvre champ desséché. Je ne fais pour ainsi
dire que commencer, et je suis déjà sur les dents ; jamais besogne plus épouvantable n'est tombée sur mes vieilles et
faibles épaules ; au reste, la présence de mon collègue dans
votre ville vous en a donné une idée. J'aurais vingt fois re-
commencé ce travail pendant 49 jours si mes forces me le
permettaient. Je suis tellement fatigué que le sommeil et l'ap-

pétit m'ont quitté pour faire place à une indisposition qui durera jusqu'à la fin de mon inspection ; enfin je traînerai mes maux et mes ennuis le plus loin que je pourrai. J'aime beaucoup M. notre ministre que je n'ai pas l'honneur de connaître, mais il ne perdrait rien de ma tendre affection, s'il avait un peu diminué le fardeau.

On vient me prendre pour aller inspecter le collége ; il est huit heures du matin et il y a déjà cinq heures que je suis levé ; je ne sais comment je vis. Je vous quitte bien à regret, mon cher ami ; donnez-moi de temps en temps de vos nouvelles ; c'est tout au plus si je pourrai aller jusqu'à Chalon ; ainsi ne m'écrivez pas plus loin que cette ville. Si je suis enterré d'ici-là, je vous le manderai, car je serais bien fâché que votre lettre m'arrivât posthume. Vous seul pourriez me rendre une étincelle de gaîté au milieu des mes maux physiques et moraux.

Votre ami,

G. P.

LXXXIIe LETTRE.

Dijon, le 17 juillet 1829.

Les deux frères Bobillier et moi attendions ce matin avec impatience, dans mon cabinet, une lettre de vous et le *Journal de la Haute-Saône*. Tout nous est arrivé à point, et nous avons dévoré l'un et l'autre avec autant d'avidité que de plaisir ; je vous en remercie donc.

Ces Messieurs ont déjeûné à la maison ; de là nous sommes allés voir les ateliers de Douïllier qui sont considérables. Nous avons visité la fonderie, la stéréotypie, l'imprimerie, la lithographie, la librairie et l'atelier de reliure.

Nous avons embarqué le cher Bobillier dans le coupé de la diligence Laffitte, à sept heures du soir, c'est-à-dire il y a une heure. Je n'ai pas besoin de vous dire tout le plaisir que j'ai eu à voir ce bon ami, mais ce plaisir a été trop court.

M. Speyer-Passavant de Bâle va m'apporter à Dijon sa bible de Charlemagne pour me la faire voir. Il m'en a adressé hier une description manuscrite en vingt-six pages in-4°; elle est singulièrement rédigée, moitié en allemand, moitié en français. Vous seriez bien aimable de venir voir ce précieux monument. M. Speyer m'écrit qu'il lui en a déjà coûté 40,000 fr. pour restaurer et faire voir cette bible. Je ne suis pas surpris qu'il veuille la vendre si cher.

Adieu, mon cher ami, une autre fois je vous parlerai de mon voyage et des braves gens que j'ai rencontrés, entre autres Lacretelle, l'historien; M. de Lamartine, etc ..

Il est neuf heures, je ferme vite.

Tout à vous.

G. P.

LXXXIIIᵉ LETTRE. (1)

Dijon, le 9 novembre 1829.

Carissime, clarissime inspector,

A l'ouverture de votre charmante et délicieuse lettre du 7, je me suis mis à courir dans toute la maison comme un fou, en criant sur l'air *o filii, o filiæ :*

Inspecteur enfin le voilà,
Chantons-en tous alleluia,
Puisqu'à Dijon on le verra.
Alleluia!

Chez nous toujours il descendra,
Ou je lui casse jambe et bras,
Ce que, j'espère, il ne voudra,
Alleluia!

(1) Lettre de félicitation à l'occasion de la promotion de M. Baulmont au grade d'inspecteur divisionnaire des postes.

Puis chacun de répéter en chœur : *Alleluia.*

Notez qu'il n'y a pas dix minutes que j'ai reçu votre lettre et que je m'empresse de vous adresser mes *louez Dieu*, mes compliments et toute la joie que j'éprouve de cette bonne nouvelle.

J'aimais bien le bon M. de Villeneuve (1), mais je l'aime mille fois plus encore, et je le lui écrirai. Mandez-moi bien vîte quand vous viendrez de nos côtés ; vous parcourrez une grande partie de mon ressort, et par conséquent votre chef-lieu sera Dijon, du moins pour la Côte-d'Or et Saône-et-Loire.

L'ami Raymond, qui sans doute n'a sa retraite que sur sa demande, descendait toujours chez M. de Marcilly. Comme ils n'étaient pas plus liés que nous le sommes, j'espère que mon hôtel sera le vôtre, c'est entendu. Dites-moi où la diligence qui vous amènera loge à Dijon, afin que j'aille vous enlever tout chaud.. ou tout gelé, selon le temps qu'il fera.

Je vais porter moi-même ma lettre à la poste, pour annoncer cette nouvelle à M. Lardillon, qui, j'en suis sûr, partagera toute ma joie, car il me parle toujours de vous en termes vraiment affectueux.

Comme, dans toutes les affaires de ce bas monde, il y a du blanc et du noir, je vous annoncerai une nouvelle qui fera de la peine au cher Piot et à tous les Vésuliens qui se rappellent Perrault, vérificateur de l'enregistrement à Vesoul il y a une dizaine d'année ; j'ai appris hier qu'il est mort à Paris la semaine dernière. Je le regrette bien sincèrement, car quoiqu'il n'écrivît jamais, c'était un excellent ami. Il était si peu habitué à écrire et à répondre même aux personnes auxquelles il était sincèrement attaché, qu'un jour M. Lebas, son beau-

---

(1) Ancien préfet de la Haute-Saône, alors directeur général des postes.

frère, voulant obtenir de lui une réponse, lui écrivit par l'entremise d'un huissier qu'il chargea de lui signifier sa lettre. Cette plaisanterie nous a beaucoup fait rire. Malgré cette apathie du cher Perrault, tous ses amis le regretteront beaucoup, et, pour ma part, je n'en dis pas moins du fond du cœur : *Terra sit illi levis.*

Je termine une broutille que vous connaissez déjà en partie ; je la finis par l'analyse d'un ouvrage que va publier un M. Barrois, ci-devant maire de Lille et député du Nord ; il me fait par correspondance les amitiés les plus affectueuses, parce que je lui ai ici rendu quelques services.

M. Speyer-Passavant vient de me dédier sa description de sa Bible d'Alcuin, dont il m'a envoyé un exemplaire. En vérité, ce Monsieur que je connais à peine, s'entend bien mal à choisir son monde. Quand il y a tant de cèdres sur le Liban parisien, pourquoi vient-il prendre en Province un pauvre petit bout d'hysope qui ne tient pas à être connu.

Un autre écrivain m'a menacé du même honneur pour un livre de bibliographie, j'ai répondu *Vade retro.*

Adieu, mon cher inspecteur, je suis si content de votre promotion que je vous écris à tort et à travers, sans savoir ni ce que je dis, ni ce que je fais, mais je vous embrasse de tout mon cœur et vous prie de présenter mes tendres hommages à Madame Baulmont tant de ma part que de celle de ma famille qui répète encore le gai refrain *Alleluia.*

Votre dévoué et impatient,

G. P.

LXXXIV⁰ LETTRE.

Dijon, le 3 février 1830.

Je ne me rappelle plus, mon cher ami, quel est le cardina qui, après avoir lu le *Roland furieux*, dit à l'Arioste : « *Dove*

» *Diavolo, messer Ludovico avete pigliate tante coglionerie?* » Et moi à mon tour, quoique je n'aie pas l'honneur d'être cardinal, je vous demanderai, après avoir lu votre lettre du 1er février : « *Où diable, mon cher David, avez-vous pris tant de sottises?* » En conscience, dites-moi, mon ami, quel autre nom puis-je donner à cette jolie phrase accompagnée de plusieurs autres : « *Vous avez dû, et Madame Peignot aussi, bénir joliment le départ de l'hôte le plus importun et le plus embarrassant que vous ayiez eu de votre vie dijonnaise et vésulienne, j'occupais à moi seul les trois quarts de votre appartement, etc...* » Autant de mots, autant de *coglionerie* en variations; il y a eu si peu d'importunité et d'embarras, que, le jour même de votre départ, nous nous sommes trouvés tout égarés, tout déconfits, comme des gens abandonnés dans un désert; après cinq heures de séance à l'Académie, je suis rentré le soir dans mon cabinet tristement élargi, aussi gai que le bonnet de nuit du malade imaginaire quand il appelle Nicole. Oui, vous êtes un méchant de m'avoir écrit comme vous l'avez fait; vous savez très-bien que vous étiez ici un hôte de cœur et d'affection pour nous et que vous m'avez fait passer des moments bien doux et bien agréables. Je vous le dis franchement, votre départ m'a laissé un vide que j'ai peine à remplir.

Tout le monde ici me charge de mille choses pour vous et de vous gronder de votre lettre.

Adieu, je vous embrasse d'un seul côté à cause des *coglioneries* de votre lettre; empressez-vous de chanter la palidonie et de faire votre paix avec moi en me déclarant que vous êtes bien convaincu que jamais vous ne pourrez être regardé chez moi comme un hôte importun.

Votre tout dévoué,

G. P.

LXXXV· LETTRE.

Dijon, le 16 février 1830.

Mon cher ami,

Vous êtes sans doute surpris que j'aie laissé passer deux courriers sans répondre à vos deux dernières lettres ; mais je vous annoncerai que je suis dans tous les tracas de la noce de M. de St.-Genis, et que j'ai chez moi son oncle., le contre-amiral marquis de Siéyès, de Valence ; ce Monsieur est bien le plus digne homme que la terre ait porté. Il occupe votre lit et vous remplace dans mon cabinet, au coin de mon feu ; mais il n'a pas autant d'ouvrage que vous, tant s'en faut, et je suis obligé de lui tenir continuellement compagnie, ce qui ne convient guère à mes paperasses qu'on attend à Paris ; enfin il faut se prêter aux circonstances.

C'est aujourd'hui que la noce a eu lieu ; les voitures sont venues nous prendre à dix heures ; mairie, église, déjeûner, et me voici ; je me suis échappé pour venir vous écrire, et il faudra retourner ce soir pour passer la soirée qui doit être terminée par une grande collation à laquelle bien certainement je n'assisterai pas.

Depuis le commencement de ma lettre, j'aurais dû vous témoigner toute la part que nous prenons aux douleurs fluxionnaires de Madame Baulmont ; espérons que l'adoucissement de la température dissipera ses douleurs qui, pour n'être pas dangereuses n'en sont pas moins diaboliques.

Nous n'avons rien de nouveau ici ; le grand bal se donne demain ; j'y figurerai pour mes 5 fr. à peu près comme vous pour vos 4 francs ; quand je dis à peu près, c'est-à-dire très-certainement ; je présume que mon Valentinois me tiendra cloué au coin de mon feu.

Je suis votre débiteur de 2 francs pour le calendrier. Savez-vous qu'il doit avoir coûté très-peu d'impression, car la composition des 32 calendriers a été toujours répétée. Malgré cela, c'est un livre utile, qui ne peut pas, à dire vrai, rivaliser, pour la gloire littéraire, avec la Henriade, mais qui, dans le thermomètre des glorioles calculatrices, est à un degré au-dessus de la glace de l'illustre Barême.

Le froid est toujours très-vif de nos côtés ; il paraît s'être concentré dans les appartements ; j'ai beau faire bon feu, je suis comme un vieux coq embroché devant un foyer ardent et que l'on oublie de faire tourner, il est brûlé d'un côté et gelé de l'autre. Cette température basse me rend tout *évêque d'Avranches*, c'est-à-dire tout *Jean-Fesse*, comme disait ce bon Huet dans le cabinet de la reine.

J'espère bien qu'à votre retour vous nous ramènerez une température plus raisonnable, et que vous nous arriverez caressé par l'avant-garde du printemps composée de doux zé-phirs qui rendront un peu plus ondulante la barbe hérissée de ce vieux grognard d'hiver.

Adieu, cher ami, je cours à la soirée nuptiale. Mille respects à Madame Baulmont et mille exorcismes à ses maudites fluxions. Je n'y vois plus goutte, je vous embrasse *à tâton*.

Le gelé et morfondu,

G. P.

LXXXVIᵉ LETTRE.

Dijon, le 7 mars 1830.

CARISSIME,

J'ai reçu la lettre de Paris du 3 courant et le petit billet de Troyes que vous m'avez adressés et dont je ne puis trop vous remercier, car j'étais vraiment inquiet sur l'état de votre genou. Grâces à Dieu, vous êtes arrivé au terme de votre

voyage, et vous voilà en face du digne et respectable directeur général; que ne suis-je près de vous et pour vous embrasser avec étreinte et pour le remercier avec effusion de
toutes ses bontés pour moi!

Mon Adolphe est très-souffrant; un effroyable mal de tête
qu'il a depuis dimanche n'a pas encore voulu céder à une
ample saignée au bras, à douze sangsues et à vingt bains si-
napisés. J'ai toujours dit que ce gaillard-là avait une mauvaise tête et un bon cœur; son cœur est si bon dans ce moment qu'il rend trop généreusement tout ce qu'il prend. J'espère cependant que tout cela se civilisera et que vous le
trouverez sur pied à votre arrivée ici qui, je pense, ne tardera pas, à moins que vous ne vous dirigiez directement sur
Vesoul.

Je vous quitte pour rendre compte au cher directeur de la
petite commission dont il a bien voulu me charger. En vous
réitérant mes vives instances pour veiller à votre genou, je
vous embrasse de cœur et d'affection.

Semper et ubique tuus, tuissimus.

G. P.

P. S. Nous avons ici Alexandre-le-Grand (mimique); il
amuse beaucoup les Dijonnais; c'est un homme d'esprit et de
goût; il vient chez moi tous les jours, je le vois avec plaisir.
Il part lundi, après avoir prélevé sur notre ville un impôt de
20,000 fr. en dix jours et cinq représentations.

LXXXVIIᵉ LETTRE.

Dijon, le 9 mars 1830.

Ah! mon ami, dans quelle funeste sécurité j'étais avant-
hier quand je vous écrivais à Paris, et que je vous parlais de
a maladie de mon malheureux enfant, que je croyais un mal

de tête opiniâtre et non dangereux. Je me suis permis d'en parler avec légèreté, croyant que cela se passerait avant peu. Grand Dieu! que j'étais loin de prévoir la funeste catastrophe du lendemain! Quelle cruelle matinée, au milieu de ma famille... ma pauvre femme en pleurs, les médecins, les prêtres... à une heure tout était consommé! Quel moment! il est impossible de vous peindre l'effroyable situation où nous nous trouvons encore, quelle nuit nous venons de passer! le malheureux est encore sur son lit de mort; je me suis échappé de grand matin de chez mon gendre pour lui dire le dernier adieu, l'adieu éternel! Oh! mon ami...

Tout est affreux autour de moi, et les consolations de mes nombreux amis ne font qu'aigrir la plaie.

Adieu, prenez pitié de votre infortuné,

G. P.

LXXXVIIIe LETTRE.

Châtillon, le lundi 24 mai 1830.

CHER AMI,

Il est trois heures et quart du soir et je descends de voiture chez la puissante Madame Renard qui me remet à l'instant votre excellente lettre datée du 19 à Dijon. Je m'empresse de vous répondre, n'étant pas sûr d'en avoir le temps, si je manquais ce moment.

Des éclairs redoublés, un tonnerre effroyable accompagnent tous les mouvements de ma plume; trois ou quatre nuées se heurtent devant ma fenêtre et font tout ce tapage.

Hier j'envoyai le principal du collége de Chaumont m'assurer une voiture propre, un bon cheval et un bon conducteur. On me promet tout cela moyennant 20 fr. et le pourboire au postillon. En effet on m'amène ce matin à quatre heures voiture, cheval et conducteur. La voiture se trouve un affreux tape-cul, usé, vermoulu, dont le ci-devant cuir, rapetassé en mille endroits, était déchiré de tous côtés; et la banquette, plus dure qu'une planche de chêne desséchée depuis quatre-vingts ans, date présumée de la fabrique de cette exécrable patraque. Ajoutez à cela un cheval étique qui n'avait dans le ventre que dix lieues faites la veille et terminées à dix heures du soir, enfin un postillon (car il en avait l'habit) qui est allemand et qui n'avait jamais fait cette route (1). Jugez de ma surprise à la vue d'un pareil équipage ! Je peste, je jure, mais, pressé de me rendre à Châtillon, je grimpe dans la cage à Polichinelle, et, me confiant à la Providence, je suis assez heureusement arrivé, mais non sans des inquiétudes mortelles.

Vous avez donc eu la satisfaction de voir Mgr le Dauphin à Dijon, et de plus, vous avez été content de votre réception; j'en suis très-satisfait. Je ne suis pas si chanceux que vous; je n'ai certes pas d'aussi nobles distractions dans ma chétive tournée; courbature effroyable, coliques, rhume, toux à n'en pas finir, diète à peu près complète, voilà en bloc les jouissances dont j'ai été rassasié depuis ma sortie de Dijon. Si cela continue, il y a grande apparence que je serai dispensé de demander ma retraite.

Je remplis largement ma tâche, c'est ce qui contribue à mon affaiblissement. Philosophiquement parlant, j'éprouve une certaine satisfaction intérieure à avoir fait ce que je devais et plus, mais je reconnais que si je me donnais un peu moins de peines, la machine n'en irait pas moins bien, et je ne courrais pas le risque de donner peut-être dix ans plus tôt du nez en terre, ce qui est à considérer quand les flocons de neige qui tombent de la nuque annoncent que le cinquième acte de la vie a déjà quelques scènes de passées.

(1) Il faut convenir qu'aujourd'hui on est un peu mieux partagé sous le rapport de la commodité des voyages.

J'ai beau dire, ni vous, ni moi n'en tracerons pas moins notre pénible sillon jusqu'au bout et comme nous avons toujours fait. L'habitude est une seconde nature.

Si vous voyez nos dames à Vesoul ou à Besançon, dites-leur que je me porte bien, pour ne pas troubler leurs plaisirs. Mes respects à M. de Villeneuve, s'il vient payer son contingent électoral.

La grosse Madame Renard qui vous a vu, mais non reconnu dans la malle-poste, vous fait ses compliments

Adieu, mon cher ami, on m'appelle pour dîner ou pour faire semblant; j'espère que pour un vieil infirme en voilà bien suffisamment.

Je vous embrasse.

G. P.

LXXXXIXe LETTRE.

Dijon, le 23 juin 1830.

Mon bon ami,

J'ai reçu votre aimable missive, datée du 19, à 5 heures du matin. Je ne puis trop vous remercier de penser à moi dès l'aurore, ou un peu après; c'est ce que l'on peut appeler de la fine fleur d'amitié passée au plus fin tamis, et je vous en réitère ma plus vive gratitude.

Je vous dirai que vous aviez les yeux très-ouverts en commençant votre lettre, de sorte que j'en ai lu une page et demie *currente oculo*, sans difficulté; mais sans doute une plume de votre oreiller vous rappelait *in dodo*, car le reste de ladite lettre où vous me parlez de ce qui m'intéressait le plus (votre itinéraire), est écrit en caractères successivement diminutifs, rapetissés, r abougris et enfin si imperceptibles que le diable m'emporte, si vous pourriez faire votre tournée sans autres données que celles que vous m'avez données. J'espère que vous aurez le temps de m'adresser une nouvelle édition de votre itinéraire plus correcte, plus claire, et qui ne soit plus écrite en petites pattes de mouches si fines, si serrées, et exactement comme les pattes desdites mouches, quand elles se frottent le museau ; vous en avez vu quelquefois.

Ce n'est pas que j'espère vous suivre sans peine dans votre tournée, puisque vos stations ne sont pas aussi fixes que les miennes, et que vous serez comme le cavalier aux échecs, sautant du noir au blanc et du blanc au noir, sans qu'on s'y attende ; mais je compte bien vous accrocher dans quelque coin du damier.

Le mieux de tout cela serait que notre cher directeur vous tînt quitte de tournée cette année. Je le désire vivement ; encore tout éclopé de ma course , je sens combien il vous serait utile d'être dispensé de la vôtre, surtout d'après ce que vous avez déjà fait depuis que vous avez le pied à l'étrier. Que diable ! mon cher, vous n'êtes pas cheval de poste ; si cela continue, *la maison du Vaux* (1), convertie en pyramide d'Egypte, ne recevra plus que votre momie. Je conjure Mme Baulmont de se réunir à moi pour vous enjoindre d'enrayer ; je n'entends pas par là quitter la place, mais vous y maintenir comme dans un fauteuil à bras, c'est-à-dire tout à votre aise, et sans en sortir pour faire dix fois ce qu'on vous demande. Ménagez-vous, ou vous tomberez sous le harnais ; *experto crede Roberto*. (Savez-vous d'où vient ce précepte ? D'où vient ce Robert ? J'aime beaucoup cet homme-là ; il connaissait le prix de l'expérience et voulait qu'on en profitât).

La nuit et le papier m'obligent de finir, de présenter mes respects à Madame, de vous embrasser à l'aveuglotte et de vous dire que je suis toujours

Tout à vous.

G. P.

---

(1) Maison de campagne de M. Baulmont,

XC° LETTRE.

Dijon, le 9 août 1830.

Mon cher ami,

Vous êtes sans doute surpris de n'avoir pas encore reçu de mes nouvelles depuis votre départ, qui, si je ne me trompe, date du 31 juillet ; mais il m'est difficile d'écrire quand la mer est agitée et que les flots battent ma nacelle littéraire ainsi que beaucoup d'autres bateaux, paquebots et navires de tout rang. Maintenant que le temps a repris sa sérénité à Dijon, que tout y est tranquille, et que chacun se réjouit de voir cette tranquillité succéder à un petit moment d'orage, je reprends la plume.

La garde nationale est réorganisée. M. Nault, notre procureur-général, est remplacé par M. Colin, avocat-général, que vous connaissez très-bien, puisqu'il est l'ami de Bobillier. On annonce beaucoup d'autres changements. Hier matin deux officiers de cuirassiers se sont battus au pistolet, pour affaire d'opinion ; l'un d'eux, qui avait donné un soufflet, a été tué raide.

Bobillier vous fait-il passer son journal ? Si vous l'avez reçu vendredi dernier, vous aurez sans doute ri comme moi de l'article portant que *le rétablissement de la santé de M. Bobillier lui permet de reprendre la direction de son journal.* Selon toute apparence, il aura passé ses *infirmités* à M. L. B. D. C. (1), qui est allé en Suisse pour s'en guérir, ce qui ne sera pas aussi prompt que le rétablissement de Bobillier ; et comme, selon le proverbe des jeux de société, *Qui va à la chasse perd*

(1) M. Lebrun de Charmettes, préfet de la Haute-Saône, révoqué de ses fonctions par suite de la révolution de juillet.

sa place, ledit sieur L. B. D. C. est remplacé par M. Amédée Thierry (1), ex-professeur d'histoire à Besançon ; ce doit être l'auteur de l'*Histoire des Gaules.* Vous êtes destinés, Messieurs les Vésuliens, à avoir des gens de lettres de quelque côté que le vent donne.

Pendant que vous êtes à Troyes, prenez, je vous prie, chez M. Sainton, libraire-imprimeur, une petite brochurette de deux feuilles qu'il a imprimée récemment. C'est un *Discours sur l'examen des Esprits,* etc..., par le docteur Jean Huarte, espagnol du xvie siècle. J'ai écrit sur ce docteur ; j'ai son livre en latin, et je serais bien aise de savoir ce qu'on dit de lui dans la brochure en question. Mille pardons de la peine.

A travers tous vos zig-zags ne m'oubliez pas.

Votre vieil ami,

G. P.

XCIe LETTRE.

Dijon, 10 février 1831.

Mon cher ami,

Un vieux proverbe dit : *Faire carnaval avec sa femme et pâques avec son curé.* Ne pourriez-vous pas donner un soufflet audit proverbe, en venant à Dijon prendre votre part d'une belle hure qui me tombe de Troyes comme des nues? C'est mon excellent juge de paix qui, nouveau Méléagre, a envoyé à mon Atalante cette pacifique dépouille d'un monstrueux sanglier. Sans doute il ne dévastait pas les champs de la Calédonie troyenne, mais il s'était fort bien engraissé, si j'en juge par ses oreilles aplaties sur son long museau, et par ses petits yeux qui, pour avoir perdu de leur éclat, n'en ont pas

(1) Préfet de la Haute-Saône pendant neuf ans, aujourd'hui conseiller d'Etat et membre du conseil général du département qu'il a administré.

moins de charmes pour le gastronome. Venez donc admirer le monstre et participer à sa déconfiture ; elle aura lieu en très-petit comité lundi, à onze heures du matin. Au reste, ce ne sera que la première attaque, et, si vous arrivez un peu plus tard, songez que vous pourrez encore prendre part au combat ; il y aura autant de gloire à donner le dernier coup de dent à l'ennemi, qu'à lui porter le premier coup. Venez donc.

Je m'amuse toujours comme un bienheureux (en purgatoire) à nos examens ; ils sont commencés depuis huit jours et ne finiront que samedi prochain. Tous les jours, quatre grandes heures de suite, le derrière sur un fauteuil, les yeux fixés sur un tableau noir qu'on barbouille de chiffres, de lignes droites, de lignes courbes, la bouche béante dont il sort quelques questions d'histoire ou de littérature, voilà ma vie ; pour peu que cela continue, j'arriverai tout-à-fait au niveau des docteurs que nous faisons.

Cette nuit il y a eu grand bal à Dijon. Je ne puis vous en donner des nouvelles, car, par extraordinaire, à 9 heures et demie, mes deux paupières appesanties avaient renoncé à toutes les joies de ce monde, pour essayer, pendant quatre ou cinq heures, un simulacre de la danse des morts.

Le bon M. Fesneau était venu causer avec moi pendant une heure. Nous avons mis sur le tapis les prophéties, prédictions, etc..., et nous n'en sommes guère plus avancés que le duc de Nemours avec sa couronne incertaine, branlante, refusée, et qui peut-être sera acceptée, quoique votre Adam Muller et votre fanatique protestant n'en disent rien. Le présent est gros de l'avenir ; vilaine grossesse ! j'ai bien peur que le diable n'emploie le forceps pour l'accouchement, surtout si une demoiselle, fille de 93, se présente avec la lettre R sur le front, et le bonnet rouge sur la tête.

Adieu, mes respects à Madame, je vous embrasse de tout mon cœur. G. P.

XCII^e LETTRE.

Dijon, le 26 juillet 1831.

Mon cher ami ,

Sans l'officieuse communication de M. Beaurepaire, j'allais commander chez le curé de ma paroisse un service funèbre de première classe en votre honneur et gloire, car je ne pouvais considérer un silence de huit jours que comme le résultat d'une cessation de tout principe vital, c'est-à-dire d'une mort, d'une véritable mort, bien froide, bien raide, qui ne permet plus le maniement de la plume. J'ai donc eu le plus grand plaisir à recevoir de vos nouvelles et surtout à apprendre que vous vous amusez comme un petit roi à Nangis. Ah! coquin, je suis sûr que vous regrettez Mirebeau où vous aviez deux jolis petits volumes de 25 à 28 pages, tandis que vous n'avez maintenant pour passer le temps qu'un in-folio gothique de 62 ou 63 feuillets, dit-on, et encore dont le papier jadis satiné est devenu rude et jaunâtre (1). Que voulez-vous, mon cher, ainsi va le monde, surtout quand on le court autant que vous ; aujourd'hui de petits poulets tendres et succulents, demain un coq étique et coriace.

Je vous félicite de votre nouveau poste ; vous voilà avec cinq départements ; vous auriez désiré le Haut-Rhin au lieu du Rhône, et moi la Côte-d'Or au lieu des deux ; voilà comme l'homme n'est jamais content.

Nous avons reçu de Paris une espèce d'assurance venant de haut que l'Université sera conservée ; mais pour les modifications, nous ne les connaissons pas ; et si, comme il y a ap-

(1) C'est là probablement une allusion à l'âge des directrices de poste dont M. Baulmont inspectait les bureaux.

parence, la rétribution est supprimée, ma foi, ma marmite sera renversée, ainsi que celle du recteur et de tous les professeurs de Faculté. Cela ferait une certaine débâcle; en attendant je récite avec ferveur tous les jours un des articles essentiels de l'Oraison dominicale : *Panem nostrum quotidianum*, etc...; puis, si le malheur arrive sans ressources, il me restera le *dimitte nunc servum tuum Domine*, et tout au bout le *requiescat in pace*, chose plus sûre dessous que sur la terre.

J'ai lu les charmants vers de la Némésis; s'il y a un Parnasse dans les cavités infernales, entre le Styx et l'Achéron, je ne doute point que le gentil M. B.... n'en occupe la cime, en véritable Apollon, coiffé d'un bonnet rouge et tenant à la main une jolie petite guillotine en guise de lyre. Je crains bien que les soufflets et les coups de poing ne dégénèrent bientôt en coups de fusil et en coups de poignards, si l'on continue à nous infester de toute sorte d'écrits appelant un ordre de choses pire que 93. Ah! combien je rends de grâces à mon goût pour l'étude, pour la solitude, et à mes amusements littéraires. Le *Virgille Virai* est terminé.

Adieu, tout à vous.

G. P.

XCXIII^e LETTRE.

Dijon, le 1er septembre 1831.

CHER AMI,

Si je n'ai pas répondu plus tôt à votre dernière lettre, c'est que je viens d'avoir à écorcher la queue de l'anguille scholaire. Grâces à Dieu, je suis débarrassé des travaux classiques, universitaires, académiques, depuis hier au soir à cinq heures. Je suis sorti de la distribution des prix du collége, étouffant de chaleur; elle s'est faite dans la salle des assises où il y avait à peu près trois fois plus de monde que le local n'en peut contenir, de sorte que, l'un portant l'autre et la sueur ruisselant de tous côtés, la cérémonie s'est fort bien passée.

Je vous consacre mon premier moment de liberté ; cependant j'ai de l'ouvrage de correspondance pardessus les oreilles, et des courses de commissions à faire dont une à la préfecture pour Monsieur Crapelet, qui ne me plaît guère ; c'est de la course que je parle et non de Crapelet.

Je vous dirai que cette semaine doit être marquée bibliographiquement en craie blanche dans mon cabinet. On m'a fait beaucoup de présents, mais voici le plus beau ; ouvrez les yeux, lisez et voyez :

Un sac de soie rouge, avec glands et fils d'or, pris dans la Casauba, appartement du dey d'Alger, le lendemain de la prise de ladite Casauba.

Ce sac renferme :

1º Une grande lettre sur vélin, en lettres d'or, sous la date du 21 juin 1791, par laquelle le doge de Venise annonce au dey la redevance annuelle qu'il lui payait ; cette lettre a ses sceaux dorés avec cordons en soie et glands ;

2º Une lettre du dey en turc de plus de deux pieds carrés sur parchemin ; mais que dit-elle ? je n'en sais rien, je crois qu'il faut être disciple d'Alla pour y entendre quelque chose ;

3º Un joli cahier, doré sur tranche, renfermant environ douze feuillets de papier fin sur lesquels sont une infinité de caractères arabes parfaitement écrits.

L'officier qui s'est emparé de cet objet a mis en tête, c'est-à-dire à la fin du volume : *Cahier renfermant l'alphabet arabe, trouvé dans l'appartement de la fille du dey à la Casauba, le 6 juillet 1831 ;*

4º Une petite lettre en turc avec la traduction française ; elle est du secrétaire et premier ministre du dey et adressée au général en chef pour lui demander la permission d'aller dans son pays sur un vaisseau marchand qui va partir; le style oriental y est dans toute sa dignité hyperbolique.

Voilà, mon ami, cette petite curiosité dont vient de me gratifier Tridon qui la tient d'un officier général de ses amis.

J'ai bien peur que ma lettre n'aille vous rejoindre à Luxeuil; les eaux thermales auront sans doute fait divorce avec les eaux pluviales qui leur avaient fait une visite si brutale.

Vos hauts et puissants seigneurs auraient bien dû vous laisser notre petite ville de Dijon toute ronde dans votre gros portefeuille, au lieu d'y jeter cette énorme masse qui se glisse en serpentant entre Fourvières et la Croix-Rousse; et puis voilà de nouveaux visages à inspecter, à visiter, à connaître sur cette nouvelle ligne, tandis que, dans l'ancienne, vous étiez connu, apprécié, et, je pourrais le dire, couvert de bénédictions; j'en parle de *visu* et *auditu*. Je sais bien que vous retrouverez tout cela dans le Doubs, le Jura, l'Ain et le Rhône; mais un *bon tiens* vaut mieux que deux *tu l'auras;* j'ai de beaux vers latins à ce sujet que, par parenthèse, j'ai traduits en français, mais où sont-ils? Je n'en sais rien, passez-vous-en.

Adieu, tout à vous.

G. P.

XCIVᵉ LETTRE.

Dijon, le 23 septembre 1831.

Où diable courez-vous donc, mon cher ami, je vous crois du côté du Midi, je vous écris à Besançon, poste-restante, suivant votre bon avis, et point du tout, vous voilà du côté du Nord-Est; eh! qu'allez-vous faire à Troyes? Ce n'est plus de votre ligne.

Depuis mon retour de Besançon, je suis toujours par voie et par chemin; je n'ai pu voir M. Thierry; il m'a, hier au soir, apporté votre dernière lettre, et je n'étais pas chez moi; je m'empresse de vous écrire à Troyes pour qu'au moins vous soyiez assuré que je ne vous oublie pas. Quel est donc le génie qui préside à vos plans d'itinéraire? Quoi! de Vesoul vous passez par Troyes pour aller à Mulhouse; mais il me semble que c'est pire que le chemin des écoliers; ils prennent seulement le plus long, et vous, vous prenez l'inverse en ligne droite; expliquez-moi cette énigme.

Dans la lettre que je vous écrivais à Besançon, j'avais glissé deux petits billets : l'un pour Weis, l'autre pour Guillaume; ils les recevront quand il plaira à Dieu, et ce qu'ils renferment de pressant prendra patience. Il faut bien se faire à tout dans ce monde sublunaire qui n'est pas le meilleur des mondes possibles, quoi qu'en dise le docteur Pangloss; ce à quoi je ne puis m'habituer, c'est que dans tous vos zig-zags postiers notre pauvre Dijon ne se rencontre jamais sur l'une de vos lignes brisées.

Je cours à la poste porter ce billet, très-indécis que je suis s'il vous trouvera encore à Troyes; je suis tenté de faire lithographier une circulaire dont je vous adresserais des exemplaires à Troyes, à Mulhouse, à Montluel, etc...; peut-être l'un d'eux serait-il assez heureux pour vous rencontrer.

Gabriel est toujours à Valence et ne parle pas de son retour.

Adieu.

G. P.

XCVe LETTRE

Dijon, le 3 octobre 1831.

Mon cher ami,

J'espère que cette lettre vous trouvera de retour de Troyes, et que vous aurez fait un heureux voyage.

J'ai mille remerciements à vous faire du quatrain romantique que vous m'avez adressé; il est bien digne du grand homme qui en est l'objet (1). C'est vraiment le peindre avec des couleurs dérobées à sa palette, et ce qu'il y a de certain, c'est qu'il a beaucoup de vers parfaitement en harmonie avec ceux dudit quatrain. Il faut vraiment le chaos littéraire où la France est tombée pour qu'on puisse supporter ou qu'on ose imprimer des pièces et des romans comme ceux de cet ostrogoth. Feu le pauvre Brugnot m'a fait cadeau jadis d'un beau portrait de M. Hugo; je vais faire imprimer le quatrain en beaux caractères, je le mettrai au bas et je ferai encadrer le tout; cela en vaut bien la peine.

Je connaissais déjà l'anecdote de l'exécuteur d'Alby, mais avec moins de détails que vous m'en donnez. Je vous en remercie.

J'ai eu des hommes de lettres parisiens ces jours-ci : M. Berthevin, qui est un érudit et un magasin à anecdotes, puis M. Hippolyte de Laporte, qui a fait beaucoup d'articles de la bibliographie. Ces Messieurs courent après des autographes. Berthevin est rayonnant de joie d'avoir obtenu de Houri le diplôme de franc-maçon du père Mailly de Château-Renaud, où se trouvent les signatures de Benjamin Franklin, de Greuze, de Pastoret, de vingt autres gens célèbres du temps; il l'a payé 50 francs. Ce qui m'a le plus frappé dans ce diplôme, c'est la gravure qui est fort belle; au milieu est le

(1) *Hugo, où juchera-t-on ton nom?*
Justice enfin rendu que ne t'a-t-on?
Quand donc au corps qu'Académie on nomme
Grimperas-tu de roc en roc, rare homme?

Pour ma part, je préfère de beaucoup cette spirituelle épigramme à celle de Boileau contre Chapelain :

Maudit soit l'auteur dur dont l'âpre et rude verve, etc.

médaillon du grand-maître, Philippe Egalité, et au bas de ce portrait il est écrit que le prince a le cœur de Louis XII, les vertus de Henri IV, etc... *Bene trovato!*

Adieu, votre ami tout dévoué,

G. P.

XCVIᵉ LETTRE.

Dijon, le 25 octobre 1831.

CHER ET BON AMI,

J'ai reçu votre lettre du 23, et je vois avec plaisir que vous êtes enfin rendu au lancé agréable qui, hélas! ne sera pas pour vous un long repos, grâces aux limiers de votre administration qui vous tiennent continuellement en haleine.

Pour moi, depuis six jours, j'ai fait divorce avec mes habitudes et mes paperasses. J'ai le plaisir de posséder toute la famille Tridon et le bon Armand Gouffé qui est reparti hier pour aller rejoindre ses pénates.

Combien j'ai désiré vous voir en tiers dans nos conversations particulières! Combien de chansons, combien de jolis vers il m'a fait passer en revue! Il m'a fait connaître quelques-unes de ses pièces inédites, il a même eu la complaisance de m'en dicter. Je vous citerai un couplet de sa parodie du discours dans lequel Châteaubriand, ménageant la chèvre et le chou, fait ses adieux à la Chambre des pairs. C'est sur l'air *et patati, et patata* (chanson de Béranger).

Messieurs, vous nommez un roi,
C'est vouloir la république!
Le drapeau blanc, sur ma foi,
N'est plus qu'un bâton gothique.
J'appelle en champ clos
Les malins journaux.
J'aime d'Orléans, le duc de Bordeaux,
J'aime aussi l'Ecole polytechnique,

Et... voilà, Messieurs, pourquoi je m'en vas !

Et patati, et patata,

Chacun admira

Ce beau discours-là.

Cela devait avoir plus de sel au moment où le discours a été prononcé.

Quant aux commandements de Dieu et du diable que Weis m'a adressés et que vous désirez connaître, c'est une pièce insignifiante qui n'a d'autre mérite que celui d'être vieille et d'avoir été réimprimée à petit nombre.

Je vais vous en donner un échantillon qui vous ôtera le désir de connaître le reste :

1er COMMANDEMENT DE DIEU.

Ung seul Dieu croiras simplement

En vraie foy, en espérance,

En charité dévotement

Le serviras sans différence,

Superstition et décevance,

Erreur, cuitte et vanité ;

Rends à l'Eglise obéissance,

Prends la vertu d'umilité.

1er COMMANDEMENT DU DIABLE.

Ton créateur mépriseras

Pour biens mondains en les amant :

Aux Saintz écripts foy ne donras ;

En erreur croiras fermement ;

L'Eglise, l'excomuniement

Méprise sans obéissance ;

Tu vivras orgueilleusement,

Du dyable feras la paisante.

Fiat lux pour ce dernier mot (1). Il y a vingt-deux strophes de cette élégance. Vous voyez que c'est une mauvaise vieillerie qui ne vaut pas la peine de vous être envoyée.

Je vous embrasse tendrement.   G. P.

(1) Il me semble que le mot *paisante*, dont la signification était une énigme pour l'auteur de la lettre doit signifier *pâture*, Il paraît être tiré du mot *paître*.

XCVII^e LETTRE.

Dijon, le 15 décembre 1831.

Savez-vous, cher et excellent ami, que je commence à être inquiet de vous? Voilà six courriers d'un silence vraiment étonnant de vous à moi. Je dirais bien aussi de moi à vous, mais vous savez que j'ai toujours sur les bras mille affaires qui me font la plupart du temps écrire en poste, et qui souvent même me privent de ce plaisir.

Tout le monde ici me demande de vos nouvelles, même les employés de la poste, M. Nanteuil, M. Beaurepaire, l'autre Monsieur qui n'est pas grand, qui a le nez pointu, et dont je ne me rappelle jamais le nom; mais il est bien honnête et bien bon enfant. Je ne sais que leur répondre, vu votre silence.

Chez moi, tout le monde va bien; cependant j'ai été coliqué pendant quelques jours, mais c'est passé. Monnier mange toujours au trébuchet, partant point d'indigestions; ma fille a reçu un grand coup de pied de Pierrot dans l'estomac, il y a quatre jours; heureusement elle en a été quitte moyennant quelques évacuations qui ont eu lieu entre les deux soleils de mardi dernier. Vous ignorez qui est M. Pierrot, eh bien, c'est le noble vêtu de soie que l'on élevait à la montagne, l'un des descendants du fameux Corocotta dont vous avez lu le testament lamentable cité par saint Jérôme. Ce pauvre Pierrot a eu un petit accident samedi dernier; il s'est butté contre une pointe d'acier et s'est trouvé tout à fait mal. On a allumé un grand feu tout autour de lui pour voir si, comme le Phénix, il renaîtrait de ses cendres; pas du tout, alors on l'a précieusement dépecé, et le dimanche, à cinq heures du soir, on a célébré ses funérailles aux flambeaux chez l'ami Monnier; c'est là que Clara ayant témoigné un peu trop d'affection pour les reliques du pauvre défunt, en les encadrant dans sa chapelle gastrique, a éprouvé la vengeance dudit défunt qui, sans doute, a su qu'elle ne s'était point opposée à son assassinat. Enfin si l'on a bien travaillé les entrailles de Pierrot Corocotta, je puis vous assurer qu'il a bien pris sa revanche sur celles de Clara qui ont eu joliment non pas de fil, mais de coliques à retordre. Le lendemain elle était gaie comme pinçon. Moi aussi j'aurais bien mérité d'être un tentinet puni ; car une certaine andouillette, bien grassouillette, de 4 à 5 pouces de long est descendue dans ma chapelle ; mais, comme j'étais innocent de la mort du pauvre diable, il a laissé passer mon andouillette sans encombre ; et Clara a été seule de tous les convives victime du courroux de Corocotta.

Passons de l'andouillette à l'Académie des Sciences, Arts et Belles-Lettres de Dijon. Je vous annonce, Monsieur, que cet illustre Corps, dans sa séance du 14 courant, a nommé pour son président, nonobstant toutes réclamations, oppositions, refus, etc..., Etienne-Gabriel Peignot, académicien indigne et diablement confus d'un honneur qu'il était diablement éloigné de postuler ; enfin sur douze membres présents, il n'a eu que onze suffrages, ce qui ajoute beaucoup à sa confusion. Ah ! qu'il aimerait bien mieux rester coi dans son cabinet !

M. Chaper, notre nouveau préfet, a fait hier ses visites d'arrivée.

Adieu, bon ami, mes respects à Madame Baulmont.

G. P.

XCVIII^e LETTRE.

Dijon, le 25 décembre 1831.

Je ne sais, mon bon ami, si cette lettre vous trouvera encore à Vesoul ; je reçois à l'instant la vôtre datée de Darnay.

Mais enfin qu'elle vous trouve chez vous ou qu'elle galoppe
après vous, je la charge expressément de vous transmettre
ces vœux de vieille amitié que vous savez si fervents, si sincères et si bien sentis ; ils n'ont pas besoin de renouvellement
de l'année pour être exprimés spécialement, puisqu'ils sont
de tous les jours ; mais l'usage le veut, conformons-nous-y
donc. En conséquence, je vous préviens que je souhaite à
Madame bonheur *in globo*, c'est-à-dire en masse, ce qui en
détail signifie santé, joie, bon appétit, absence totale de
fluxions, maux de dents, migraines et autres menues graines
de mauvais aloi qui, sans entraver la marche de la vie, en
gâtent un peu le chemin ; je lui souhaite en outre présence
continuelle de son mari, toujours frais, toujours dispos,
alerte, bien portant, et dont l'existence future, à bail em-
phithéotique, soit consolidée avec un bon ciment de retraite,
de 4 à 5,000 francs ; *item,* je souhaite encore à ladite chère
dame qu'après la retraite obtenue, le cher inspecteur des
postes continue son service actif et très-actif, mais seulement
de Vesoul à la maison du Vaux, pour y aller installer mainls
beaux espaliers, couches et plates-bandes, qui vaudront un
peu mieux que toutes les installations qui lui font aujourd'hui
courir la prétantaine. *Item,* je souhaite enfin à ladite chère
Madame ce qui peut le plus contribuer à sa pleine et entière
satisfaction, c'est que son mari soit le plus heureux des
hommes, et que ce bonheur, partagé avec sa chère compagne, pendant un long, long, mais bien long temps refleu-
risse tous les ans comme celui de Philémon et Baucis.

Voilà mon affaire de bonne année terminée ; je suis bien
fâché, mon cher ami, que le temps me manque pour vous
adresser quelque chose directement, mais tâchez de trouver
un vœu à votre convenance dans le paquet ci-dessus ; si vous
n'avez pas non plus le temps de débrouiller cet imbroglio ra-
pidement encaissé, Madame vous fera votre part.

Je n'ai pas besoin de vous dire que les deux familles de *la plaine* et de *la montagne* sont complices de tout ce que renferme ce griffonnage.

Adieu, je vous embrasse tendrement.

G. P.

XCIX^e LETTRE.

Dijon, le 7 janvier 1832.

MON CHER AMI,

J'avais la plume à la main, hier au soir, pour vous jeter au hasard une petite lettre au milieu des neiges du Jura, quand j'ai reçu votre annonce de retour datée de Lons-le-Saunier, le 5.

Vous avez donc commencé l'an de grâce 1832 à la manière des Lapons, c'est-à-dire enterré dans les neiges, ou enneigé dans les terres jusqu'au cou ; ma foi ! je vous en fais mon compliment ; mais je vous dirai que, causant l'autre jour au bureau de la poste avec M. Nanteuil et ces autres messieurs, et tout en admirant votre infatigable activité, nous disions que vous auriez tort de ne pas faire comme messieurs vos collègues qui certes ne se donnent pas tant de peines, surtout dans cette saison rigoureuse ; ils envoient une délégation au directeur le plus voisin du nouveau bureau, et pendant que leur besogne se fait, ils se chauffent tranquillement les grèves au coin de leur bon feu. Pourquoi ne pas en faire autant ?

Vous êtes encore fort et vigoureux, c'est fort bien, mais il faut user et non pas abuser ; et croyez-vous que ce n'est pas abuser que d'aller prendre d'abord un petit bain de boue délayée et bien profonde entre Darnay et Vauvilliers, puis sortant de là, pour vous sécher, d'aller vous percher comme un aigle bien élevé sur des tas de neige, où les doux zéphirs du nord venaient sans doute vous cracher au visage leurs épais flocons? Non, mon ami, ce n'est point là une vie, et, si vous continuez, je serai dans le cas de faire placer avant peu, en votre honneur et gloire, sur quelque point de vos courses, l'épitaphe du major Bawer, qui a tant couru dans sa vie; il n'y aura que le nom à changer :

> Ci-gît Baulmont sous ce rocher,
> Fouette, cocher.

Il est reconnu, bien reconnu, mon cher, que vous avez tort et très-tort. En conséquence je prends l'arrêté suivant, n'en déplaise à M. Comte et à toute la comterie postière, parisienne, bizantine, jurassienne, lyonnaise, etc...

Art. I. « Il est défendu à M. Nicolas-David Baulmont, ins» pecteur divisionnaire des postes, d'aller installer la demoi» selle Enfantin, fût-elle fille de l'illustre pape Enfantin, fût» elle papesse elle-même. Mondit sieur Baulmont déléguera » le directeur le plus voisin du bureau où doit trôner ladite » demoiselle Enfantin, et ledit directeur procèdera à l'instal» lation et intronisation selon les formes, us et coutumes en » icelui cas requises ; le tout moyennant indemnités justes et » raisonnables sans préjudice des bénédictions papales qui » pourront être ajoutées auxdites indemnités de la part du » révérend Enfantin, dans le cas où il serait père, oncle ou » cousin de la susdite demoiselle Enfantin.

Article II. « Madame Baulmont est chargée de l'exécution » du présent arrêté. »

J'espère bien que vous ne vous insurgerez pas contre cet arrêté. Si, nouveau Canut, vous vous avisiez de faire tout seul émeute à ce sujet, je vous déclare que je convoque le ban et l'arrière-ban, c'est-à-dire toutes les gardes mobiles de votre inspection pour marcher contre vous. Il faudra bien vous rendre à la raison.

Je vous invite donc, pour éviter tant de malheurs, à rester

tranquillement à Vesoul, et ne point aller installer Mlle Enfantin, puisqu'elle ne s'est point rendue à son poste quand vous étiez dans le voisinage ; c'est l'avis de tout le monde ici.

J'ai reçu de M. Van-Praet deux ouvrages de sa composition : le *Colard Mansion* et le *Louis de Bruges* ; mais c'est de la bibliographie toute pure. Dans l'un est la liste des éditions de C. Mansion, imprimeur, et dans l'autre le catalogue des livres de la bibliothèque de ce Louis de Bruges, seigneur de Gruthuise. Cela vous intéresserait peu ; sans cela je vous les communiquerais.

Nous avons reçu de Belgique, pour l'Académie, des volumes sur l'industrie, et à ces volumes était jointe une caricature fort plaisante sur le choléra-morbus. Elle représente un homme fagoté de tous les préservatifs indiqués par tous les médecins qui en ont parlé. Rien n'est plus plaisant que cette figure grotesque.

Je prends bien part à l'incommodité de la dame dont vous me parlez. Je me garderai bien d'appliquer ici un vieil axiôme de morale publique : « Hélas ! on n'est puni que par où l'on a péché. » Tiré du chapitre X de l'histoire des Vestales.

Adieu, mon cher ami, reposez-vous un peu et exécutez l'arrêté d'autre part ; je vous y engage fort.

Votre tout dévoué,

G. P.

C^e LETTRE.

Dijon, le 17 avril 1832.

MON BON AMI,

Vous devez être bien surpris de recevoir si tard les exemplaires de mon Lamonnoye que je vous avais annoncé il y a huit jours. Une absence de mon brocheur en est la cause.

Je termine mon essai sur la liberté d'écrire. Vous ne tarderez pas à le recevoir. Je suis cependant accablé de besogne, épreuves à corriger, examens, tournées, et par-dessus correspondance de plus d'un mois en retard. J'ai bien la ressource du cardinal Dubois pour me mettre au courant, c'est-à-dire un grand feu où je pourrais jeter tous ces fatras, mais le remède serait pire que le mal.

Je vous envoie, avec le Lamonnoye, un *Evairement de lui peste,* dont l'auteur vient de m'adresser deux exemplaires; probablement parce que je lui ai offert mon concours pour corriger les épreuves.

J'ai vu le procureur-général qui est de retour ; il vous dit mille choses aimables ainsi qu'à Bobillier.

Rien de nouveau ici ; notre virginité cholérique est encore intacte ; il en est sans doute de même à Vesoul. Dieu nous y maintienne.

Je viens de recevoir une admirable lettre de Brunet, ainsi que de l'ami Armand Gouffé qui m'a fait cadeau d'un manuscrit en vélin que l'on dit venir de Jean de Meung ; mais je n'en crois rien.

J'oubliais de vous dire que j'ai de longs compliments à vous faire de la part de M. Durand de Lançon ; il m'a envoyé un petit ouvrage qu'il a eu l'attention de me dédier, ce dont je suis très-confus.

Je ne sais quel vent souffle pour moi, mais depuis huit jours la poste m'apporte des volumes en cadeau de Rouen, de Lyon, d'Aix, etc..., et tout cela fort bon et bien dans mon genre. En vérité ces messieurs me gâtent tout-à-fait. Voyez l'heureux mortel si le choléra ne vient pas éclipser un beau matin toutes ces jouissances.

Adieu, tout à vous.

G. P.

CIᵉ LETTRE.

Autun, le 21 mai 1832.

MON CHER AMI,

J'ai reçu votre aimable lettre du 17 avec d'autant plus de plaisir que je ne m'y attendais pas encore, présumant que vous auriez pu vous rendre à Bourg avant de revenir à Vesoul.

J'ai joué de malheur à Beaune mardi dernier. M. de Villeneuve avec sa famille, venant de Paris, était parti le matin de l'hôtel où je suis descendu. Il y avait passé la soirée précédente. Jugez de mes regrets de ne l'avoir pas vu. Il était encore souffrant et très-pâle, m'a-t-on dit. J'ai trouvé au même hôtel le colonel Colin, sa femme et sa fille ; le choléra les fait fuir. Ils m'ont fait beaucoup d'amitiés ; j'ai dîné avec eux le mercredi, et le jeudi j'ai dîné chez Gouffé. Nous avons beaucoup parlé de vous ; l'amphytrion eût été bien content que vous fussiez de la partie, car il sait combien vous appréciez ses productions lyriques, et, quoiqu'il soit très-modeste, il n'en est pas moins fort sensible aux suffrages des gens de goût.

Voilà jusqu'à ce moment tout ce que j'ai eu d'un peu saillant. Depuis trois jours je suis à Autun. Hier j'ai fait un agréable dîner avec Dejussieu et l'ingénieur Berthod.

La mort de M. Vigneron, que vous m'avez apprise, m'a fait beaucoup de peine. C'était un fort brave homme ; mais sa mort ne fera pas autant de bruit que les deux en *ier* (Cuvier et C. Perrier) qui viennent d'arriver à Paris.

Je partirai mercredi 23 pour Bourbon-Lancy. Je laisserai derrière moi le choléra qui fait de grands ravages à Clamecy ; pourvu qu'il ne me rattrape pas ; il va bon train quand il chausse ses bottes de sept lieues.

Quand vous reverrez MM. De Raymond, De Bouclans, etc.., ne m'oubliez pas près d'eux.

A Chalon-sur-Saône, je ne trouverai ni maire, ni adjoints, ni conseil municipal; tout a été cassé, parce que dans tous les membres du conseil municipal on n'a pas pu trouver de quoi faire un maire et deux adjoints !

Adieu, mes respects à Madame ; ne m'oubliez pas; vos lettres sont un baume appliqué sur la plaie de fatigue et d'ennui que me cause un genre de vie errante pour laquelle j'ai la plus haute répugnance.

Votre tout dévoué,

G. P.

CII^e LETTRE.

Dijon, le 23 décembre 1832.

Mon cher ami,

La vente des livres d'Amanton est terminée d'hier au soir. Vous avez les *Loisirs de Gassendi* pour 15 fr.; ils ont suivi le cours des prix de cette vente, poussés jusqu'à la folie ; et, comme l'exemplaire desdits *Loisirs* n'est pas bien conditionné, je suis fâché que vous ayiez eu cette fantaisie. Il est vrai que l'ouvrage est rare, j'ai eu bien de la peine à en obtenir un exemplaire de la munificence de l'auteur.

Vous ne pouvez vous faire une idée de la taquinerie des enchérisseurs à cette vente. Les *Lettres de Henry* VIII *à Anne de Boleyn*, qui se vendaient chez Crapelet 18 fr., ont été poussées à 40 fr.; les *Gages des batailles,* volume mince, à 39 fr., le *Pas d'Arme de la Bergère* à 37 fr., etc...; c'est inouï! jamais vente à Dijon n'a vu tant de folies.

On doit me copier les prix sur mon exemplaire du catalogue; ce sera vraiment curieux. Mes ouvrages se sont ressentis de la fête folle : mes *Recherches sur Jésus-Christ* sont allées à 8 fr., les autres à proportion. J'ai eu besoin d'une de mes brochures très-minces, on me l'a fait payer 5 fr. 25 c. J'ai acheté peu de chose. La *Biographie universelle* s'est vendue 245 fr. M. Jolyet a fait des acquisitions pour environ 400 f.; d'autres y ont acheté pour 7 à 800 fr., et même plus.

Crapelet m'a envoyé deux exemplaires du *Bon Howel;* je vous en offre un; ceci vaut bien les *Loisirs Gassendi.*

Croiriez-vous, mon cher ami, que je viens de découvrir un sujet à traiter qui est encore vierge, du moins sous le rapport de la spécialité! Je ne connais aucun ouvrage particulier sur cette matière toute bruyante qu'elle est; j'ai déjà recueilli nombre de matériaux historiques très-curieux sur ledit sujet qui remonte aux siècles obscurs du moyen-âge; allons, devinez-vous? — Non. — Un roi s'en est mêlé, et a failli y périr; un gentilhomme de Toulouse y a gagné d'avoir la tête coupée; bel et bien des gens y ont gagné les étrivières; quoi, vous ne devinez-pas?... le peuple s'en amuse beaucoup. Eh bien, y êtes-vous? Diable! je ne sais plus que dire pour vous faire mettre le doigt sur la chose. Il est vrai que vous n'avez jamais pris part à ce passe-temps nocturne. En approchez-vous? — Non? — Oh! j'y perds mon latin. Eh bien, écoutez: allez faire un tour à la cuisine... Ah! pour le coup vous y voilà... Non, pas encore?... Jetez les yeux sur la batterie de ladite cuisine... — Et puis? — Fixez votre choix sur les ustensiles les plus tintinnabulants; essayez par leur cliquetis des tierces, des quintes, des octaves à la diable; alors vous aurez une idée de l'antique et mélodieux concert dont j'entreprends les annales. Oui, mon cher ami, c'est l'histoire du Charivari dont je veux vous régaler. Je vous promets que cela fera un ouvrage plus curieux qu'on ne le croirait d'abord.

J'ai déjà fouillé dans une trentaine d'in-folio où les compilateurs ne s'avisent guère d'aller puiser; ce n'est cependant que là qu'il était possible de trouver de vrais renseignements sur cette institution populaire qui a subi aussi ses révolutions et dont la politique s'est emparée depuis quelque temps pour concourir sans doute à son perfectionnement; car vous savez qu'on propose d'ajouter des tonneaux vides à l'orchestre pour les tons bas, tandis que le sifflet de chasseur chatouillera agréablement l'oreille pour les tons hauts; la lèchefrite et la bassinoire sont pour les tons du milieu, et une infinité d'autres instruments peuvent former au moins cinq octaves entre les deux extrémités.

Toujours est-il que mon livre sera un livre drôle et un drôle de livre. Vous pouvez compter que vous aurez le Charivari aussitôt qu'il sera sorti de presse.

En attendant, je vous embrasse ainsi que nos chers amis de cœur et d'affection; je dirais presque à la pincette, si cet instrument ne reposait pas dans mon nouvel orchestre.

Adieu, tout à vous.

G. P.

CIII^e LETTRE.

Dijon, le 5 avril 1833.

Où étais-tu, brave Crillon! soit dit sans comparaison de lieu, de temps et de circonstances; c'est vous dire, mon cher ami, combien j'aurais désiré que vous fussiez tout-à-l'heure dans mon cabinet. J'étais occupé à mettre la dernière main à mes Elzévirs, quand tout-à-coup entre sans façon un grand monsieur dont la voix me frappe d'abord, mais que mes mauvais yeux ne me permettent de reconnaître que quand il vient m'embrasser : c'est notre bon, notre excellent Monsieur de Villeneuve qui arrive de Nice, et qui sur-le-champ s'est bien enquis de vous et de Bobillier. Les oreilles ont bien dû vous corner, mes chers amis, car vous avez été, non pas comme St.-Laurent sur le gril, mais sur le tapis où la sollicitude la plus affectueuse du nouvel arrivé vous a tournés et retournés dans tous les sens. Je lui ai donné tous les renseignements possibles sur votre santé, sur l'expectative de votre retraite, sur votre *villa* de Vaux, etc... Ensuite nous avons bouquiné; il avait dans ses poches deux mauvais Elzévirs dont on l'a gratifié en route; il ne pouvait pas mieux tomber, car ma table était surchargée de notes sur ces célèbres imprimeurs de Hollande; mais il m'a aussi montré un Alain Chartier qui vaut de l'argent; c'est une édition du xvie siècle fort estimée. Enfin, nous avons jasé bibliothèques, bouquins, etc., pendant une bonne heure; comme il doit passer quelques jours ici, il ne veut pas que j'aille le voir, mais il veut venir encore causer avec moi, se trouvant plus à son aise dans mon nouveau cabinet. Qu'il vienne, qu'il vienne, le cher ami, il sera toujours le très-bien reçu; mais que n'y êtes-vous en tiers! c'est le souhait que nous avons répété plusieurs fois.

Ce n'est que d'avant-hier que je suis délivré de mes examens; j'ai été claquemuré pendant près de dix jours, et à force de questionner sur Salluste, Tite-Live, Cicéron, Horace, Virgile et *tutti quanti,* je suis devenu bête comme un pot sans anse; il était temps que cela finît.

Que vous êtes heureux de pouvoir vous enterrer dans votre inabordable Vaux, lieu qui pourra devenir précieux, si les orages républicains qui s'amoncellent à l'horizon viennent à crever sur nos têtes. Cette prévision n'est pas fort gaie, mais où trouver de la gaieté un vendredi saint?

Adieu, cher et tendre ami, mes respectueux hommages à Madame et un gros bonjour à Piot et Bobillier.

G. P.

CIVe LETTRE.

Dijon, le 14 mai 1833.

Je reçois votre aimable lettre du 11, mon cher Baulmont; je vous en remercie. Au moment où vous recevrez la mienne, je serai sur la route de Langres, ou rôti, ou trempé, selon que M. le temps aura repris son éponge qu'il a pressée si long-temps sur nos têtes, ou qu'il continuera à secouer dans l'at-mosphère son flambeau ardent dont on commence à se lasser ici. Il paraît que ledit sieur a sauté à pieds joints sur mai et juin, car vraiment il nous place en juillet, et je crains bien qu'il ne continue jusqu'à ce qu'un épouvantable orage entre-lardé de grêle nous ramène quelque simulacre d'hiver. Je me précautionnerai en conséquence pour ma route, et ce, con-formément au sage dicton :

> S'il fait beau,
> Prends ton manteau ;
> S'il pleut,
> Prends-le si tu veux...

La pénible tournée que je vais commencer doit vous faire mieux apprécier le bonheur de votre nouvelle exis-tence (1). Vous pouvez dire comme Bobillier, se dodinant dans son lit, après qu'il eût quitté le collége et qu'il entendait à huit heures du matin sonner la cloche qui appelait profes-seurs et élèves : « Sonne, sonne, tant que tu voudras, chienne de cloche, tu ne m'arracheras plus aux douceurs de l'oreiller, ni à mon cher *farniente*. » Hélas ! quand pourrai-je en dire autant (2) ! Jamais : l'impulsion est donnée, et la vieille boule roulera jusqu'à ce que la camarde me fasse trébucher dans la fosse, ou que la chambre y fasse trébucher l'Université ; perspective couleur de rose dont j'enjolive par-ci, par-là, dans des moments de gaîté, le reste des vieilles étoupes que la parque doit encore me filer.

---

(1) M. Baulmont venait d'obtenir sa retraite.

(2) Qu'on se garde d'attribuer ce souhait de repos à l'amour de la paresse. Ce vœu émanait au contraire d'un homme aussi laborieux que possible, et n'était dicté que par le plus ardent désir de se livrer à d'autres occupations favorites.

Adieu, mon cher ami, ne m'oubliez pas pendant ma course, et envoyez-moi un ou deux verres de sirop d'orgeat épistolaire à l'une de mes douze stations ; cela me ragaillardira, et me donnera de nouvelles jambes pour arriver plus heureusement au terme.

Je vous embrasse mille et mille fois, et présente autant de civilités respectueuses à Mme Baulmont, tant de ma part que de celle de tout mon monde.

Tuus deditissimus.

G. P.

CV^e LETTRE.

Vassy, le 26 mai 1833.

Mon bon ami,

Je vous remercie mille et mille fois de votre lettre bien aimable du 19 que j'ai reçue à Chaumont, comme le portait l'adresse. Vous calculez avec une admirable exactitude les lieux où je dois être pour que vos missives me parviennent à l'instant où j'y arrive.

Je sortais de Bourmont, où j'ai passé deux jours, quand votre lettre m'a rappelé le célèbre barbier de St.-Thiébaud, duquel j'avais demandé des nouvelles en descendant dans ce village avant de monter à Bourmont. Le malheureux existe toujours, et toujours avec le même talent, le même savon et le même chaple-chou. Plus ma barbe avait besoin de son ministère (elle avait près d'une ligne de long), plus j'ai mis d'empressement à fuir son maudit racloir ; je n'ai pas même attendu la voiture qui allait transporter mes effets à Bourmont, je me suis sauvé à toutes jambes, grimpant la montagne par un soleil brûlant, et regardant souvent derrière moi pour voir si je n'étais pas poursuivi par ce bourreau armé de son fatal instrument, comme Pourceaugnac l'était des carabines armées de canules. Grâces à Dieu, je suis arrivé sans encombre à Bourmont où un honnête barbier m'a délivré assez humainement et du duvet racorni qui ombrageait mon menton et des angoisses que me causait le souvenir du chaudronnier-racleur de St.-Thiébaud.

Arrivé à Chaumont, j'ai eu une espèce d'aventure bibliographique qui vous amuserait si j'avais le temps de vous la raconter en détail.

Descendu de diligence, je dînais seul à mon hôtel, quand un monsieur, à moi inconnu, vient me prier, si j'ai un moment à lui donner, d'aller voir sa bibliothèque composée de livres curieux et sur lesquels il serait bien aise d'avoir mon avis. Je promets que, quand ma besogne inspectorale sera finie, j'irai voir avec plaisir sa collection. Il m'indique sa demeure d'été; c'est une charmante maison de campagne à la porte de la ville; on l'appelle *la Gloriette*. Le surlendemain je m'y rends à trois heures; je suis reçu par la dame de la maison fort aimable, quoique déjà grand-maman; elle me dit qu'elle va me conduire à la bibliothèque où est son mari. Je la suis; nous traversons un magnifique jardin et nous arrivons à un grand bâtiment de ferme où je n'aperçois que des écuries. La dame sourit et me dit : « Nous allons passer par un singulier antichambre de bibliothèque; en effet, nous entrons dans ladite écurie, et, rasant le derrière des chevaux, nous parvenons au bas d'un escalier de colombier qui est au fond dans l'obscurité. La dame appelle son mari, et m'invite à monter, je me huche comme je peux sur le maudit escalier, puis je grimpe jusqu'au grenier à foin, où je trouve tous les livres rangés dans un ordre digne du local; les uns étaient à plat sur de larges rayons de planches brutes, d'autres étaient en tas au milieu de ce grenier. Le propriétaire me fait mille excuses de l'*espèce* de désordre où sont ses livres, cependant il me dit qu'il les a classés, mais que comme il est banquier et non bibliographe, il a pu faire *quelques erreurs*. Ah! mon ami, le diable ne se serait pas reconnu dans ce fouilli; eh bien, j'ai trouvé là, en manuscrits, en vélin, en éditions du xvᵉ siècle les choses les plus curieuses et les plus précieuses. Cela a coûté 44,000 fr. à ce riche banquier (1), nouveau Jourdain, qui a réuni tout cela sans y rien connaître, mais parce qu'il a appris que cela a de la valeur. Il me faudrait trois mois pour voir ce trésor en détail; j'y suis resté trois heures en stupéfaction et en riant de trouver de si belles choses dans un tel local et dans un tel état. Je voudrais bien vous donner quelques détails, mais je n'ai pas le temps, je pars dans deux heures; la suite au prochain numéro, si je ne succombe pas aux tourbillons de poussière, d'air enflammé, de maires, de proviseurs, de professeurs, de bambins qui m'enveloppent, me serrent, me garottent comme une vieille momie d'Egypte l'est sous ses bandes sacrées. La comparaison est juste, car vous savez que, par mon âge et mes goûts surannés, je suis bien et dûment classé parmi les momies et archimomies, au dire du jeune siècle d'or et de brillant avenir qui s'ouvre devant nous.

Tout à vous,

Le fidèle archange qui a l'aile bien basse et bien poudreuse.

G. P.

CVIᵉ LETTRE.

Joncy, le 19 avril 1833, dix heures du soir.

Votre aimable lettre, datée du 13, est parvenue, mon cher ami, à Charolles, le 15, et m'a été remise le 17 au mo-

(1) Ceci rappelle trait pour trait une aventure de la jeunesse de M. de Lamartine dans son cours familier de littérature. Seulement le possesseur de ces trésors était philosophe et non banquier.

ment où j'arrivais dans cette brillante capitale du Charolais.

Elle est venue me remettre bien à propos de la fatigue que
j'ai éprouvée surtout depuis Autun d'où je suis parti le samedi 12, par un temps de neige, à neuf heures du soir,
pour me rendre à Bourbon-Lancy, où je ne suis arrivé que
le lendemain à 7 heures 1/2 du matin, gelé et brisé. La diligence est une espèce de cage à poulets où les voyageurs
sont entassés comme ces friands bipèdes que les coquetiers
Portent au marché. Faire seize lieues de suite pendant
la nuit dans un pareil équipage est peu agréable. Le lendemain ce fut pire encore; une carriole de la poste me fit voltiger sur les cailloux pendant neuf lieues, depuis Bourbon à
Paray, en passant par Digoin. Dites donc au pauvre Bobillier,
qui mitonne sa goutte au coin du feu, qu'il n'y a pas de remède plus sûr contre cette ennemie du genre humain que la
voiture de poste qui mène les voyageurs de Bourbon-Lancy
à Paray. Je veux être pendu, si, au bout de la course, la
goutte n'a pas déguerpi pour faire place, il est vrai, à des
courbatures dans tous les membres; mais on ne peut pas réunir toutes les jouissances dans ce bas monde.

Je vous souhaite le bonheur qu'a eu un premier commis
des bureaux de la sous-préfecture à Autun. Le vendredi 11,
j'étais en cette ville, et étant allé voir le sous-préfet, j'aper-
çus sur la glace de sa cheminée une empreinte de cachet de
cire rouge mêlée à des cartes de visites; cette empreinte fort
belle représente une tête de Néron, et non de Tibère, comme
on le disait; elle provient d'une pierre précieuse verte et très-
dure, trouvée par un maçon qui travaillait à la terre. Le
commis de la sous-préfecture l'a achetée pour trois francs;
peu après un amateur du pays lui en a offert dix louis, il a
refusé; un parisien qui trafique sur les antiquités, et auquel
l'heureux propriétaire l'a envoyée, l'a estimée 5,000 francs

et les offrait ; nouveau refus ; achati par ces surenchères, M. le commis en veut douze mille francs, un Anglais s'est présenté, on ne sait s'ils tomberont d'accord. Voilà ce qu'on m'a raconté à table d'hôte, et ce qui m'a été confirmé par le sous-préfet, M. Chopin d'Arnouville. *Gaudeant benè nati et nantis.*

A Charolles, j'ai vu une belle édition du César de Clartre, 1712, grand in-folio.

Je vous écris non pas avec de l'encre, mais avec de la boue ; non pas avec une plume, mais avec un tronçon d'allumette tel que me l'a fourni mon maître d'hôtel qui est mieux assorti en matelas durs comme des cailloux qu'en objets de bureau.

Adieu, mon cher ami, je vais continuer mon maudit itinéraire ; saluez pour moi tous nos amis que j'embrasse ainsi que vous de tout mon cœur ; mes tendres respects à Madame.

G. P.

CVII^e LETTRE.

Dijon, le 13 janvier 1835.

MON CHER AMI,

J'ouvre votre lettre du 11, je la lis avec la plus vive émotion, et ne puis différer de vous exprimer combien je suis cruellement affecté de la mort de notre pauvre ami d'Auxon que j'aimais beaucoup ; je l'estimais infiniment, parce que je lui connaissais les qualités les plus précieuses. Les larmes me sont venues aux yeux en lisant votre lettre ; c'est le tribut le plus sincère des regrets qu'il m'inspire. Si ma peine est telle, que doit être la vôtre !...

Hélas ! mon cher ami, quelle cruelle fin d'année pour moi que celle de 1834 (1) ! et le commencement de 1835 s'annonce

_____

(1) Gabriel Peignot venait de perdre au mois de novembre précédent un petit-fils et une petite-fille à huit jours de distance.

déjà sous des auspices peu favorables. Gabriel vient d'avoir un malheur dans sa maison, malheur qui heureusement ne tient pas à la famille, mais qui ne nous a pas moins bien péniblement impressionnés. Vous rappelez-vous l'un de ses domestiques appelé Pierre, excellent sujet, homme très-intelligent, très-attaché à ses maîtres, et au courant de tout dans les fermes, à Talant et à la ville ; il venait d'acheter sur ses économies une jolie maison à Saulieu, et, au mois de mars, il devait s'y marier.

Vendredi soir, je dînais chez Gabriel ; il nous servait à table ; après le repas il descend à la cuisine et y dîne à l'ordinaire avec les autres domestiques, jamais il n'avait été plus gai.

Le samedi matin je travaillais dans mon cabinet, quand un domestique de Gabriel vient, les larmes aux yeux, d'un air effaré, me dire que Pierre vient d'être trouvé mort dans son lit ! L'imprudent avait mis du charbon allumé dans sa chambre. J'arrive chez mon fils ; je le trouve très-affecté ; puis nous voilà avec le commissaire de police, le juge de paix, le greffier, le médecin et quatre sœurs de Pierre qui jettent les hauts cris ; on procède aux opérations judiciaires, on envoie les sœurs à la cuisine ; mais le plus délicat était d'annoncer cette nouvelle à Emilie qui ne s'en doutait guère dans sa chambre. Enfin j'y suis monté, et avec des ménagements, je l'ai amenée à n'être pas frappée subitement de ce coup ; je craignais une révolution qui aurait pu nuire à son état de nourrice. Elle se porte à merveille ainsi que son petit Léon. C'est demain le jour anniversaire du mariage.

M. de Villeneuve a quitté Dijon depuis quatre jours. Figurez-vous mes regrets et mon désappointement, je ne l'ai pas vu ; il est venu chez moi, et j'y rentrais comme il en sortait après avoir écrit un petit mot sur mon bureau ; j'en ai éprouvé

un vrai chagrin. Il est parti le lendemain à quatre heures
du matin.

Adieu, votre vieil ami,

G. P.

CVIIIᵉ LETTRE.

Dijon, le 16 mars 1835.

CHER AMI ,

Me voilà enfin de retour de Chaumont, fatigué de la tête
et du corps. Pendant ma fastidieuse opération dans cette ville,
j'ai cependant eu quelque plaisir ; d'abord j'ai été parfaitement accueilli par le préfet et par les membres de la commission que j'ai présidée. J'ai passé le 10, le 11 et le 12 de ce
mois avec un homme fort aimable, M. Galle, membre de la
commission ; il est cousin de Bobillier dont nous n'avons cessé
de parler. Vous ne sauriez croire quel plaisir j'ai eu à m'entretenir ainsi de notre bon ami. Cela a fait la plus agréable
diversion du monde à tout mon ennui. Souhaitez un grand
bonjour au cher Bobillier de la part de son cousin et de la
mienne.

J'ai reçu ce matin de M. Durand de Lançon une lettre dans
laquelle vous n'êtes pas oublié : « Si, me dit-il, vous voyez
» (c'est-à-dire vous écrivez, car on ne vous voit plus)
» M. Baulmont, rappelez-moi, s'il vous plaît, à son souvenir ;
» c'est un de ces hommes qu'on est heureux de rencontrer
» sur le chemin de la vie, et qu'on regrette vivement quand
» on est obligé de prendre une autre route. Combien je vou-
» drais pouvoir vous réunir l'un et l'autre, et renouveler
» l'indicible plaisir que j'ai éprouvé dans les rares occasions
» où j'ai eu l'honneur de vous voir, etc... »

Voilà ma commission faite.

. Une affaire pressante m'appelle ; je n'ai que le temps de

vous embrasser, comme je le fais toujours, du meilleur cœur
et avec la plus vive affection.

Tout à vous.

G. P.

CIXᵉ LETTRE.

Dijon, le 21 juin 1835.

Mᴏɴ ᴄʜᴇʀ ᴀᴍɪ,

Je ne sais si vous donnez au diable d'aussi bon cœur que
je le fais les examens et les concours, ce que je puis vous assurer, c'est qu'ils me sortent par les yeux, par les oreilles et
par tous les pores. Oui, j'en ai pardessus la tête, mon toupet
fût-il aussi hautement crêpé et encorné que celui de Vulcain.
Nous avons fini hier cette belle corvée, c'est ce qui m'a empêché de vous écrire plus tôt.

Mon ami Jolyet est à Paris depuis plus d'un mois; je l'attends ces jours-ci.

Il a enfin vu, vu de ses propres yeux et tenu pendant une
heure la fameuse *Guirlande de Julie*, in-folio de 97 pages,
je crois, qui a été vendue en 1784 à Mᵐᵉ de Châtillon, je
crois encore, pour la modique somme de 14,710 livres. Il l'a
vue chez Mᵐᵉ la duchesse d'Uzès qui en a hérité de sa mère.
L'ami Jolyet m'a donné la description de cette rareté; elle ne
ressemble pas tout à fait à celles que j'ai lues jusqu'à présent,
ni à celle qu'en a faite Tallemant des Réaux dans ses historiettes.

A propos, connaissez-vous ces historiettes-là et leur auteur?
Tudieu, quel écrivain! Il n'y a encore que six volumes in-8⁰,
viendra bientôt un 7ᵉ de table. Ce Tallemant est un noble,
protestant, qui a vécu à la Cour du temps de Louis XIII fi-
nissant et Louis XIV commençant. Il enregistrait sur toutes
les personnes marquantes de son époque les anecdotes les plus
gaillardes, les plus piquantes, les plus crues et les plus ma-

lignes qu'il soit possible d'imaginer. C'est un écrivain en robe
de chambre, tout à son aise, et souvent même il oublie de
mettre son caleçon. J'ai vu peu de livres renfermer des cru-
dités aussi âpres et des peintures de mœurs aussi licencieuses ;
personne à coup sûr ne se plaindra de l'épaisseur de la gaze
qui couvre ses tableaux. Le tout est puisé dans le beau
monde. Ce sont duchesses, comtesses, gens parvenus, princes,
princesses, gens de lettres, etc...; et tout cela est représenté
souvent *in naturalibus* ou l'équivalent ; mais il y a aussi des
passages insignifiants. Le style en est plus que familier. On
pourrait réduire à un bon volume in-12 tout ce qu'il y a de
décent et de convenable dans ces 6 volumes in-8° ; et savez-
vous qui en est éditeur ? ce sont MM. Monmerqué, Château-
Giron et Taschereau.

J'ai fait, il y a quelques jours, une bonne œuvre en bi-
bliophilie. Mon voisin, le bouquiniste Benoît, avait acheté
un tas de vieille bouquinaillerie, dont la plupart des volumes
avaient été travaillés par les souris et les rats. Tout cela a
été payé deux ou trois sols le volume. Je vais visiter tout ce
fatras ; quelle est ma surprise d'y trouver un petit Regnier-
Elzévir, épouvantable au-dehors et admirable au-dedans,
avec belles marges? On me l'offre pour dix sols ; je remercie,
et je dis : « Mon cher Benoît, je vous ferais trop de tort si je
» vous prenais au mot ; ce petit volume a été payé dernière-
» ment 200 fr., à la vente de M. Bruyères-Chalabre, à Paris »
Jugez de l'étonnement de mon homme ! Je lui fis une petite
note de tous les prix de 50 à 200 fr. par lesquels avait passé
ce volume depuis 20 ans ; et le lendemain il le vendit 20 fr.
au chevalier de Montherot, parce qu'il était dégoûtant par la
reliure. M. de Montherot dit après qu'il ne le lui rendrait pas
pour 50 fr. Ce pauvre homme ne savait comment me remercier de cette pièce de 20 francs que je lui avais fait trouver là
sans qu'il s'en doutât.

Notre Dijon a abondé hier en accidents; un jeune homme s'est brûlé la cervelle; un meunier est mort subitement à la halle au blé; une femme a été écrasée par une voiture sur la route de Neuilly à Dijon.

Adieu, je vous embrasse, vous et Madame.

G. P.

CX° LETTRE.

Dijon, le 3 juillet 1835.

Mon cher ami,

M. Jolyet, qui a passé six bonnes semaines à Paris, en est revenu avant-hier fort content de son voyage.

Je lui avais donné quelques lettres pour mes meilleurs amis; il en a été très-satisfait, surtout de Crapelet, de Beuchot, le bibliothécaire de la Chambre des députés, et de Brunet; mais il a eu le nez cassé chez Nodier qui venait de partir pour la Belgique et qui est revenu sans que Jolyet le sût, quelques jours avant le départ de ce dernier; c'est ce que m'a appris ledit Nodier, dans une lettre fort aimable qu'il m'a écrite à son arrivée à Paris en réponse à celle que j'avais remise pour lui à Jolyet.

Il ne faut pas que j'oublie de vous faire connaître un charmant cadeau que m'a rapporté le cher Jolyet; c'est un petit in-18 admirable *intus et extra,* petite facétie intitulée les *Baliverneries d'Eutrapel,* réimprimées à 100 exemplaires à Londres par trois Anglais sur magnifique papier vélin, avec un soin dont nous n'approchons guère en France. La reliure est du fameux Lewis, de Londres, premier relieur du pays. Elle est tout à fait dans le genre qui convient à cette petite drôlerie. C'est d'une netteté, d'une propreté admirable. J'estime ce petit volume fort cher, d'autant plus que Jolyet me dit que le grand relieur actuel de Paris, le successeur de

Thouvenin, fait maintenant payer de petites reliures in-18, 20 à 25 fr. On a donné l'an passé à M. Jolyet un volume in-8° (la violette) qui a coûté 120 fr. pour la reliure seule; le volume est orné de superbes doubles gravures. Venez donc voir toutes ces belles choses, cela vaut certes bien vos choux cabus, vos épinards, vos quenouilles, vos asperges, vos artichauds, enfin tous vos trésors de la maison du Vaux.

Ce n'est point votre compatriote, l'auteur sublime et nécromanique des *Nuits poétiques*, qui a joué avec des balles de pistolet dont la force, multipliée par la vitesse, lui a ouvert le crâne et les secrets de l'autre monde; c'est un sieur L***, qui était commis dans une administration de farine; les poëtes, surtout les poëtes romantiques, ne sont pas habitués à s'enfariner de cette manière, et ils font bien.

Je n'ai pas trop remarqué, dans les mémoires de Tallemant des Réaux, les passages contre Henry IV et Sully, dont vous me parlez. D'ailleurs, les critiques de ce cynique huguenot ne doivent pas faire grande sensation.

J'ai enfin trouvé le *sit tibi terra levis* que désirait Bobillier. C'est une épitaphe dialoguée d'un affranchi de Tibère qui regrettait beaucoup sa femme, morte à l'âge de 22 ans. Voyez les *Poetæ minores* dans les classiques de Lemaire et dans l'*Anthologie latine*, 2 volumes in-4°.

Techener m'a envoyé le *Romancero français* de Paulin, Paris, in-12, et l'*Histoire des Bardes, Trouvères et Jongleurs,* de l'abbé de la Rue, 3 volumes in-8°, bons ouvrages pour la poésie du moyen-âge.

Charles Malo a réimprimé tout au long mon *Origine de la langue française* dans sa *France littéraire*.

Des rédacteurs de journaux littéraires, de revues de Paris, etc., m'ont demandé de leur fournir des articles, des dissertations; j'ai refusé en haine de la servitude.

Adieu, votre tout dévoué,   G. P.

CXI⁰ LETTRE.

Dijon, le 16 septembre 1835.

CHER AMI,

Vous savez qu'on prétend que les pyramides d'Egypte ont servi de tombeaux aux rois du pays, et de ce n'ai ni cure ni souci ; mais ce qui m'inquiète fort, c'est de savoir si depuis deux mois (1) vous ne seriez pas, comme lesdits rois, dans une position horizontale, mollement étendu, bouche close, les deux pieds joints et les bras croisés sur la poitrine au pied de la motte de Vesoul (2), qui ne ressemble pas mal aux susdites pyramides, sauf la forme circulaire au lieu de la quadrangulaire en pointe. En vérité votre silence bimensuel me fait craindre que je n'aie trouvé la vérité sous ces masses énormes qui seules restent debout depuis tant de siècles, tandis que nous, tristes ombres chinoises, nous ne faisons que paraître et disparaître ; enfin, si vous êtes mort, ayez la bonté de m'en donner avis, afin que j'acquitte en larmes, en eau bénite et en *De profundis* le tribut que moi et les miens devons au meilleur de mes amis.

Plaisanterie à part, je ne sais à quoi attribuer votre silence ; mais je sais que vous pouvez me répondre : « Et vous, Monsieur, m'avez-vous donné signe de vie pendant lesdits deux mois ?... Cela est vrai, mais avant de condamner, écoutez ; c'est un grand principe qui n'a jamais été contredit ni par Dracon, ni par Lycurgue, ni par Solon, ni même par la loi Persil-Fieschi, comme disent les sots du moment. Or donc,

---

(1) Depuis le moment où cette correspondance a commencé, on ne trouve pas trace d'un silence aussi long.

(2) La Motte de Vesoul est une montagne conique et tout-à-fait isolée au milieu d'une plaine ; la ville est bâtie au pied de cette montagne.

vous saurez que, pendant trois semaines, j'ai eu certain embarras de poitrine qu'on appelle rhume et rhume renforcé,
qui m'a débarrassé du souci, non de boire de la tisane, mais
de manger, de dormir, de lire, d'écrire, enfin de suivre mes
douces occupations ordinaires. J'étais un fort vilain monsieur,
dégoûté de tout, et fort à charge à lui-même et aux autres ;
heureusement madame la Diète, escortée de mille infusions
de toutes couleurs et de toutes saveurs, aidée un peu de mylord
Clysopompe, est parvenue à me tirer du bord de l'abîme, et
je me suis retrouvé sur mes deux pieds comme auparavant ;
mais cela n'a pas été pour longtemps ; de mon fauteuil de va-
létudinité, il a fallu passer au fauteuil d'examinateur où,
pendant plus de quinze jours, j'ai été planté là, à poste fixe,
les jambes croisées, à peu près comme un Indou. Puis, ce
charmant exercice fini, est arrivée l'agréable invitation de
monter en diligence et d'aller pagoder à Chaumont, à la tête
de la commission d'examen, avec tous les accompagnements
et jouissances que je venais de goûter à Dijon ; mon séjour à
Chaumont a été de huit bons jours ; chaque séance n'était
que de dix à onze heures de suite sans quitter le fauteuil.
Eh bien, mon cher ami, n'êtes-vous pas jaloux de mon sort,
et me condamnerez-vous encore de ne vous avoir pas écrit ?
J'ai recouvré ma liberté depuis hier, et j'en profite pour vous
gronder de m'avoir ainsi laissé livré à tous mes ennuis, sans
un seul petit mot qui m'eût fait l'effet de la goutte d'eau de-
mandée par le riche réprouvé dans les flammes, au Lazare
qui gagnait le paradis. Mais vous ne m'avez pas pris pour le
riche, et vous avez eu raison ; car je ne suis guère réprouvé,
j'entends réprouvé dans toute la force du mot, c'est-à-dire un
homme à délices coupables en ce monde, qui, après avoir rôti
le balai par tous les bouts, finit par tomber dans la chaudière
la plus bouillante de l'enfer, ce qui ne doit pas être fort amusant.

A propos de Chaumont, je vous dirai et je vous prierai de dire à Bobillier que, parmi mes *cruciatus* j'y ai eu bien du plaisir ; son cousin M. Galle, membre de la commission que je présidais, m'a fait l'accueil le plus affectueux. Toute la commission était composée d'hommes distingués, mais M. Galle l'emporte sur tous ses collègues comme le chêne sur l'humble bruyère ; je ne connais pas un homme plus aimable, plus ouvert et plus instruit. Nous avons fait chez lui un charmant souper, et je vous cautionne que si la mousse du Champagne, pétillant à bonne intention, peut quelque chose sur la vue des *ophtalmisés,* notre cher Bobillier a dû sentir la sienne bien soulagée, car rien n'a manqué à nos vœux en portant sa chère santé au bruit du carillon des flûtes de cristal que débordait de tout côté l'écume fugitive.

Savez-vous d'où je vous écris, mon cher ami ? de la salle du festin nuptial, où nous étions 35 le 14 janvier 1834, jour où certaine jeune et aimable personne s'est levée Mademoiselle Perret et s'est couchée Madame Peignot. Alors ils n'étaient que deux ; maintenant ils sont trois autour de la table où je vous écris, savoir Madame Emilie, M. Gabriel et M. Léon, qui ne se doutent nullement de ce que je vous mande. M. Gabriel lit la *Revue britannique,* Mme Emilie le *Musée des Familles*, et M. Léon disperse sur la table des pains à cacheter à côté d'un polichinelle à figure riante, à gros ventre, à grosse bosse et à gros sabots. Vous voyez l'innocence de la bonne famille où les quatre âges figurent en tuyaux d'orgue. Hélas ! mon pauvre tuyau s'en va grand train ; prenez bien soin du vôtre.

Tout ici se porte bien, tant à St-Philibert qu'à Dijon, et tout le monde me charge des choses les plus affectueuses pour vous et Madame Baulmont. J'attends avec impatience de vos nouvelles.

Mille amitiés.   G. P.

CXII^e LETTRE.

Dijon, le 12 décembre 1835.

MON CHER BAULMONT,

Je crois vraiment que le diable est continuellement à mes trousses pour me faire griffonner toute sorte de papier, excepté le papier à lettre; et puis vous avez parfaitement secondé ce maudit démon, en me mandant que vous allez encore passer quelques semaines dans votre ermitage. C'est ce qui m'a un peu entretenu dans ma vilaine paresse, parce que je n'aime vous écrire qu'à Vesoul. J'espère bien que cette lettre vous y trouvera, car que feriez-vous dans ce moment à la campagne? à moins que votre intention ne soit de singer la grande Catherine, c'est-à-dire de vous y bâtir un château de glace.

Vous me dites que notre cher Bobillier désirerait avoir une liste des *Ana* qui ont paru depuis l'*Encyclopediana*. Je crois que personne en France ne pourrait le servir aussi largement que moi à cet égard; je puis me vanter d'avoir ce qu'il y a de plus complet en ce genre, bibliographiquement parlant, car je ne possède guère que 60 à 80 ouvrages de cette espèce. Mais la liste de tout ce qui a paru est bien autre chose, et cela serait long à copier, d'autant plus que le tout est en note chez moi, et qu'il faudrait, comme j'en ai le projet, rédiger tout cela; je compte le donner un jour sous le titre de *Bibliographie complète des Ana* (1). Si cependant notre cher ami désire ce travail, je m'y mettrai, ce serait l'affaire d'un bon mois. Mais j'ai d'autres chiens à fouetter en ce moment; celui qui me mord les mollets depuis huit à dix jours,

_____

(1) Ce projet s'est réalisé.

c'est mon travail sur les autographes que Frantin fait crier sous sa presse. Je n'y parle encore que des collections parisiennes, celles des provinces viendront par la suite.

Savez-vous que je suis tout-à-fait l'enfant gâté de Messieurs les Belges? On m'envoie de Mons'des ouvrages charmants; j'en ai déjà plusieurs, et hier me sont arrivés les *Tournois de Chauvency*, grand in-8⁰ très-beau ; ces Messieurs ont la bonté plus qu'indulgente de rechercher toutes mes babioles avec une espèce de fureur; j'en suis tout confus, et j'accepte en confusion toutes les belles choses qu'ils m'envoient, voire même un beau diplôme de membre associé de la Société du Hainaut, que j'ai été bien éloigné de solliciter, car je ne savais même pas qu'elle existât.

J'ai terminé à peu près, avant-hier, mes recherches sur l'origine de *Boire à la santé* chez les Anciens et les modernes, et sur les *toasts* en Angleterre ; il y a là quelques anecdotes assez curieuses.

J'ai bien une quarantaine de notices sur des sujets assez singuliers que je compte donner au public de temps en temps.

On me tourmente ici pour fournir des articles à un journal littéraire mensuel qui paraîtra à Dijon dans le courant de janvier ; comme je doute du succès, j'ai remercié jusqu'alors.

Vous êtes donc bien curieux de savoir quel est l'ouvrage dont je vous ai parlé dans ma dernière lettre, lequel ouvrage, par parenthèse, est au clou depuis que je vous ai écrit. C'est un guillando dans le genre de Vadé, mais qui n'est point une fiction ; c'est un relevé très-exact, et cependant arrangé à ma manière, d'une trentaine de causes, ou plutôt un *recueil choisi des causes les plus plaisantes et les plus facétieuses appelées et débattues en police correctionnelle, tant en France qu'en Angleterre,* depuis quatre ou cinq ans, suivies de quelques lettres non moins facétieuses copiées sur les autographes de quelques docteurs de village. Je puis vous assurer qu'il est impossible de lire sans rire ces singularités d'un style extraordinaire et tel que la nature l'a produit chez des gens ignorants et emportés par la passion. Je ne conçois pas qu'on n'ait pas encore eu l'idée d'essayer ce genre de publication. Cela me paraît bien plus plaisant que tout ce que Vadé fait dire à ses poissardes, et du moins c'est la nature elle-même prise sur le fait, et non pas une copie. Ce sont de vraies scènes populaires dont les acteurs ont rendu leurs rôles improvisés tels que la passion les leur suggérait dans les débats. Toutes ces causes sont extrêmement amusantes et drôles.

Adieu, je vous embrasse, tout à vous.

G. P.

CXIIIᵉ LETTRE.

Dijon, le 13 janvier 1836.

Mon cher ami,

Je vous dirai que tous les jours je me reprochais de ne vous avoir pas écrit depuis dix jours; mais, à aucune époque de ma vie, je n'ai été aussi accablé de toute sorte de besogne, et vraiment j'en ai la tête toute malade et toute affaiblie.

M. Guizot nous demande des renseignements sur tous les établissements d'instruction secondaire en 1789 dans les trois départements; et il faut que je tienne les archives de Bourgogne où je ne trouve rien pour lui répondre.

Un rapport trimestriel sur la comptabilité de tous nos colléges m'est demandé, et il faut que je lise feuille à feuille un énorme tas de paperasses que l'on m'envoie des bureaux.

Six feuilles d'épreuves d'un petit ouvrage qu'un libraire de Paris fait imprimer m'arrivent par la diligence, et il a fallu les lire sans délai, les corriger et les renvoyer (Vous aurez cela à réception de Paris).

Les deux dernières feuilles de mes autographes que le lambin de Frantin ne peut pas terminer.

Un article à rédiger pour un journal littéraire qui va paraître à Dijon, et duquel article je me souciais fort peu.

Un autre article que me demande notre Académie des sciences.

Vingt lettres arriérées pour les réponses ; des visites à l'infini ; des demandes de renseignements continuelles ; enfin, depuis quatre heures du matin jusqu'à onze heures du soir, je n'ai pas un moment de repos.

Je ne sais vraiment plus auquel entendre. Quand cette bourrasque sera passée, je m'occuperai de votre *sit terra levis,* et du testament de Mg^r Telle que, je le dis à ma honte, je n'ai pas l'honneur de connaître ; j'irai le chercher chez les Bénédictins de notre bibliothèque publique.

Mon ami Jolyet s'est empressé de m'apporter le 7e volume de Quérard (la France littéraire) où est mon article en onze grandes pages (caractère perle). Il y aurait de quoi faire un volume assez fort en cicéro. Dites-moi un peu, je vous prie, quelle est l'âme charitable de Vesoul qui aura donné à ce M. Quérard des renseignements sur le moindre bout de papier que j'aurai jadis barbouillé d'encre ; il n'a pas passé la moindre babiole. Je m'attendais à être assez maltraité par lui, car je n'ai pas répondu aux lettres dans lesquelles il me priait de coopérer à son grand travail ; mais il a été infiniment moins malveillant que je m'y attendais. Le seul reproche que j'ai à lui faire, c'est qu'il épuise tous les moyens possibles de dialectique pour prouver que je suis auteur d'ouvrages que j'ai toujours désavoués.

Connaissez-vous la *Revue rétrospective?* C'est un journal assez curieux. Il y a un an qu'il a parlé de mon *Hélène Gillet* à propos de la même histoire qu'il a trouvée en abrégé dans les manuscrits de la bibliothèque du roi.

Dans le même journal d'octobre 1835, article *Dépenses de Louis XV*, je trouve ceci :

« Aux demoiselles Peignot, ouvrières de la garde-robe des
» enfants de France, 200 livres pour l'année 1771. »

Voilà les troisièmes homonymes que je trouve étrangères à ma famille.

Le premier est un témoin qui a déposé dans l'affaire si triste du chevalier de Labarre, roué et brûlé à Abbeville pour avoir lu de mauvais livres.

Le second est un pauvre pêcheur que mon père a rencontré sur le bord d'un ruisseau au fond de la Champagne.

Les troisièmes sont ces demoiselles Peignot de Versailles. Vous voyez, mon cher Baulmont, que mon nom aura bien de la peine à devenir illustre avec de tels supports ; je ne le croyais cependant pas si répandu. Mais, ma foi, je ne donnerais pas une pipe de tabac, pour qu'il me survécût ; il en est des hommes comme des peuples, moins on parle d'eux dans l'histoire, plus ils ont été heureux dans ce bas monde. Je jouis encore de cet avantage, et j'apprécierai de mon mieux le peu de temps qui me reste à en jouir.

Je vous dirai que les ventes de livres se multiplient à Dijon, mais (admirez ma sagesse), je n'en fréquente pas une ! Il y a en ce moment plus de 50,000 volumes à vendre, entre autres ceux de M. de Mornai. Sa bibliothèque est fort belle, mais tout en ouvrages modernes ; cela se donnera pour rien.

Adieu, mon bon ami, tout à vous.

G. P.

CXIVᵉ LETTRE.

Dijon, le 2 novembre 1835.

Meâ culpâ, meâ culpâ, meâ maximâ culpâ ; ideo precor carissimum Baulmont de vouloir bien me pardonner mon nou-

veau silence, tout grand coupable que je lui paraisse et que
je le sois un peu en effet, car je n'ai été ni mort, ni mourant,
ni même malade, mais j'ai été pire que tout cela. Figurez-
vous que, pendant ces vacances, où notre ville est déserte,
je me suis plongé dans mon cabinet d'où je ne me suis échappé
que quelquefois pour un instant, allant avaler un œuf au jus
à St.-Philibert, et m'en revenant plus vîte que je n'y étais
allé. Eh bien, donc plongé dans ledit cabinet, je me suis mis
à repasser ma guimbarde de manuscrits, à voir quel parti
j'en pourrais tirer, à les arranger, à les déranger, à les augmenter, à les diminuer, à faire un choix de ce que je pourrais publier, à défaire ce choix, enfin à me trouver en dernier lieu entre mes paperasses comme l'âne de Buridan entre
ses deux seaux (1).

Je ne crois pas qu'il y ait d'état plus fatigant que cette
incertitude ; c'est sans doute ce qui a engendré dans ma vilaine
cervelle une espèce de scribophobie épistolaire qui ne me
tourmente pas moins que mes autres ennuis. Je suis en retard de plus de deux mois avec tous mes correspondants
de Paris, de Lyon, de Besançon, de Belgique, etc..., et notez que j'ai des affaires d'intérêt à Paris qui exigeraient que
j'y écrivisse, eh bien, je ne peux pas ; j'en ai également à
Mons ; un pauvre Monsieur de cette ville, le plus aimable
homme du monde, attend depuis trois mois un paquet de
livres que je n'ai pas la force de lui faire parvenir. Dites-moi
donc ce que c'est que cette lubie, ou plutôt cette maladie ;
et remarquez que les vacances sont le temps où nos deux
Académies me laissent tranquille, où je devrais être le plus
libre, pas du tout, il paraît que je suis vraiment de la nature

---

(1) Ce n'est pas entre deux seaux, mais entre un seau et une botte
de foin qu'une fiction philosophique fait mourir d'hésitation l'âne de
Buridan.

du Monsieur de Buridan dont je vous ai parlé plus haut; moins mes épaules sont chargées et plus mal je vais.

Il faut dire cependant que j'ai barbouillé beaucoup de papier ces vacances, et qu'à peine une dissertation était finie que j'en recommençais une autre; je n'ai pas même trouvé le temps de finir le prospectus de mon *Myriobiblon français* que M. Jolyet m'engage tant à publier. Voilà sans doute le motif qui m'a fait arriérer ma correspondance qui me tourmente parce que j'y pense à chaque instant et que je ne fais rien. Oui, mon ami, c'est une vraie maladie, une lubie mentale que je ne puis définir (1).

Vous avez eu la bonté de me répondre sur les autographes, je vous en remercie mille fois; j'ai laissé dormir mon manuscrit depuis un mois; je le relirai aujourd'hui, demain et après; et mercredi la première feuille sera sous presse. Je compte aussi publier un autre ouvrage en même temps, mais celui-ci, dont je ne veux pas encore vous dire le titre, ne m'aura guère coûté que la peine de le mettre en ordre et de le polir un peu. C'est un choix de drôleries spéciales qui, du moins je le pense, vous fera rire d'un bout à l'autre; et voici ce qui me le fait conjecturer; mon manuscrit est terminé, mais il y a toujours à retoucher. Eh bien, toutes les fois que je l'ouvre à quelqu'endroit que ce soit, je ne puis m'empêcher d'aller jusqu'au bout sans cesser de rire; et voilà bien trente fois que cela m'arrive. Or je dis, si je ris tant, il faudra bien que les autres rient un peu (2). Certain libraire a trouvé l'idée

(1) On s'aperçoit sans peine que ce ralentissement dans sa correspondance même avec M. Baulmont, ce commencement d'incapacité pour des occupations pressantes, qui se manifeste depuis quelque temps, est déjà le signe de la vieillesse chez G. Peignot, alors âgé de près 70 ans.

(2) L'ouvrage dont il veut parler est le livre des *Singularités* qui eut en effet beaucoup de succès.

heureuse ; et je m'en rapporte assez, non pas à son goût, mais à son instinct ; il se trompe rarement. Il sent un livre à succès présumé, comme certains petits chiens sentent les truffes ; mais, je vous le répète, ce livre n'est pas de moi, il n'est de personne.

Vous devez vous apercevoir à la contexture brisée de cette lettre que je ne suis pas dans mon assiette ordinaire. J'avais une infinité de choses à vous conter, mais le temps les a emportées sur ses ailes si fugitives ; s'il en laisse tomber quelques-unes dans ma mémoire, je vous le dirai.

Adieu, tout à vous.

G. P.

CXVᵉ LETTRE.

Dijon, le 23 janvier 1836.

Carissime,

Semper incipit liber lamentationem Jeremiœ :
Plus je vais en avant, plus je crois que le diable se plaît à joncher le peu de route qu'il me reste à parcourir, de toutes les épines dont dame Eve a légué si ample provision à sa postérité, en quittant l'Eden. J'aurais cent bras comme Briarée, cent yeux comme Argus, cent langues comme je ne sais quel causeur, qu'il serait impossible de suffire à tout : quatre opuscules à l'impression, tant à Paris qu'à Dijon, et par conséquent des épreuves à corriger, comme s'il en pleuvait ; deux mémoires à terminer ; la refonte du réglement de la commission départementale d'antiquités ; séance à ladite commission de deux heures à cinq ; conférence littéraire de sept heures à dix ; demain, commission de statistique à deux heures ; des visites sans fin toute la journée, quoique je n'en rende point ; vingt lettres capitales arriérées de trois mois ; les examens qui vont commencer, et, une fois que la boule

universitaire se mettra à rouler, elle ne s'arrêtera que le 28 ou le 30 septembre prochain.

Dites-moi, je vous prie, mon cher Baulmont, comment ma cervelle décrépite et mes deux vieux tibias pourront s'arranger de tout cela? Vraiment je suis perdu si, pour me tirer d'embarras, l'aimable Clotho ne vient pas me gratifier d'un petit coup de ciseaux qui me permettra d'aller serrer la main à notre pauvre Boster (1) qui a été bien pressé de rejoindre tous ceux à qui il avait délivré des passeports.

Trêve de plaisanterie, car je ne ris que du bout des dents, et je suis aussi sot que maussade.

Sachez que ceci est la seconde lettre que je vous écris depuis quatre jours; la première n'est pas partie parce que je n'ai pas trouvé le temps de la finir, et je ne sais ce qu'elle est devenue.

Mille tendres hommages à Mme Baulmont.

Tout à vous, très-cher, féal et bien bon ami,

G. P.

CXVI^e LETTRE.

Dijon, le 4 mars 1836.

MON CHER AMI,

J'ai reçu avec bien du plaisir votre lettre du 27 février, mais j'apprends avec bien de la peine et de l'inquiétude ce que vous me mandez de l'état de la santé du cher Bobillier. J'attends impatiemment votre prochaine lettre qui, je l'espère, m'enlèvera toute crainte. Il désire savoir qui est l'auteur d'une rapsodie intitulée *les Cataractes de l'Imagination, déluge de Scribomanie*, etc..., par Epiménide l'inspiré, 1779, 4 vo-

---

(1) Surnom d'un médecin vésulien qui était de la connaissance de G. Peignot.

lumes in-12; courez vite lui dire que c'est un nommé Chassaignon, de Lyon, né en 1735, mort en 1795. Ce barbouilleur a encore fait d'autres livres tels que l'*Eloge de la Brotiade*, in-12; les *Etats généraux de l'autre monde*, 1789, 2 volumes in-8°; les *Nudités* ou *les Crimes du Peuple*, etc...., 1792, in-8°; l'*Offrande à Chálier de Lyon*, 1793, in-8°; les *Ruines de Lyon*, ode, in-8° de sept pages. Il a laissé d'autres ouvrages manuscrits dont son frère l'épicier a enveloppé le poivre et la canelle de sa boutique.

J'ai aussi appris avec bien du regret la maladie de Mme Braün, celle de M. de Villers, et celle de M. Rouher-Lamotte.

Vous ne serez peut-être pas fâché d'apprendre promptement le jugement du scélérat Delacolonge; il vient d'être prononcé à l'instant; ce monstre est condamné aux travaux forcés à perpétuité. L'affaire a duré trois jours; la salle a été continuellement pleine; je n'y suis pas allé, quoique muni d'une carte d'entrée. Deux sténographes sont venus de Paris pour recueillir les débats, on leur a donné deux petites tables en face de l'accusé. Le défenseur, Me Koch, a, dit-on, fort bien plaidé. Je ne sais si ce malheureux tentera un pourvoi, il aurait tort, car il jouerait une seconde fois sa tête dans le cas où l'arrêt serait cassé. Il a parlé et montré beaucoup d'adresse dans sa défense, avouant tout et y mettant une grande apparence de franchise pour esquiver la préméditation. Il a toujours montré beaucoup d'assurance et de sang-froid.

Adieu, donnez-moi promptement des nouvelles de Bobillier que j'embrasse tendrement ainsi que vous.

G. P.

CXVII^e LETTRE.

Dijon, le 20 novembre 1836.

Mon cher ami,

Je tarde bien à répondre à votre lettre du 10, et ce qui ajoute à la peine que ce retard me fait éprouver, c'est que toutes les recherches faites tant par moi que par d'autres pour vous procurer une gravure de la colonne de Cussy, ont été infructueuses. Je vous exprime tous mes regrets sans cependant renoncer à mes recherches ; il peut se faire que cette babiole se rencontre sous ma main au moment où j'y penserai le moins.

Les abeilles de Marc ont sans doute fait leur essaim dans la colonne introuvable de Cussy, car je n'ai pas plus trouvé les unes que l'autre. C'est encore un sujet de regrets de n'avoir pas cette brochure à vous offrir. J'ai fureté mon vieux fatras de 2 à 3,000 brochurettes, pas plus d'abeilles que de capucins à Westminster.

J'ai ouï parler du mémoire de Grégory sur l'auteur de l'imitation, mais je ne l'ai pas. Va pour Gersen, mon A. Kempis ne me tient pas tellement au cœur que je ne le cède volontiers à M. Grégory ; j'aimerais cependant mieux que ce livre de simplicité évangélique fût de Gerson que de Gersen, car je suis Français avant tout ; peut-être qu'un jour un vieux manuscrit vermoulu, encore enfoui dans la poussière, nous apprendra cette bonne nouvelle.

Ici tout notre monde se porte bien et vous dit mille choses affectueuses, même Mme Emilie et sa compagnie qui commence à jouer pas mal des pieds et des coudes dans son appartement obscur dont il lui tarde apparemment de sortir. Ce sera, dit-on, pour le milieu du mois de janvier.

Adieu, je vous embrasse.

G. P.

CXVIIIe LETTRE.

Dijon, le 12 février 1837.

CHER AMI,

Je reçois votre lettre du 8 au soir, et j'en suis tellement touché, pénétré et attendri que je ne sais vraiment ni comment vous répondre, ni comment remercier notre cher Bobillier; votre indiscrétion, dont je n'ai pas la force de vous gronder, vient donc encore de mettre à découvert ce bon, cet excellent cœur qui, depuis tant d'années, m'est trop connu pour que je sois surpris de ce nouvel et généreux procédé; mais en vérité j'en suis dans une telle confusion qu'elle nuirait presque à l'expression de toute ma reconnaissance. Oui, cher et excellent ami, j'accepte les six exemplaires; et l'un d'eux, relié avec le *bon* autographe, ainsi que la note en caractères d'or *ex dono carissimi benevolentissimique C. F. Bobillier* restera dans ma famille *ad perpetuam rei memoriam* jusqu'à ma dernière génération. Quand je ne ferais acte de dernière volonté que pour cet objet, il aura lieu; je n'écris point à l'ami bienfaiteur, car j'ai la douleur de voir aux caractères qu'il a tracés, qu'il ne pourrait lire l'expression de ma reconnaissance; mais je vous prie et vous charge, mon cher Baulmont, de lui témoigner toute ma sensibilité et de lui faire mes amples et bien vifs remercîments. Vous vous en acquitterez bien certainement mieux que moi, car, à coup sûr, vous n'êtes pas aussi ému; quand la surabondance du sentiment m'étouffe, elle émousse tout à fait le bec de ma plume, ou enchaîne ma langue, s'il faut parler. D'ailleurs comme c'est votre affectueuse bienveillance pour moi qui a commencé cette belle besogne, c'est à vous de la finir. Ainsi donc, dites à Bobillier tout ce que je lui dirais si je n'étais pas aussi affecté, et partagez avec lui toute ma gratitude.

Adieu, mon cher ami, minuit sonne à ma pendule, il est temps de plier les voiles et d'aller *chercher demain*, comme dit le *Virgile Virai*.

Toute ma famille se porte à merveille; pour moi, je suis dans les corrections d'épreuves jusqu'au cou. De plus, il faut faire *subito* la notice nécrologique d'Amanton, et j'ai égaré les notes que son fils m'avait envoyées. Me voilà dans de beaux draps; il faut que ce soit terminé dans six jours.

Adieu encore une fois, je vous réitère ainsi qu'au cher Bobillier l'expression de tous mes sentiments de sincère affection et d'inaltérable reconnaissance.

G. P.

CXIXᵉ LETTRE.

Dijon, 26 avril 1837.

CHER ET BIEN BON AMI,

Rassurez-vous, rassurez-vous; le petit bonhomme vit encore; votre chère lettre, où toutes les inquiétudes de la plus tendre affection sont si bien rendues, vient de m'arriver et ne contribue pas peu à accélérer une convalescence qui, je l'espère, sera aussi courte que la maladie. L'attaque a été violente, mais grâces à Dieu et aux soins empressés du docteur Naigeon, la défense a été prompte, et le mal coupé dans sa racine au bout de quatre jours. Les sangsues ont mis l'ennemi en fuite, et les bons soins de ma femme et de mes enfants qui ne m'ont pas quitté, ont rendu ma situation bien supportable; si j'ajoute à cela la nombreuse série de toute sorte d'amis et de personnes qui se sont empressés de venir s'informer tous les jours de mon état, je vous avouerai que je ne puis que rendre grâces à la Providence qui m'a donné une nouvelle preuve de l'intérêt et de l'attachement que tant de monde me porte à Dijon. Pendant cinq jours, ma cloche n'a pas cessé de sonner;

depuis avant-hier j'ai commencé à recevoir; combien de larmes de joie et de reconnaissance ont inondé mon visage! Le recteur est venu lui-même presque tous les jours, tout à l'heure encore il était au chevet de mon lit. Enfin, mon cher ami, je sens tout mon bonheur; et ce pauvre M. Jolyet, comme il s'est précipité sur mon lit aussitôt qu'il a pu entrer! Et tant d'autres! Je n'aurai sans doute pas la force d'écrire aujourd'hui à Vesoul, faites part au cher Piot, au cher Bobillier et à tous mes amis de mon mieux-être; et mettez aux pieds de Mme Baulmont la tendre expression de ma vive reconnaissance, ainsi que les compliments de toute ma famille.

Quant à vous, cher et bon ami, les expressions me manquent pour vous remercier; mais vous connaissez mon cœur, c'est une vieille propriété qui vous est acquise depuis longtemps.

Adieu, adieu, tout à vous.

G. P.

CXX^e LETTRE.

Dijon, le 24 décembre 1837.

Mon bon ami,

Les réflexions bien judicieuses et bien affectueuses par lesquelles vous débutez dans votre aimable lettre du 22, sont bien les mêmes que celles que je faisais depuis quelque temps; mais je ne croyais pas que notre silence mutuel remontât à trois mois. De mon côté, j'avais bien songé à respecter vos nouvelles occupations dont je connaissais tout l'agrément et le petit nombre, car chaque jour elles vous saisissent au chaud du lit et ne vous font guère grâce avant cinq heures du soir, heure de votre dîner; heureux encore quand elles ne vous harcellent pas entre le benedicite et les grâces, voire même parfois après (1). Voilà donc ce qui m'a retenu ; cependant, depuis une quinzaine de jours, une forte demangeaison me prenait régulièrement chaque jour à la main et *circa pectus* pour vous écrire ; mais, parmi toutes les petites besognes qui me survenaient, et qui me faisaient, bien malgré moi, remettre au lendemain, une indisposition m'a surpris, et, pendant plusieurs jours, m'a rendu tellement patraque que j'ai dû tourner le dos à mon bureau. Je me hâte de profiter de mon rétablissement pour vous rendre compte de mon trimestre-lacune.

Je vois souvent M. de Laforêt, qui demeure vis-à-vis de moi ; il m'a donné à lire un épisode du voyage qu'il vient de faire à Constantinople, à Athènes, à Syra, à Smyrne, etc..., et j'en suis fort content ; c'est l'histoire de la quarantaine qu'il a subie à Syra. Il m'a fait présent de quelques souvenirs de son voyage, tels que monnaies grecques, morceau d'une branche de laurier coupée par lui au Pirée, etc...

A mon dernier dîner chez le préfet, j'ai rencontré un jeune M. Liégeard, fils d'un de nos adjoints, qui, en 1833, a passé trois mois à Naples ; il a rapporté aussi une branche de laurier que lui-même a cueillie sur le tombeau de Virgile ; il a eu la bonté de m'en apporter un petit fragment ; si une feuille vous est agréable, je vous l'enverrai ; mais je dois vous prévenir que tout ce qu'on appelle laurier venant de ce tombeau, n'est point du véritable laurier ; depuis un très-grand nombre d'années, tout laurier a disparu de cet endroit par la rapacité des amateurs ; il ne reste qu'un chêne vert d'Italie assez fort, qui a crû au milieu des ruines du tombeau ; sa feuille ressemble un peu à celle du laurier, mais c'est le seul qu'on puisse se procurer maintenant. Casimir Delavigne, qui a fait

---

(1) M. Baulmont venait d'être appelé pour la seconde fois aux fonctions de maire de Vesoul.

un voyage il y a dix ans, en Italie, avait fait planter au mont Pausilippe, sur le tombeau même, un très-beau laurier. Deux ans après, il n'en restait pas trace, les dévots virgiliens en ont enlevé chacun une feuille, une branche, un morceau, enfin tout a disparu. Je vous conte tout cela à l'occasion d'une notice que j'ai commencée sur les feuilles cueillies au tombeau de Virgile et sur la destination qu'elles ont eue (1). Ces anecdotes sont assez curieuses et peu connues.

Ma bibliothèque s'est encore accrue tant en acquisitions qu'en cadeaux; j'en ai reçu de Mons, de Cambrai, de Chartres, de Rennes, de Lyon, etc... Quant à moi, je n'ai rien fait, je crois que je deviens paresseux, ou plutôt incertain sur ce que je dois publier de mon immense monceau de recherches.

Je travaille toujours à mes *Singularités*, et à ma description des miniatures du manuscrit de l'hôpital, qu'attend la Commission d'antiquités. Les vingt-deux gravures sont faites et ont été exposées à la Société des beaux-arts.

Vous me faites le plus grand plaisir en m'annonçant que la santé de Madame Baulmont est bonne, que celle de Bobillier se soutient, que Piot et le colonel vont bien. Je vous en supplie, soyez bien l'interprète de tous mes vœux pour tous ces bons amis avec lesquels, vous pouvez le leur assurer, je suis tous les jours en cœur et en âme. Il est bien certain que par mes affections et mes souvenirs je vis encore plus à Vesoul qu'à Dijon, dites le leur bien, je vous en prie.

Ce que vous me mandez de ma cousine Dufournel m'a vivement peiné; je fais les vœux les plus ardents pour qu'elle recouvre promptement une santé si chère à son mari et à tous ceux qui les connaissent.

Il est bien temps de finir ce griffonnage somnifère; qu'en dites-vous? Eh bien, je finis en vous souhaitant toute sorte

(1) Cette notice a été publiée.

d'allégement dans votre honorable, mais bien pénible emploi, et je me range du bord de Mme Baulmont, si cela doit porter la moindre atteinte à votre santé. Toute ma famille se porte bien et me charge de vous transmettre tous ses vœux pour une prospérité et un bonheur auxquels vous avez tant de droits.

Votre vieux, fidèle, cassé et tout dévoué,

G. P.

CXXI^e LETTRE.

Dijon, le 4 mars 1839.

M on bon ami ,

J'ai reçu votre dernière lettre toujours bien triste par les détails que vous me donnez sur notre pauvre ami, hélas! nous voilà réduits à désirer, pour ainsi dire, la fin de tant de douleurs!

A cette tribulation du cœur viennent se joindre chez vous tous les ennuis de vos apprêts pour la tenue des élections qui sans doute touchent à leur fin et seront terminées quand vous recevrez ma lettre.

Si j'ai un vif et profond chagrin de l'état de notre cher ami, il m'est arrivé ce matin quelque chose qui fait bien contraste, puisque cela m'a comblé de joie. C'est un paquet du ministre de l'instruction publique qui m'envoie l'arrêté du conseil royal qui fixe ma pension à 5,000 fr., et qui porte en même temps que je jouirai de ladite pension à dater du jour où a cessé mon traitement d'activité. Vous me l'aviez prédit, mon cher David, et je ne pouvais croire que cette prophétie serait aussi certaine que celles du grand roi dont vous portez le nom; grâces à Dieu, la voilà accomplie! Toute ma famille et mes amis en sont dans l'enchantement et moi aussi.

Me voilà donc tout-à-fait rassuré sur mon sort pour les

jours que la Parque doit encore me filer. Reste à savoir si le paquet d'étoupes que M. Fatum a attaché à sa quenouille pour mon compte durera encore quelque temps ; ma foi! c'est le cadet de mes soucis ; pourvu que je puisse griffonner encore un peu de papier, c'est tout ce que je demande.

Adieu, mon cher ami, quoique je tremble et tremblerai en décachetant chacune de vos lettres, continuez, je vous prie, à me donner des nouvelles du pauvre Bobillier.

Adieu, toujours le même et l'archi-même pour vous.

G. P.

P.-S. Madame Emilie, depuis huit jours, attend à chaque minute l'arrivée d'un nouveau ou d'une nouvelle commensale à la maison. Comme elle se trouve un peu plus leste depuis deux jours, je pense que le moment n'est pas éloigné.

CXXII^e LETTRE.

Dijon, le 13 avril 1839.

Mon cher ami,

Je m'empresse de vous annoncer que ce matin, à huit heures moins un quart, un certain Monsieur, qui ne vous est pas encore très-connu, quoiqu'il soit de la famille, est venu nous surprendre très-agréablement, à la grande satisfaction de Gabriel et surtout de sa chère Emilie qui, après quelques efforts, lui a ouvert la porte de l'appartement où il s'est présenté de la manière la plus gracieuse. Il s'appelle Paul-François-Joseph-Gabriel. En somme, la mère et l'enfant se portent à merveille. Je vous prie de faire part de cette bonne nouvelle à Madame Baulmont et à tous nos amis.

Adieu, très-pressé.

G. P.

CXXIIIᵉ LETTRE.

Dijon, le 19 avril 1839.

MON CHER AMI,

J'ai reçu avec la plus vive satisfaction, et vous savez que c'est l'ordinaire, votre lettre du 16, par laquelle vous me dites que vous partagez notre joie sur l'accouchement de ma chère bru ; la mère et l'enfant se portent à merveille.

Je vous remercie un million de fois, vous et le colonel, du petit meuble du pauvre Ferdinand, que je dois à votre amitié ; il sera religieusement déposé dans le *sacrarium,* où sont les précieuses reliques de tous ceux qui sont l'objet de mes tendres et profonds regrets.

Mon gendre Prieur est encore dans vos parages, ainsi qu'Hippolyte Guy ; si par hasard ils n'avaient pas encore quitté Vesoul, vous pourriez leur remettre le petit meuble (1).

M. de Laforêt vient, comme moi, de déménager ; il se rapproche de mon nouvel appartement. Nous voisinerons souvent ; il aime les lettres et les cultive un peu ; il aime aussi les livres et s'en procure quelques-uns sur lesquels il me consulte. Il traduit en ce moment le prince de Machiavel, mais pour son seul amusement. Il a acheté dernièrement le premier volume du voyage de Choiseul-Gouffier en Grèce, où se trouvent les descriptions et les nombreuses gravures de tous les lieux qu'il a parcourus l'an dernier dans son expédition en Morée.

Quant à moi, j'occupe fort Madame Jobard, qui me litho-

---

(1) Il est regrettable que la lettre, en réponse à celle où l'on annonçait à mon aïeul la mort de son ami, M. Ferdinand Bobillier, se trouve égarée. Cette publication perd à cela, je n'en doute pas, une belle page de regrets et de douce résignation aux coups du sort.

graphie en ce moment... devinez quoi... la charmante *Pour-traicture* de l'aimable M. François Ravaillac, sur lequel j'ai trouvé dernièrement des détails singuliers, et qui n'avaient point été connus jusqu'à ce moment. Vous verrez cela.

Je suis dans tout l'ennui du déménagement; ma bibliothèque n'est plus dans mon ancien appartement, et n'est pas encore dans mon nouveau; elle est un peu partout, ce qui fait que je ne suis bien nulle part.

Ma pauvre cervelle est aussi bouleversée que mon cabinet, elle est de plus endimanchée d'une douleur maxillaire qui, depuis dix jours, est occasionnée par la liberté fort inconstitutionnelle que prennent mes dents de s'agiter dans leurs alvéoles, comme MM. les députés l'ont fait dernièrement dans leur chambre. Si cela continue, j'y mettrai bon ordre; je vérifierai les pouvoirs de ces demoiselles, et je traiterai les récalcitrantes comme on a traité MM. tels et tels, et peut-être avec plus de fondement.

Adieu, mes hommages à Madame.

G. P.

CXXIVᵉ LETTRE.

Dijon, le 28 avril 1839.

MON CHER BAULMONT,

Je ne veux pas laisser partir M. Blanche de notre ville sans lui remettre un petit mot pour vous. Ce n'est pas, comme dit *Cadet Roussel*, que je n'eusse pu profiter de l'*occasion de la poste*, mais Blanche se trouve là, et cela m'engage à vous écrire plus tôt que je ne l'eusse fait par ladite occasion de la poste.

Depuis cinq jours, Gabriel et moi, sommes occupés sans relâche à déblayer mes masses énormes de livres entassés dans deux pièces voisines de mon nouveau cabinet, et à les placer dans les rayons; nous y avons travaillé chaque jour depuis 7 heures du matin jusqu'à cinq heures du soir, et encore n'avons-nous pas fini; il en reste bien pour une demi-journée. Croiriez-vous que, dans ce cabinet qui n'a que 15 pieds carrés, 6,000 volumes au moins seront placés? et j'y serai encore fort à l'aise. C'est un tour de force dont l'exécution est due à Gabriel, qui a fait lui-même disposer tous les rayons, de manière à ce que chaque rang de livres soit double sur chaque rayon, sans que ceux qui sont sur le devant empêchent de voir les titres de ceux qui sont derrière (1).

Un triste évènement vient de m'affliger; ce pauvre Roger, chez lequel, il y a bien quarante ans, nous avons tant ri, et avec lequel je causais encore, il y a huit jours, eh bien, ce pauvre Roger est enterré de hier. Voyez ce que c'est que la vie! Oh! que l'on paie cher le triste privilége de la prolonger! tout tombe autour de vous, et chaque chute est un coup de cognée qui vous avertit qu'à votre tour vous ne tarderez pas à joncher la terre, quoique les branches de l'arbre conservent encore quelque feuillage.

Et vous, mon bon ami, commencez-vous à vous habituer un peu à la privation de notre pauvre Ferdinand? Il est toujours présent à ma pensée, et souvent, dans le silence de la méditation, il me semble qu'il m'appelle à lui.

Nos âges présentent une si légère différence, que plus je vais en avant, plus je dois songer à le rejoindre. A propos, vous, et tout le monde à Vesoul, avez fait un si bel éloge de la manière admirable dont il a peint sa belle âme et toutes les qualités de son excellent cœur dans son acte de dernière vo-

(1) Ces 6,000 volumes étaient loin de composer toute la bibliothèque de G. Peignot. Une mansarde, située au-dessus de son appartement, renfermait les ouvrages auxquels il avait le moins souvent recours. Le catalogue des 3/4 environ de sa bibliothèque, achetée après son décès par M. Techener, renferme 4,406 numéros.

lonté, qu'il me semble, ainsi qu'à tous ceux qui ont connu notre digne ami, qu'un bon extrait de ce précieux testament eût été un beau monument à ajouter à la notice biographique qui a été insérée dans le journal de la Haute-Saône. Ce serait son plus beau panégyrique, et le vrai tableau de toutes les vertus qui le distinguaient : esprit d'ordre, prévoyance, humanité, charité, générosité, bienveillance universelle, sentiments élevés, tout s'y trouve. Quel modèle rare de toutes les vertus! Oui, ce devrait être pour les parents et les amis un vrai monument de famille *œre perennius*. Je place cette pièce à côté du testament de Pierre Pithou, que je relis toujours avec attendrissement. Faisons-en les frais d'impression, si cette idée vous paraît admissible ainsi qu'au cher colonel et au bon ami Suchaux.

Pardonnez cette expansion à un cœur toujours plein du souvenir de notre digne ami, et qui ne peut pas plus s'en détacher que l'ombre ne se détache du corps dans un beau jour du mois de juillet.

Vous êtes surpris de ce que Ravaillac soit venu se butter contre ma plume; vous le serez bien davantage quand vous verrez des Franc-Comtois et des villages de la Haute-Saône figurer dans ce que j'aurai à vous dire de nouveau sur ce mauvais garnement. Sa lithographie est faite; j'aurais pu y ajouter celle de Jacques Clément, de Châtel, de Damiens, etc..., car M. Baudot père possède, dans son riche cabinet, les portraits peints de tous ces misérables. Mais je me contenterai de donner une notice chronologique de tous à la suite de ma découverte sur Ravaillac. Vous y verrez d'abord figurer ceux qui ont attenté aux jours de Henry IV; ils sont au nombre de 22; puis je terminerai par un appendice sur les régicides, à commencer par Henry VIII, qui a ouvert cet affreux branle par une capilotade des têtes de ses femmes, reines d'Angleterre; et je finirai par Meunier, à qui le roi a fait cadeau de la vie, admirable exemple du pardon des injures en matière un peu grave.

La fête de mercredi va encore vous donner bien des tracas, mon cher maire ; pour moi, je n'en aurai pas d'autres que de répondre à l'invitation gastronomique de notre cher préfet. Je suis sûr qu'avec votre zèle, votre activité et votre goût, vous vous acquitterez de votre besogne mieux encore que moi de la mienne.

Adieu, mon très-cher Baulmont, je vous écris à onze heures et demie du soir, pardonnez donc à mon griffonnage qui se ressent, pour la forme et pour le fonds, de ce moment où l'âme fatiguée tend au repos momentané en attendant le repos éternel.

Tout le monde ici vous dit mille choses affectueuses ; nos hommages, je vous prie, à Madame Baulmont, et mille amitiés à Piot, au colonel et à Suchaux ; ces deux derniers, en qualité de légitimes héritiers de mon attachement pour le pauvre ami.

Tout à vous.

G. P.

CXXVᵉ LETTRE.

Dijon, le 10 octobre 1839.

MON CHER AMI,

Je me suis abstenu de vous écrire depuis environ deux mois, parce que j'ai respecté les graves occupations qui n'ont cessé de vous accabler, et dont j'ai été instruit par le journal de notre bon ami Suchaux.

Comment avez-vous pu suffire à tout ? Je vous certifie que je vous ai plaint bien sincèrement ; au reste, j'ai appris, par différentes personnes, que tout cela s'est supérieurement passé, et que la ville retentit *ubique* des louanges du cher maire qui est aimé, estimé, honoré de tout le monde. J'écris si vîte, que j'avais oublié le mot *béni ;* je le rétablis bien vîte, parce que c'est celui dont on s'est bien véritablement servi, ainsi que des autres. Tout cela m'a fait le plus grand plaisir, et ne m'a point surpris. La seule chose qui me cause quelques inquiétudes, c'est votre santé ; comment peut-elle résister à tant de fatigues? Il est vrai que depuis que je vous connais, et cela date d'un peu loin (du temps où je râclais du violon, enfourché sur l'angle de mon lit, à l'école militaire, à Paris), depuis que je vous connais, dis-je, je vous ai toujours trouvé pétri de l'heureuse pâte de notre robuste dijonnais Bossuet, *Bos suetus labori ;* jamais le travail ne vous a effrayé, et vous vous en êtes toujours tiré avec autant de facilité que de succès. Travaux à l'armée, contrôle des postes, inspection des postes, mairie, vous avez joué tout cela sous cuisse. Heureux mortel! que ne puis-je en dire autant de moi! Hélas, je vous ai suivi de loin comme le fantassin éclopé suit le cavalier bien monté ; et c'est bien pis, depuis que je suis enregistré dans le livre de vie sous le n° 7, escorté d'un 4 bientôt complet. Oh! comme cela décline! la vue s'affaiblit, les jambes vont encore, mais elles commencent à branler au manche, et je sens la vieillesse qui, posant ses deux mains sèches sur mes épaules, voudrait faire prendre à mon dos la forme d'une faucille ou d'une anse de panier ; mais je tiens bon, et je me redresse sur mes ergots comme un jeune coq de vingt ans.

Cela ne m'empêche pas de lire, fureter, paperasser, et d'entasser recherches sur recherches; malheureusement je vais toujours en avant, et je ne finis rien. Cependant j'ai en réserve beaucoup de choses qui auraient du succès, si j'avais la patience de réviser et de mettre au net (1). On me talonne

---

(1) Encore aujourd'hui, ma famille possède les fruits de toutes ces recherches. Les manuscrits laissés par G. Peignot sont très-volumineux,

de tous côtés ; il faudra bien me résoudre à mettre la dernière main à ce livre *Des Singularités*, qui aurait dû paraître depuis trois ans.

Je vous embrasse d'autant plus fort que je le fais plus rarement maintenant.

Tout à vous.

G. P.

CXXVIᵉ LETTRE.

Dijon, le 9 janvier 1840.

Mon cher ami,

Je suis bien en retard pour répondre à votre aimable lettre du 22 décembre, qui m'a été remise par notre excellent M. Lardillon ; je vous en remercie mille et mille fois. Je ne sais en vérité plus comment j'existe ; je crois que ma pauvre cervelle tombe en javelle, et pour surcroît d'agrément, je n'ai jamais reçu tant de lettres, tant d'envois de livres, tant de commissions ; je ne sais auquel entendre, tout me pleut de tous les côtés, de Bruxelles, de Paris, de Douai, de Lyon, de Belley, de Moulins, de Troyes, même de Grosbois, d'où (vous ne vous en douteriez guère) je viens de recevoir le plus considérable de mes envois, c'est la *Biographie universelle* de Michaud, avec supplément commencé, dont la totalité n'est encore que de 66 volumes in-8°. C'est une courtoisie de Madame la duchesse d'Harcourt qui, sachant que je n'ai pas cet ouvrage et que je vais souvent le consulter à la bibliothèque publique, a voulu absolument m'en communiquer un double exemplaire qu'elle possède, me disant de le garder tant que je voudrai, trois, quatre, cinq, six ans ; en vérité cette dame est trop bonne ; encore passe, si dans mon cabinet trop petit des trois quarts j'avais de la place pour étaler son bienfait ;

n'importe, je ne lui en suis pas moins très-reconnaissant (1).

Vous savez sans doute déjà que mon cher Gabriel est rétabli, que toute la famille *superstes*, votre serviteur compris, se porte bien ; mais la semaine dernière nous avons encore eu un coup de revers qui nous a peiné. Le vieux père Lantier, jardinier de Gabriel, qui gardait sa maison de Talant, est mort de la pustule maligne. C'était un brave homme qui s'acquittait parfaitement de ses devoirs.

Je n'ai encore fait aucune des visites essentielles du jour de l'an ; voilà cependant deux jours que j'ai quitté ma solitude ; il faudra bien que j'aille rendre au préfet et à Mgr. l'évêque les visites qu'ils ont eu la bonté de me faire.

Je dois de vieilles réponses à l'ami Weis et à beaucoup d'autres envers lesquels il serait barbare d'user de la recette du cardinal Dubois pour me mettre au courant. Non, j'espère avec le temps m'acquitter ; mais si mes lettres ont trois pages, il en faudra deux pour les longues excuses que j'ai à faire.

Mon ami, M. Jolyet, est à Paris depuis un mois avec sa femme et son cher fils ; ils s'y trouvent à merveille ; il a dîné la semaine dernière chez Nodier à qui je l'avais recommandé ; il a été enchanté de l'accueil qu'il a reçu et surtout des amitiés que Charles a faites à son fils. Il me tient au courant de tout ce qui occupe leurs instants dans la capitale. Il a passé une soirée avec Lamennais, que je n'ose plus appeler l'abbé.

Dites-moi donc, je vous prie, ce qu'est devenu M. Durand de Lançon ? Je n'en ai pas entendu parler depuis huit mois. Un homme de lettres m'en demandait hier des nouvelles.

Je n'entends plus parler non plus de l'ami Marc ; aurais-je des torts à son égard ? Je brûle de les réparer, mais mon cœur ne me reproche rien.

(1) G. Peignot a conservé cet ouvrage jusqu'à son décès ; il a été remis à la famille d'Harcourt en 1850.

Je crois vous avoir envoyé en décembre ma pacotille de
vœux de bonne année tant pour vous que pour Mme Baulmont,
et tant de ma part que de celle de ma femme et de mes enfants.
S'il en est autrement, car je n'ai plus de mémoire, je vous prie
de m'excuser, et de recevoir la dose accoutumée des plus heureux souhaits pour vous, pour Madame et pour Mesdemoiselles
vos nièces.

Nous recevons avec reconnaissance tout ce que vous nous
avez dit d'affectueux et d'agréable dans le même genre, et
j'espère, comme vous le désirez, que 1840 ne sera pas aussi
sévère pour nous que la fin de 1839.

Adieu, je vous embrasse de cœur et d'affection.

G. P.

CXXVII^e LETTRE.

Dijon, le 11 mai 1840.

CHER AMI,

Vous et moi, moi et vous, et tous les deux, savez-vous
que nous sommes de drôles de gens? Quoi! passer environ deux
mois sans sourciller mot! Je n'y conçois rien : je sais bien
que mon silence a pu vous rendre service au milieu de
tous les tracas prétoriens dont vous accable la noble écharpe
municipale, surtout la Saint-Philippe n'étant pas venue en
diminuer le fardeau; je sais bien aussi que votre silence a été
moins pénible pour moi au milieu de la mise en train d'un
volume sur lequel roulent les presses de Frantin, ce qui ab-
sorbe tous mes moments; mais, malgré cela, je ne puis me
faire à l'idée que nous avons passé deux mois au moins sans
nous crier *qui vive*?

Il est vrai qu'il y a longtemps que ma plume, qui griffonne
du matin au soir, n'a pas tracé une ligne pour la poste, et
cependant j'ai reçu plus de trente lettres qui bâillent sur mon

15

bureau et réclament des réponses que je ferai quand il plaira à Dieu, si toutefois il lui plaît de prolonger encore un peu ma carrière, et de soutenir un tantinet ma pauvre cervelle qui commence à fléchir, comme vous pouvez vous en apercevoir. L'application me tue maintenant (1).

M. Nanteuil entre dans mon cabinet, j'interromps.......... Je reprends; voici ce qu'il me voulait : il venait me prier de recourir près de vous à cette extrême obligeance dont vous lui avez déjà donné tant de preuves et dont, je vous réponds, il est bien éloigné de perdre la mémoire. Vous rappelez-vous qu'il a déjà mis à contribution cette obligeance pour un invalide nommé Demongeot, ex-sergent major logé à l'hôtel-salle de l'amitié, n° 18. Grâce à votre recommandation, M. le maréchal lui a fait accorder une brouette, sur laquelle dès lors on l'a charié à sa grande satisfaction. Mais, hélas! le pauvre diable, paralysé, est sur le point d'être charié dans l'autre monde, non pas en brouette, mais en linceul. Il est très-malade, et M. Nanteuil, qui va à Paris dans quelques jours, désirerait le voir; il pense qu'un mot de votre part à l'excellent maréchal lui faciliterait les moyens de s'entretenir avec l'invalide. Il a à lui communiquer quelque chose d'important. Il vous prie donc de lui adresser avant son départ pour Paris un petit mot pour lui favoriser son entrevue avec le vieillard. Voyez si la chose est possible, et, si elle l'est, secondez-la par le mot en question. M. Nanteuil en sera on ne peut plus reconnaissant.

Voilà ma commission faite, ayez la bonté de faire le reste, je reprends le cours de ma lettre. Je disais donc.... ma foi, je ne sais plus ce que je disais, mais toujours est-il que je voulais vous dire que depuis quelque temps j'ai une envie

---

(1) Cet affaiblissement dont G. Peignot se plaint va rendre les lettres plus rares et surtout plus décousues.

désordonnée, une envie de femme grosse, une envie des non-
nettes de Vert-Vert, enfin une envie de cent fois pis encore,
d'aller à Vesoul vous embrasser encore une fois ainsi que nos
bons amis, ce que je ne désespère pas d'exécuter aussitôt que
je serai débarrassé de l'impression de mon volume *des Singularités*. Ce qui serait charmant, c'est que mon cher Gabriel,
mon Emilie et ma jolie petite Alice pourraient fort bien m'accompagner, s'il ne survient aucun obstacle; je n'en prévois
aucun pour moi. Que diable! je puis bien me passer cette fantaisie; je suis trois fois majeur, et, à cet âge de maturité
renforcée, on doit être maître de ses actions; il est vrai qu'ici
personne ne le conteste; et même on m'engage fort à faire
cette agréable partie. Il n'y a guère que mes livres qui pourraient s'en plaindre, mais je les retrouverai avec plus de
plaisir.

A propos de livres, mon ami Jolyet, qui est à Paris, a découvert chez Crozet, libraire en renom, six volumes in-18,
reliés, superbe manuscrit de la main de La Monnoye qui y a
inséré toutes sortes de drôleries et de notes d'érudition; on en
a voulu 200 fr. M. Jolyet les a donnés, et il cède cet ouvrage
à la ville, de sorte que nous allons recevoir ce bijou précieux,
où l'on dit qu'il y a bel et bien des gaillardises, mais c'était
l'esprit du temps, et surtout de l'égrillard auteur des *Noëls
bourguignons*.

J'ai reçu hier la visite de M. d'Audiffret (1), je n'étais pas
à la maison. J'irai le voir demain; c'est à son sujet que j'ai
écrit à l'ami Piot. Donnez-moi donc des nouvelles de M. Durand de Lançon; est-il toujours à Lure? et le pauvre Marc, il
me fait toujours la mine; il en est de même de Weis; combien j'ai de torts à réparer! avec le temps, je paierai mes
dettes.

(1) M. le comte d'Audiffret, précédemment receveur général des
finances à Vesoul, venait d'arriver à Dijon avec cette qualité.

Adieu, mes hommages à Mme Baulmont et mes amitiés à tous ceux qui n'ont pas perdu le souvenir de votre fidèle

G. P.

CXXVIII^e LETTRE.

Dijon, le 16 mai 1840.

MON CHER AMI,

J'ai reçu vos deux aimables et charmantes lettres, ainsi que celle du bon ami Piot, qui est du même calibre; je ne puis vous exprimer le plaisir qu'elles m'ont fait et combien je vous en suis reconnaissant.

Je vous dirai, mes bons amis, qu'une conversation d'une heure, que j'ai déjà eue avec M. d'Audiffret, m'a pleinement confirmé dans tout le bien que vous m'en avez dit. J'en suis enchanté. C'est surtout son excellent cœur, que j'ai jugé d'après la manière dont il m'a parlé des Vésuliens, qui m'a fait la plus vive impression. Il m'a dit : « J'y laisse de bons amis que certes j'irai revoir, et ce sera toujours pour moi une grande jouissance. Nous avons parlé livres, littérature, beauxarts; il m'a paru fort instruit. Il n'a pas tari sur l'éloge qu'il m'a fait de l'excellent ami Piot; et mon petit-fils Emile n'a pas été oublié dans tout ce qu'il m'a dit de bienveillant, non plus que Joseph qu'il a vu souvent. Nous nous sommes trouvés en pays de connaissance en parlant de mon bon ami Crapelet; il est au mieux avec ce célèbre typographe; ils ont fait leurs études ensemble; enfin je suis persuadé ou du moins j'espère que je passerai de bien agréables moments avec lui.

Je suis toujours à mes *Singularités*, qui ne sont pas, comme vous le croyez, une troisième édition de mes *Amusements*, augmentée; c'est un livre tout nouveau qui ne renfermera rien des *Amusements*, et pour justifier son titre de *Singularités* ne commencera ni par le commencement, ni par le milieu, ni par la fin. Devinez! Vous m'avouerez qu'il ne vous est pas encore tombé beaucoup de livres de cette espèce sous la main : il tiendra bien sa place à côté des *Amusements*, mais il est d'un autre genre. Devinez, devinez; je vous porterai le mot de l'énigme que vous expliquera brièvement la première page. En attendant, devinez, et si vous ou Piot trouvez la solution du problème, ayez la bonté de m'en faire part, et vous serez mes grands Apollons.

Adieu, mes chers amis, mes respects à Mme Baulmont; toute ma famille vous dit mille choses affectueuses. Hier j'ai tout réuni chez moi pour célébrer l'anniversaire de ma naissance, j'étais entré dans ma 74e année à 5 heures du matin. Néanmoins je suis assez bien dans ce moment, je battrais presque un entre-chat entre le 7 et le 4 qui forment mon âge.

Je me tais enfin et vous embrasse de tout mon cœur.

Tout à vous deux.

G. P.

CXXIX^e LETTRE.

Dijon, le 8 juin 1840.

MON CHER AMI,

Je me hâte de vous annoncer une nouvelle qui vous surprendra, c'est que Gabriel et Emilie m'enlèvent aujourd'hui *ex abrupto* pour me transporter à Lyon, Montbrison, Crest, etc..., je n'en reviens pas encore. Oui, aujourd'hui, à six heures du soir, Gabriel, Emilie, Alice, une femme de chambre et moi, nous roulerons sur la route de Chalon pour gagner demain à quatre heures du matin le bateau à vapeur qui nous déposera à midi à Lyon, si les bords de la Saône ne sont pas dans le cas de ceux de la mer Rouge, frappés par la baguette de Moïse. Non, je ne reviens pas de ce plaisant impromptu. Ce sera l'affaire de quinze jours au plus. Le voyage de Vesoul est donc ajourné; mais il ne tardera pas à suivre celui de Lyon.

Vous n'avez pas deviné le mot de l'énigme du volume, le voici : c'est que le premier chapitre, intitulé *Antégénésie*, ne s'occupe que des choses antérieures à la création; ce n'est donc pas commencer par le commencement, puisqu'il s'agit des choses qui ont précédé le commencement. Vous aviez cependant à demi-deviné en me parlant de Dieu.

Excessivement pressé pour mes préparatifs, je n'ai que le temps de vous annoncer cette farce inconcevable et vous donner le mot de l'énigme.

Adieu.

G. P.

CXXXᵉ LETTRE.

Dijon, le 21 juin 1840.

Cher ami,

Je m'empresse de vous annoncer mon retour. Je suis arrivé ce matin à Dijon, bien fatigué, après deux nuits blanches et des courses sans nombre, soit en diligence, soit en chemin de fer, soit en bateau; je vous certifie que mes quatorze jours d'absence ont été bien remplis, j'ai eu le plus grand plaisir à voir Prieur et Mélanie à Montbrison, et mes frères en passant à Lyon où je n'ai pas manqué de donner quelques heures au bon Perricaud et à son beau-frère, M. Breghot du Lut, mes vieux bons amis et correspondants littéraires. En revenant, et passant à St.-Etienne où j'ai eu trois heures de station, je suis allé voir M. Gall, le cousin de Bobillier; il est directeur de l'Ecole des mines. Vous savez qu'avant sa résidence à St.-Etienne, il était ingénieur à Chaumont et membre de la commission que j'allais présider tous les ans. Nous nous sommes revus avec bien du plaisir; j'ai bien regretté de n'avoir pas le temps de visiter les grands établissements de St.-Etienne qu'il s'offrait de me faire voir dans le plus grand détail; mais le départ du convoi ne me l'a pas permis.

En arrivant je viens de trouver sur mon bureau un petit, paquet de prospectus d'un de mes nouveaux ouvrages qu'Alkand m'a envoyés pendant mon absence. Je vous en fais passer un quoique j'en sois assez mécontent; on m'a trop pressé pour le faire.

Adieu, mon cher ami, je ne sais trop ce que je vous écris, tant j'ai la tête harassée et démantibulée après quatorze jours de courses, de visites, de bonne chère, genre de vie qui ne me convient nullement, c'est bon pour une fois, mais on ne m'y reprendra pas de sitôt.

Cependant quoique j'aie fredonné plus d'une fois, dans ma dernière course, le vieil air : *Plus de voyage qui me tente...*, je ne renonce pas à celui de Vesoul; c'est une dette de l'amitié que je veux acquitter encore une fois avant de gagner les sombres demeures.

J'ai rapporté de mon voyage quelques petits volumes assez curieux, entre autres un Térence Elzévir assez joli.

Adieu encore, mon cher ami, mes tendres respects à Mme Baulmont; je vous embrasse de tout cœur *sicut fieri solet.*

G. P.

CXXXI^e LETTRE.

Dijon, le 4 octobre 1840.

MON CHER AMI,

J'ai remis de jour en jour à vous écrire, parce que, ne voulant pas le faire les mains vides, j'attendais la fin *finale* de l'impression des brinborions que j'ai sous presse pour vous les adresser; et je pestais d'autant plus contre les retards, que je dois réponse à deux de vos lettres. Hé bien, tout est venu me contrarier et me contrarie encore, car je ne puis vous envoyer aujourd'hui que la babiole du *Tombeau de Virgile*, les feuilles du volume terminé des *Singularités*, étant encore en satinage ; mais vous recevrez cet ouvrage dans très-peu de temps, et beaucoup trop tôt à mon gré, car j'en suis mécontent ; sans doute vous le serez de même. Au reste si quelques feuillets vous amusent, vous me donnerez l'absolution pour le reste, et vous direz : c'est une folie qu'il faut bien pardonner au vieil ami qui retourne en enfance. Cependant mon libraire espère en tirer parti, grâce au titre sans doute ; et je pourrai dire comme Sedaine à son habit : Ah ! mon titre, que je vous remercie ! Le *Prédicatoriana* sera mis sous presse demain ; sans les vendanges et les nombreuses visites d'aimables Lyonnais, Dolois, Vésuliens, voire même Constantino-Africains qui sont venus passer quelques jours à la maison, cette impression serait commencée depuis quinze jours.

Quant aux *Imprimeries clandestines* pour lesquelles Alkan de Paris me bourrait comme un canon, il y a quelque temps que je n'en entends plus parler.

Je ne sais comment vous faire mon compliment sur votre nouvelle nomination ou plutôt la continuation de vos fonctions de maire. Cela prouve que S. M. est très-contente de votre dévouement, et il serait difficile qu'il en fût autrement, puisque *vox regis* et *vox populi* sont d'accord à ce sujet ; mais vous, êtes-vous également satisfait de sentir un pareil fardeau continuer à vous écraser ? Tout brodé qu'il est, la manière active, soignée et consciencieuse dont vous le portez le rend encore plus lourd ; ainsi, tout vu, tout considéré, je modifie mon compliment, et je serais presque tenté de ne vous en point faire ; car de la pâte dont je vous connais, pâte où l'ambition n'a jamais mis la main, je suis assuré que le repos, la liberté et la santé qui les suit ordinairement vous plairaient beaucoup plus que les honneurs.

Je suis toujours dans les plus constantes et les plus vives intentions d'aller vous embrasser encore une fois ainsi que tous mes bons Vésuliens, et cela le plus tôt possible ; mais il faut que j'obtienne de mes *prédicateurs* et de mes imprimeurs une huitaine de liberté franche ; et je compte réaliser cet agréable petit voyage au printemps de la Saint-Martin, si ce printemps a lieu. Quelle joie et quel bonheur pour moi !

Le Tombeau de Virgile est une improvisation qui a besoin de toute votre indulgence.

Adieu, mes respects à Mme Baulmont.

Votre vieil ami,

G. P.

CXXXII° LETTRE.

Dijon, le 16 octobre 1840.

Mon cher ami,

J'ai reçu toujours avec le même plaisir et la même reconnaissance, votre excellente lettre du 12 du courant, et je vous en aurais accusé réception plus tôt si je n'avais attendu quelque chose de plus substantiel et de plus détestable pour accompagner ma réponse. Je regrette de ne m'être pas rappelé l'anecdote de l'ami Cottin pour en enjoliver mon *Tombeau,* mais cela ne sera pas perdu.

Lagier sort de chez moi et m'apporte douze exemplaires des *Singularités ;* le premier, comme de raison, prend vîte la route de Vesoul et se rend chez le meilleur de mes amis passés, présents et futurs. Mais, bon Dieu ! quel triste don ! il en est tout honteux, ce pauvre Arlequin qui a pris la livrée jaune pour couvrir toutes les pièces, morceaux, fariboles et sottises qu'il a dans le ventre (1). Malgré cela Lagier, qui doit

(1) Le public a rendu plus de justice aux étonnantes recherches que renferme cet ouvrage.

m'en remettre 40 exemplaires, voulait absolument me les racheter pour 160 fr., je m'y suis refusé, comme vous le pensez bien ; car tout mauvais que cela est, il faudra bien que j'en ennuie mes amis, et que j'en adresse à quelques-uns de mes correspondants qui me gratifient de leurs ouvrages ; mais ils seront bien attrapés. Bah ! ils auront un peu d'indulgence, et me traiteront comme l'archevêque de Tolède est traité dans Gil-Blas. Parcourez donc ce fatras, et je vous souhaite le petit cabinet d'amateur qui tapisse les pages 350 à 357 ; comme il irait bien dans votre joli manoir.

Adieu, mon cher ami, je n'ai que le temps de vous embrasser et de présenter mes respects à Madame.

Tout à vous.

G. P.

CXXXIIIe LETTRE.

Dijon, le 26 décembre 1840.

Mon très-cher ami,

Je trouve à l'instant, en rentrant chez moi, votre affectueuse lettre du 22 qui s'est présentée ici entre deux cartes de visite, l'une de M. Mazères (1), l'autre de M. d'Audiffret ; j'irai voir l'un et l'autre demain.

Oui, voilà un long temps écoulé sans que je vous aie écrit ; cela me surprend d'autant plus que vous êtes ma pensée quotidienne ; le soir comme le matin, je pense à vous ; je dis : j'écrirai aujourd'hui au bon ami ; le jourd'hui se passe, et je me console avec cette pensée : il sait très-bien que je ne l'oublie pas, ce sera pour demain ; et le lendemain passe aussi. Pourquoi ? parce que ces infernales impressions du *Prédicatoriana* dont il a fallu revoir tout le manuscrit, absorbent

(1) Préfet de la Haute-Saône.

tous mes instants. J'y perds la tête ; on va tirer la 15° feuille, et il y en aura trente. Je jette sous presse la copie au fur et à mesure, ce qui me fatigue horriblement. Ajoutez à cela lettres et livres que je reçois tous les jours, et je ne fais aucune réponse ; puis visites quotidiennes qui me retiennent de deux à cinq heures et qui, presque toujours, interrompent une phrase souvent renvoyée au lendemain ; enfin je ne vis pas, et je suis vraiment aussi tourmenté que vous l'êtes par vos pénibles fonctions. Vous pouvez juger de ma position morale au désordre qui règne dans cette lettre ; ce qui l'aggrave encore, c'est le chaos où est toujours ma bibliothèque qu'il est impossible de ranger dans mes rayons surchargés à triple rang ; je n'y puis trouver les livres dont j'ai besoin, et cela arrête tous mes travaux. Plus de 500 volumes y sont ajoutés depuis que j'ai changé d'appartement. La place me manque et je n'y vois pas de remède ; de plus, ma mémoire s'affaiblit, le travail devient plus pénible et la mauvaise saison me tue.

Vous avouerez, mon cher ami, que, dans ce triste état, il me serait difficile de répondre à vos affectueuses invitations à celles de mon cher frère, à celles de mon fils. Quelle privation pour moi ! Je me faisais une si grande joie de vous revoir tous, de vous tous embrasser.

Dimanche 27.

À deux heures je me suis rendu chez M. d'Audiffret que j'ai trouvé, et M. Mazères est venu nous rejoindre un moment après. Nous avons beaucoup parlé de vous ; le préfet n'a pas tari sur votre éloge sous tous les rapports, il m'a aussi beaucoup parlé de l'excellent ami Piot, de mon fils Joseph, enfin il me semblait être à Vesoul, et j'ai passé l'heure la plus agréable du monde. Je n'ai pas pu remettre à M. Mazères le volume du *Prédicatoriana*, puisqu'il n'est pas encore terminé, et même je n'avais pas eu la force de finir cette lettre que je reprends aujourd'hui à grand'peine et que je ne finirai pas encore, tant je me sens affaissé et effrayé de toutes les lettres que j'ai encore à écrire.

Du 28. Ma mauvaise tête va toujours de plus mal en plus mal; je suis allé moi-même à la poste, je n'ai pas trouvé M. Nanteuil. J'y retournerai demain. Des surcroîts d'ennuis de librairie me sont arrivés et mettent le comble au désordre intellectuel de ma pauvre cervelle.

Du 29. Enfin j'ai trouvé aujourd'hui M. Nanteuil qui s'est chargé avec grand plaisir de vous faire parvenir le volume des Mémoires de l'Académie; il est assez intéressant, grâce à un travail sur Démosthènes par mon ami, M. Stiévenart.

Je n'ai pas besoin de vous exprimer tous les vœux que je forme pour votre bonheur. Tranquillité et prospérité au renouvellement de cette année; je comprends, bien entendu, dans ces vœux Mᵐᵉ Baulmont et vos aimables nièces.

Adieu, mon bien bon ami, regardez comme non avenu ce barbouillage en quatre parties, incartade involontaire de ma mauvaise cervelle; je ne sais vraiment plus ce que j'écris, mais heureusement le cœur vaut mieux que la tête et vous conserve toujours les sentiments du vieil et sincère attachement qu'il vous a voués pour la vie.

G. P.

CXXXIVᵉ LETTRE.

Dijon, le 9 mai 1841.

Mon cher Baulmont,

Je romps enfin le long silence auquel m'a condamné certain travail qui finira juste mardi soir. C'est la nouvelle édition de ma *Bibliothèque des Ducs de Bourgogne* dont je viens de corriger les épreuves. Mais ce silence, qui certes ne m'a pas empêché de penser à vous et de parler de vous tous les jours, va être rompu d'une manière bien plus solennelle et bien autrement intéressante pour moi.

Grande nouvelle! y croirez-vous? Votre inamovible ami va, chose inouïe! se mettre en mouvement, et si Dieu permet

> Que rien ne se détraque
> Dans sa vieille patraque,

il compte arriver jeudi soir à Vesoul et jouir d'un bonheur qui sourit à son cœur depuis dix ans, c'est celui de vous embrasser ainsi que ses chers parents et amis. Je m'en fais une grande joie; la partagerez-vous un peu? La question est insolente, et je la retire à l'instant. Oui, mes chers amis, je serai au milieu de vous, j'y passerai quelques jours; puis à mon retour, je pourrai m'écrier de grand cœur avec le vieux Siméon : *Nunc dimittis servum tuum, Domine,* etc...

Je fais cette agréable partie avec ma femme et ma fille Mélanie qui nous est venue de Montbrison depuis une quinzaine.

Je vais prévenir de cette nouvelle mon cher Joseph qui, sans doute, n'en sera pas attristé, car je juge de son cœur par le mien.

Tout le monde me charge de mille choses affectueuses pour vous et Mme Baulmont. A jeudi soir (1).

Tout à vous.

G. P.

CXXXV^e LETTRE.

Dijon, le 2 juin 1841.

MON CHER AMI,

L'homme propose et Dieu dispose; je comptais bien, tout en arrivant à Dijon, m'acquitter de la dette la plus chère à

(1) Le voyage de M. G. Peignot a été le dernier qu'il ait fait dans

mon cœur, celle de la reconnaissance pour l'accueil si bon, si affectueux et beaucoup trop flatteur dont vous, tous mes amis et toutes mes connaissances, m'avez accablé, enivré et presque anéanti (1) ; mais, le samedi, en arrivant à Dijon, à cinq heures du matin, nous avons été si fatigués, mes deux compagnes et moi, de la route faite, pour ainsi dire, d'un seul trait, que ces dames se sont bien vîte couchées, et que moi je me suis jeté sur un fauteuil dans mon cabinet où m'attendait un monceau de lettres, de brochures, de journaux, de livres que je n'ai eu la force ni de parcourir, ni d'enregistrer ; puis le lendemain sont arrivées des visites à n'en plus finir, et le surlendemain des examens auxquels le recteur m'avait fait la galanterie de m'inviter en mon absence, galanterie à laquelle j'ai répondu par la sainte vertu d'abstinence ; car je n'y aurais pas mal ressemblé au chevalier de la triste figure.

A peine ma pauvre cervelle commence à se remettre de la rude secousse que lui a fait éprouver cette fatigante route, que je profite de ce premier moment de lucidité intellectuelle pour vous prier, cher ami, de recevoir mes amples remercîments, et de vouloir bien, à première rencontre, les faire agréer à tous les excellents amis qui m'ont témoigné de si flatteuses sympathies. Mais ce que je vous recommande surtout, c'est de ne pas m'oublier auprès de Mme Baulmont ; non, jamais je ne perdrai le souvenir de l'excellent accueil qu'elle a bien voulu me faire ; au reste cela n'est point surprenant, puisqu'elle est la moitié de vous-même, et qu'elle sait qu'il ne peut exister d'union plus étroite que celle dont vous et moi resserrons les nœuds depuis tant d'années.

son premier pays d'adoption. Après ce voyage, les deux amis ne devaient plus se revoir.

(1) G. Peignot avait été l'objet à Vesoul d'une véritable ovation.

Je n'ai pas encore pu débrouiller tout ce qui m'est arrivé pendant mon absence ; cependant, ayant entrevu une longue lettre de M. Mairet, de Paris, qui me demande, ou plutôt me propose de lui céder mon *Dictionnaire de Bibliologie* pour le réimprimer en deux volumes grand in-8° et le faire entrer dans la collection du Panthéon littéraire, j'ai répondu par une belle négative ; je ne suis plus d'âge à refaire ce grand travail.

Je reçois aujourd'hui de Paris un ballot de livres provenant d'une belle vente et que j'avais commissionnés ; il s'y trouve entre autres un volume en rouleau qui a cinq mètres de long ; c'est la *Danse des Morts* de l'abbaye de la Chaise-Dieu, ouvrage assez curieux.

J'en reviens encore au chapitre des remercîments, car votre bon cœur rend ce sujet inépuisable de moi à vous ; je vous remercie donc de nouveau du beau catalogue de Paris ; je le dépose dans mon *Sacrarium,* avec toute la solennité qu'il mérite, et je répète du fond du cœur le verset du psalmiste : *Quid retribuam Domine!*

Je finis, car je sens que ma tête n'est pas encore bien reposée, et vous en jugerez facilement au peu de suite de mes idées.

Mes tendres respects à Madame ; ma femme et ma fille me chargent de vous présenter leurs civilités empressées et l'expression de leur reconnaissance ; adieu, mon cher ami, je vous embrasse de tout mon cœur.

Tout à vous.

G. P.

CXXXVIᵉ LETTRE.

Dijon, le 7 août 1841.

MON CHER AMI,

C'est sans doute du plus loin qu'il vous souvienne, et moi aussi ; en vérité, je ne sais plus comment je vis : je ne dis plus rien, je ne fais plus rien, et mes jours s'écoulent avec une rapidité égale à l'apathie de ma plume, surtout de ma plume épistolaire. J'ai griffonné tant de papier dans ma vie que Dieu veut apparemment m'en punir en faisant succéder chez moi la scribophobie à la scribomanie. *Fiat*, si c'est sa volonté, mais je sens déjà que c'est et que ce sera bien pénible pour moi; car penser continuellement à ses amis et éprouver une force répulsive qui fait tomber la plume des mains quand on veut le leur dire, vous avouerez qu'il n'y a pas de position plus cruelle; non, un tel engourdissement physico-moral ne peut venir de Dieu, et je le donne à tous les diables. Cependant, convaincu qu'il faut le combattre à outrance, je vais monter sur mon bureau un arsenal de plumes, de cahier de papier de Bath et de Weynen de toutes dimensions, d'encre de Guyot à la petite vertu, enfin de tout l'attirail nécessaire pour formuler missives, lettres, billets; et morbleu je vous en donnerai à dos et à ventre comme par le passé; et j'espère que ma résurrection sera suivie de la vôtre, et que vous me donnerez aussi signe de vie.

Il paraît que ma morosité épistolaire a également gagné M. Durand de Lançon, car je ne reçois plus de ses nouvelles; mon cher Marc est aussi atteint de la même maladie; sont-ils morts? Non, car la bavarde aux cent yeux et aux deux trompettes m'en eût instruit; non, mais ce mal endémique a aussi gagné chez eux les phalanges des trois premiers doigts de la main droite.

Mon silence est d'autant plus coupable, que j'aurais eu quelques petites nouvelles dijonnaises à vous apprendre. Notre Commission des Antiquités de la Côte-d'Or a pris la liberté grande de faire comparaître devant elle Monseigneur le duc Jean-sans-Peur, qui a eu la complaisance de mettre à notre disposition sa tête fêlée d'un grand coup de hache par Tanneguy-Duchâtel, sur le pont de Montereau, le 10 décembre

1419; nos médecins ont reconnu la fêlure; j'ai tenu cette tête, je l'ai tournée et retournée dans tous les sens, mais les parties du crâne frappées par la hache se sont resserrées, et l'ouverture ne m'a pas paru aussi évidente qu'à ces Messieurs; au reste, on a moulé en plâtre ce monument, et il est parfaitement rendu. On a aussi dressé des procès-verbaux des six séances; on les imprime en ce moment, et je tâcherai d'en avoir un exemplaire pour vous. Les ossements du Duc étaient pêle-mêle dans son tombeau en plomb qui pesait 700 livres; on les a étalés et mis dans leur ordre naturel sur une table; puis, rétablis dans le cercueil, ils ont été reportés processionnellement dans le caveau à St.-Bénigne, où l'on prétend qu'on va mettre les beaux mausolées qui sont au Musée.

Vous savez qu'on nous fait des fontaines dont l'eau, tirée de deux lieues, arrive en ville par la porte Guillaume; le 28 juillet on a fait jouer les eaux sur la place St.-Pierre, c'est-à-dire à l'autre extrémité de la ville. Là se trouve un vaste bassin de 80 pieds de diamètre et environ deux pieds de profondeur; à une heure après midi, en présence de toutes les autorités, on a donné libre cours aux eaux, et l'on a vu s'élever une gerbe magnifique dont le principal jet a 32 pieds d'élévation; 17 jets à l'entour, mais moins élevés, forment la gerbe. C'est une belle et utile amélioration pour la ville; mais ce n'est pas fini; toutes les bornes-fontaines au coin des rues sont encore à faire; on y a déjà dépensé, dit-on, plus de 700,000 francs.

Autre événement moins agréable pour notre Académie des Sciences; vous savez que le bel hôtel où elle tient ses séances avait été jadis acheté de ses fonds, et qu'il lui appartenait, comme la maison du Vaux vous appartient; hé bien, il y a dix ans que l'Université s'en est emparée, et, comme on va y adjoindre des bâtiments pour les Cours des Facultés, on vient de nous signifier d'avoir à déguerpir. On prétend même que notre mobilier va suivre le sort de l'hôtel, le bon Lafontaine avait bien raison de dire :

La raison du plus fort est toujours la meilleure.

En attendant, nous voilà au milieu de la rue; il est vrai que la ville nous promet un autre local, mais ce sera dans de nouveaux bâtiments dont la première pierre n'est pas encore posée. Ne sommes-nous pas dans la catégorie de ces petits pages déguenillés qui, n'ayant pas de chemises, en demandaient à leur maître? C'est juste, répondit celui-ci; allons, allons, qu'on sème du lin et qu'on leur en fasse des chemises.

Adieu, mon cher ami, mes respects à Madame et mes amitiés aux bons amis Piot, Suchaux, Bobillier, etc...

Tout à vous.

G. P.

CXXXVIIe LETTRE.

Dijon, le 27 novembre 1841.

Combien j'ai à vous remercier, mon cher Baulmont, de votre aimable lettre du 23, qui m'a surpris si agréablement au milieu des remords que me fait éprouver, depuis deux mois, au moins le sot et long silence gardé à votre égard; ce silence, je l'ai gardé avec tout le monde, car à qui aurais-je pu écrire, si ce n'est à vous le premier? Je ne sais vraiment quel maudit marasme s'est emparé de ma pauvre cervelle depuis que le 75e hiver l'enveloppe de son froid réseau. Il me semble que ces trois quarts de siècle m'étouffent au moral, tandis que le physique se soutient assez bien. Enfin, vous me pardonnez ma faute, je vous en réitère mes vifs remercîments, et je tâcherai de ne plus mériter de semblables reproches qui, plus ils sont doux, plus ils sont poignants pour moi, parce que je sais qu'ils partent d'un cœur vraiment ami, et qui était bien en droit de se plaindre.

Reprenons la chaîne des vieilles nouvelles dont votre lettre me signale les anneaux interrompus.

Notre Académie des Sciences est toujours comme l'oiseau sur la branche, quant au lieu de ses séances. Nous avons encore siégé mercredi dernier, et nous siégerons encore mercredi prochain dans notre ancien hôtel, mais c'est le bout, car on va mettre la sape dans notre propre local. Où irons-nous? Après plusieurs conférences avec M. le Maire et le conseil municipal, il a été décidé qu'on nous logera provisoirement au palais des Etats. Je n'en suis pas fâché pour mon compte; ce sera beaucoup plus près de chez moi. On dit que l'appétit vient en mangeant; l'Université, bien pénétrée de cet axiôme, ne se contente pas de nous avoir dépouillé de notre hôtel, acheté des propres deniers des académiciens nos prédécesseurs, elle veut encore prendre notre mobilier et notamment notre bibliothèque composée d'au moins 10,000 volumes. On va plaider.

Nos fontaines sont presque toutes terminées, c'est-à-dire placées. Mais ces bornes fontaines, ou plutôt ces fontaines borgnes ne produisent aucun effet agréable. Ce sont de petits blocs en fonte, ayant à peu près deux pieds de haut et dont on fait jaillir l'eau par la pression d'un bouton de cuivre placé dans la partie supérieure. On en a répandu un grand nombre dans toute la ville. Mais il n'y a de beau que le château d'eau de la porte Guillaume et le bassin de la porte Saint-Pierre.

On fait des bâtiments neufs dans le jardin de notre ancien hôtel de l'Académie et dans la partie dudit hôtel que l'on va abattre. Les nouvelles salles seront destinées aux cours de Faculté.

Notre mairie s'est installée au centre du palais des Etats; elle a des salles très-bien décorées.

Voilà ce que je trouve de plus nouveau à vous annoncer pour notre ville en général.

Pour moi, je revois les épreuves de la troisième édition des *Amusements philologiques*. Nous en sommes à la dixième feuille.

Cette édition sera aussi différente de la seconde, que celle-ci l'était de la première, de sorte qu'on pourra avoir dans sa bibliothèque les trois éditions sans triple emploi.

On s'occupe ici depuis quelque temps à mouler le crâne de Jean-sans-Peur, si incivilement entaillé d'un coup de hache par Tanneguy-Duchâtel. On en tire une douzaine d'épreuves qui se vendront (ou ne se vendront pas) cinq francs.

Adieu, cher ami ; j'ai reçu hier la visite de M. d'Audiffret, nous avons beaucoup parlé de vous et du cher Piot.

Votre vieux, fidèle et toujours dévoué

G. P.

CXXXVIII^e LETTRE.

Dijon, le 24 décembre 1841.

MON CHER AMI,

Quoique je sois toujours atteint de ce maudit marasme que j'appelle épistoloscribophobie, je ne puis résister à la voix du cœur qui me crie : « Allons, allons, voici l'époque du renouvellement de l'année, des vœux et de tous les témoignages de sincère amitié ; debout, debout, choisis le moins mauvais des cinquante tronçons de plumes qui hérissent la table et que tu ne peux plus tailler, puis griffonne en trois lignes au cher Baulmont que tu l'aimes toujours comme il y a un demi-siècle et que tu acquittes toujours avec un nouveau plaisir à son égard le tribut annuel de tes vœux tant pour sa prospérité que pour celle de tout ce qui lui est cher, et crois bien qu'il sera convaincu que cette affectueuse déclaration n'est ni crème fouettée, ni eau bénite de cour ; il sait d'ailleurs que tu n'as jamais trop goûté de cette crème, ni trop manié le goupillon de ce fragile bénitier. »

En deux mots, cher ami, bonjour, bon an, voilà tout ce que signifie cette petite figure qui tombe de ma plume, je ne sais comment. Il est vrai qu'il est quatre heures du matin, et les brouillards de l'oreiller enveloppent encore ma pauvre cervelle.

L'année qui va commencer me trouvera sans doute comme la précédente, toujours dans ma retraite, et assez indifférent à tout ce qui se passe autour de moi. Tout est en ébullition, et je pourrais presque dire en combustion, dans notre petit monde littéraire dijonnais. La Commission des Antiquités, l'Académie des Sciences, l'Université, tout est en mouvement, tout se heurte. C'est surtout notre Académie qui souffre le plus; son hôtel est en partie démoli, et nous autres, ses membres, sommes sur le pavé. Heureusement, mon digne ami, M. de Saint-Mesmin, conservateur du Musée, veut bien nous donner momentanément l'hospitalité dans son établissement; voilà déjà deux fois que nous y tenons nos séances ordinaires. On se plaint de la municipalité qui, possédant maintenant notre hôtel, ne nous a pas assuré un logement; elle nous en a bien offert un au palais des Etats, mais on l'a trouvé inconvenant. Nous avons pour président de l'Académie M. Nault, l'ancien procureur général, qui lutte avec courage contre les envahisseurs; mais son courage est comme sa personne et sa santé qui n'ont rien d'herculéen, quoique la tête soit bonne. Je vous parle de tout cela en courant, et d'après ce que l'on vient me raconter dans mon cabinet, parce que je me tiens à l'écart. Notre journal, le *Spectateur,* renferme quelques lettres à ce sujet; je ne sais qui les a écrites. Si vous le recevez, lisez-les; au reste, ces bagatelles vous intéresseraient peu.

Adieu, mon cher ami, tout notre monde vous dit bien des choses et vous présente, ainsi qu'à Madame Baulmont, les civilités votives, monnaie courante de la saison à cette époque; pour moi, je finis cette causerie en vous embrassant de tout mon cœur.

Tout à vous.

G. P.

CXXXIXᵉ LETTRE.

Dijon, le 27 janvier 1842.

MON CHER AMI,

J'ai reçu, par l'intermédiaire de l'obligeant M. Nanteuil, les trois exemplaires des observations sur le projet du chemin de fer que vous m'avez adressés, et dont l'un était pour le préfet de la Côte-d'Or, le second pour M. Arnolet, et le troisième pour moi; si je ne vous ai pas répondu plus tôt, c'est que je voulais vous rendre compte de mes commissions. Le préfet m'a chargé de vous adresser ses remercîments : notre entrevue a été courte, car j'ai cru remarquer qu'il était très-occupé. Quant à M. Arnolet, il est en ce moment à Paris, mais la brochure est chez lui. Enfin, quant à mon exemplaire, M. Gabriel s'en est emparé immédiatement et ne me l'a pas encore rendu; ainsi je vous remercie bien de l'envoi, mais non du plaisir que m'a causé la lecture, plaisir qui n'est qu'ajourné. Je crois, à vous dire vrai, qu'il ne sera pas égal à celui que me procurerait la nouvelle édition du *Manuel* de Brunet, dont la première feuille est sous presse; il aura cinq volumes grand in-8⁰.

L'impression de la troisième édition des *Amusements philologiques* se continue, mais assez lentement; ce qui me donne le temps d'y faire de nombreux changements. Beaucoup d'autres recherches m'occupent; j'ai assez de disposition au travail depuis quatre heures du matin jusqu'à neuf; le reste de la journée est un fardeau épouvantable pour moi. Est-ce la conséquence de l'âge, ou est-ce une infirmité mentale passagère; si j'avais le choix entre ces deux causes, je prendrais bien vîte la dernière.

Une autre source d'ennui, c'est l'état de ma fille, Madame Monnier, qui est condamnée depuis quelque temps à garder le lit; sa mère passe une partie de ses journées auprès d'elle.

Ce qui me dédommage un peu de tout cela, c'est la santé prospère de Gabriel, d'Emilie et de leurs deux enfants.

En vérité, je ne sais comment j'ose vous fatiguer de tant de billevesées saugrenues; excusez-moi, pardonnez-moi et aimez-moi toujours, c'est le plus sûr moyen de me ramener à mon état normal; en attendant, je vous embrasse de tout mon cœur.

Votre vieil ami,

G. P.

CXL^e LETTRE.

Dijon, le 27 novembre 1843.

Mon cher Baulmont,

J'apprends à l'instant que M. Jolyet, mon fidèle ami, va se rendre à Vesoul et qu'il partira dans la soirée; vous pensez bien que je ne veux pas laisser échapper une aussi agréable occasion de vous souhaiter un petit bonjour. J'aurais même mieux fait, si M. Jolyet ou moi avions été prévenus depuis deux ou trois jours, j'aurais bien pu l'accompagner. J'aurais eu certainement le plus grand plaisir à me trouver en route avec si bonne compagnie, *sed fata noluerunt*. Je m'en dédommage en causant un instant avec vous.

Je ne sais en vérité plus ce que je deviens. Le coffre est encore assez bon, mais ce qu'il renferme s'évapore et s'en va tous les jours; la mémoire faiblit, le travail devient moins facile, et la moindre besogne m'épouvante. Concevez-vous ce dépérissement moral? J'en cherche la cause, et je ne la trouve que dans le chagrin que m'a causé la perte de ma petite-fille, Madame Faure, qui était toute la joie, tout le bonheur de Mélanie et de Prieur, ainsi que de ma femme qui ne cesse de la pleurer.

J'aurais bien voulu pouvoir vous envoyer un nouveau petit brinborion littéraire de ma façon. Hélas! depuis à peu près deux ans, le ruisseau est à sec, mais je pourrai bien y faire entrer un petit filet d'eau que je prépare sous les auspices du nombre *sept* sur lequel jai fait des études singulières, cu-rieuses et amusantes, relativement à son importance, tant chez les Anciens que chez les Modernes, et à son application à une infinité d'objets. Vous voyez que l'âge ne me corrige pas, et que malgré les deux potences (77) entre lesquelles mon existence va bientôt pendriller, je suis toujours un fure-teur qui court à toutes jambes dans les champs de l'érudition facétieuse, et qui ne cesse de vous ennuyer de toutes les ronces, les épines et les chardons qu'il recueille dans sa route. En attendant que je devienne sage, c'est-à-dire que je ne fasse plus rien, je vous embrasse tendrement et vous pré-sente ainsi qu'à Madame Baulmont et à Mademoiselle Ernes-tine les civilités empressées de ma femme qui, se trouvant près de moi, veut absolument qu'il soit question d'elle nomi-nativement dans ma lettre.

Adieu, mon cher ami, je vous réitère tous mes regrets de voir partir M. Jolyet sans moi; il vous dira toute ma peine à cet égard.

Adieu, tout à vous.   G. P.

CXLIe LETTRE.

Dijon, le 15 février 1845.

Mon cher Baulmomt,

Je profite de l'occasion de M. Jolyet qui se rend à Vesoul, et je le prie de vous remettre cette petite lettre qui n'a d'autre but que de vous souhaiter un grand bonjour et de réclamer des nouvelles précises de votre santé.

J'aurais bien désiré pouvoir accompagner mon cher M. Jolyet, et passer deux ou trois jours avec vous, Joseph, Piot, etc., mais je suis toujours dans les paperasses, furetant à droite, furetant à gauche, ne faisant pas grand'chose, ou plutôt ne faisant rien du tout.

J'essaie de mettre en ordre mes manuscrits; ce n'est certes pas petite besogne, j'en tiens un qui me paraît assez curieux; c'est une notice chronologique de tous les souverains rois, reines, princes, princesses qui ont péri de mort violente. Ce sera bien la page de l'histoire la plus épouvantable qui existe, mais peut-être en même temps la plus utile. Elle renfermera beaucoup de détails ignorés du vulgaire. Au reste ce n'est pas encore mon dernier mot sur cette spécialité farouche, je pourrai bien reculer au pied de certains échafauds. Je vous parlerai de cela une autre fois.

J'ai vu dans votre dernière lettre que vous continuez à vous bien porter, je tâche de mon côté d'en faire autant, et je ne m'en acquitte pas mal au dire de tout le monde. Cependant M. *Chronos* va bientôt me faire aborder la 78me station sur le chemin de fer de la vie, puissé-je entretenir en bon état le rail et le wagon qui doivent me conduire à la 79me!

J'imagine qu'à votre âge, avec votre diablesse de mairie, vos jours ne sont pas tous filés d'or et de soie; vous devez avoir des étoupes à votre quenouille, mais aussi vous avez le talent de faire tourner si habilement le fuseau administratif que ces étoupes deviennent un fin lin dont tout le monde se trouve à merveille et vous bénit. *Euge, carissime, euge!* Toutefois ménagez-vous, et que par la suite, quand vous le jugerez convenable, un doux repos succède à la fatigue et vous dédommage des sacrifices que vous avez faits à la chose publique.

Adieu, cher ami, mes tendres respects à Madame Baulmont; toute ma famille vous présente ses civilités, et moi je vous embrasse de tout cœur.

Votre vieil ami,

G. P.

CXLII^e LETTRE

Dijon, le 11 novembre 1845.

MON CHER BAULMONT,

J'ai reçu votre aimable petit billet du 6, et je m'empresse de vous en accuser réception et de vous en remercier par le gros courrier qui me l'a apporté et qui, plus heureux que moi, va avoir le plaisir de vous revoir. Hélas! c'est un bonheur que je n'ose plus guère espérer; les années s'accumulent, les facultés faiblissent; cependant je ne puis disconvenir que la Providence me comble de ses bontés dans les manières dont mes enfants se conduisent à mon égard et dans le bonheur dont mes relations avec mes amis me font jouir. Cela durera-t-il encore quelque temps? j'espère que Dieu m'en fera la grâce.

Vous ai-je dit que mon cher M. Jolyet et son fils M. Henry, sont au milieu des merveilles de Rome, et qu'ils vont revenir incessamment, la tête, les malles et leur portefeuille pleins de détails curieux sur toutes les singularités qui les auront frappés. Je ne les attends guère que dans trois semaines.

J'ai eu tant de monde toute la soirée, que je suis obligé de remettre la suite de cette lettre à quelque temps et de la finir en vous embrassant de tout mon cœur.

Votre vieux et fidèle,

G. P.

Cette lettre est la dernière en date que j'ai trouvée dans le précieux recueil que je tiens de la générosité de

M. Baulmont ; j'ai cependant cru devoir y ajouter :
1° la lettre de M. Gabriel Peignot fils, avocat à la Cour
impériale de Dijon, par laquelle il annonce à M. Baulmont
le décès de son excellent et illustre ami ; 2° quelques
fragments de lettres sans date que j'ai rangés dans leur
ordre probable d'après les faits qu'ils relatent, et dans
lesquels on trouve toute la verve, tout l'esprit et tout
le sentiment qui animent cette piquante et curieuse
correspondance.

LETTRE DE M. G. PEIGNOT FILS
A M. BAULMONT.

Dijon, le 17 août 1849.

Mon cher Monsieur Baulmont,

J'ai la douleur de vous annoncer que notre famille a perdu
mon excellent père, votre bon et constant ami, depuis tant
d'années. Il est décédé le 14 de ce mois, à onze heures moins
un quart du soir, à l'âge de quatre-vingt-deux ans et trois
mois.

Depuis près de deux années, une infirmité grave était la
cause probable de l'affaiblissement de sa mémoire et, quelque
temps après, de son intelligence. Cette altération notable de
ses facultés avait fait de si grands progrès que, dans les derniers mois de son existence, il semblait reconnaître à peine
ses meilleurs amis. Deux d'entre eux, l'honorable M. de
Saint-Mesmin et le pauvre M. Jolyet, dont la perte a été si im-
prévue, ont été les consolateurs assidus de sa vieillesse, et il
ne se passait pas un jour qu'ils ne vinssent le visiter, et lui
procurer par leur conversation, toujours pleine d'un si grand
intérêt, bien des adoucissements à sa pénible position.

Les derniers moments de mon pauvre père n'ont pas attristé sa famille par le spectacle cruel d'une lutte trop douloureuse contre la mort, il a gardé sa connaissance jusqu'aux quelques heures qui ont terminé son existence, et il s'est éteint au milieu des prières de sa famille.

Il est inutile de vous dire qu'il a été constamment entouré des soins les plus affectueux, et ce serait bien ingrat de notre part de ne pas signaler à la reconnaissance de ses amis le dévouement admirable de la pauvre tante Bailly, toujours au chevet de son lit ; elle n'a voulu confier à personne la surveillance de son frère ; nuit et jour elle veillait près du pauvre malade, toujours prête à lui prodiguer les soins les plus dévoués et les plus multipliés.

A peine le bruit de sa mort s'était-il répandu dans la ville, que de tous côtés des consolations ont été offertes à la famille. Mgr. l'évêque de Dijon a été l'un des premiers à nous témoigner toute la part qu'il prenait personnellement à notre douleur. Appréciant mon pauvre père au double point de vue de père et de chrétien, il en a fait un éloge dont nous avons été profondément touché.

Veuillez, mon cher Monsieur, en présentant nos affectueux hommages à Madame Baulmont, lui faire part de cette triste nouvelle, et recevoir l'expression des sentiments de la plus sincère amitié, de votre tout dévoué serviteur,

G. P.

FRAGMENTS DIVERS.

..... Parmi quelques anecdotes relatives aux élections, en voici une assez plaisante : Un paysan électeur avait dans son chapeau un bulletin portant les noms des candidats libéraux. Un royaliste l'aborde et lui dit : « Quels noms as-tu donc dans ton chapeau? » — « Ma foi! je ne sais pas lire, répond

le paysan, mais *c'est* deux messieurs que je ne connais pas. »
— « Es-tu fou, reprend le royaliste, ne mets pas ce bulletin-
là, ce sont des gens qui ne veulent que le trouble. » — « Oh!
bien, Monsieur, donnez-m'en deux autres, mais je ne veux
pas de ce chien de médecin. » — « Tu as raison, on n'a pas
besoin de médecins à la Chambre, tiens, prend le docteur
Brenet, c'est un bon diable. » — « Oh! pour celui-là, à la
bonne heure, j'y consens, mettez-moi son nom par écrit. » —
Je vous laisse à penser si l'on a ri!

Depuis ma dernière lettre, mon cher ami, je vais beaucoup
mieux; je suis sur pied depuis quelques jours; j'ai même dîné
en ville, et trois messieurs ont flûté le Bordeaux à votre intention; j'étais une des branches de cette joyeuse trinité.
Nous avons mêlé à nos cliquetis les noms de Piot et de Bobillier; mais devinez, mon bon ami, quel plat de dessert on
nous a servi. La paix, oui, la paix, ou du moins son ombre
très-ressemblante. C'est le baron d'Olrick, arrivant en poste
avec des paquets pour les quartiers généraux sur toute la
ligne d'ici à Lyon, qui a apporté cette nouvelle. Il a dit qu'elle
avait été signée le 4 du présent mois (le Rhin pour limites).
Nous avons vu les paquets, aucun n'a pu être ouvert ici parce
que le général Bianchi est à Seurre, et il n'y a plus que lui
d'officier supérieur de nos côtés. M. d'Olrick est parti immédiatement pour Seurre, Dole, etc., ses expressions à ceux qui
ne connaissent pas l'allemand étaient : « *Pax quartâ die mensis
presentis subsignata; certum habeta.* » Si cela n'est pas vrai,
cela aura toujours fait passer une bonne soirée à tout le
monde; la joie était au comble partout, il était neuf heures
du soir, on courait de tous côtés annoncer la nouvelle, et
dans une demi-heure toute la ville en a été instruite. Cependant c'est trop beau pour que je n'aie pas encore un certain
doute au fond de l'âme.

.... Tous les jours de Jury, le Payeur me nourrit, mais, ma foi, je m'en ris, car vraiment je péris, du plus mortel ennui, à ce charivari, qui très-fort me maigrit, tant je suis indécis, quand il faut dire oui, pour qu'un gueux soit puni d'avoir, hélas! occis, gens valant mieux que lui, sur ce, adieu vous dis :

> Votre fidèle ami,
> Gabriel l'endormi
> Qui va tout droit au lit.

Cher ami, voici une lettre de Gabriel à son frère ; il lui annonce son déménagement ; il ne demeure plus chez moi, il a un charmant logement à un premier, vis-à-vis ; il y sera plus à l'aise pour recevoir sa nombreuse clientèle.

Voilà comme les enfants quittent successivement le nid paternel ; bientôt je me trouverai réduit à ma vieille Baucis dans ma cabane, et je n'espérerai plus qu'aux visites des dieux ; j'espère qu'alors vous et Bobillier voudrez bien faire le rôle de Jupiter et de son fils le Caducifer ; quant à nous, nous ferons de notre mieux Philémon et Baucis.

Raillerie à part, j'éprouve une certaine peine à voir mes enfants se séparer ainsi de moi ; hélas ! il faudra bien un jour s'en séparer plus sensiblement, mais au moins je partirai le premier ; c'est tout mon désir et toute ma consolation.

Hélas ! cette pauvre dame est donc allée rejoindre son mari : ils sont sortis par deux portes bien différentes pour gagner le même rendez-vous. La réconciliation sera-t-elle faite à l'entrevue ? C'est bien douteux. Pour Madame de Bigny, si elle n'avait pas fait son temps, peu s'en fallait ; et 94 sur 100, c'est déjà un bel à-compte ; je doute fort qu'il nous en pende autant à l'oreille : malgré cela, il faut toujours aller son petit bonhomme de chemin, écartant sur la route, le plus

qu'il est possible , les pierres qui pourraient nous faire trébucher. Pour moi qui ai déjà tant joué avec les morts dans un
livre aussi sec que son sujet, je me récrée maintenant avec des
testaments. J'en ai de toutes les couleurs; ce sont des feuilles
de route que je me plais à étudier en attendant que je dresse
la mienne pour le grand voyage, cela m'amuse beaucoup :
je parle des testaments d'autrui et non pas du mien , car je
puis dire comme le célèbre docteur de Launoy : *Au nom du
Père, du Fils et du Saint-Esprit, je n'ai pas grand'chose et
j'aurai bientôt fait.*

Mon cher ami , je vous annonce à la hâte que j'ai enfin
reçu le fameux catalogue de M. Bohn , de Londres. C'est une
curiosité montrueuse en fait de livre : il a 8 pouces 3 lignes
de hauteur, 5 pouces 6 lignes de largeur, et près de 5 pouces
d'épaisseur. Il renferme 2,092 pages et 23,280 articles. Il
est fort bien imprimé sur beau papier, et relié à dos de maroquin, angles *idem*. Le prix est d'une guinée à Londres.

Quelques-uns de mes ouvrages y figurent aux articles
Bibliography et *French Books*. Ce que j'ai remarqué à ce
sujet, c'est un exemplaire de mon *Manuel du Bibliophile*,
auquel un amateur anglais a ajouté 82 beaux portraits. Bohn
le fait 1 liv. st. et 16 schel. Mon fils voulait le faire venir,
mais je l'en ai détourné.

Ce gros billot est plus curieux qu'agréable à la vue, et
vous seriez fort embarrassé pour le placer convenablement
sur le rayon de votre bibliothèque : il y figurerait comme un
éléphant au milieu d'une jolie ménagerie de charmants petits
épagneuls.

Je vous renvoie l'épreuve de Suchaux ; je suis bien disposé
à tout faire pour mon ami Marc , mais je ne suis pas d'avis

que vous lui communiquiez mon premier volume dans l'état
où il est ; c'est un corps sans tête, sans cuisses et sans jambes ;
voilà un joli garçon pour oser se montrer. Gardons-nous bien,
par intérêt pour lui et pour celui qui le désire, de le mettre
en évidence dans un aussi piteux état. Puis, toute cette partie
ne renferme pour ainsi dire que des testaments sérieux, la
plupart gothiques, qui, ainsi isolés, feraient un mauvais
effet. Attendons que l'ouvrage sorte complet du moule et
qu'il ait les jambes de la jeunesse. Sa tête est de 144 ans
avant J.-C. Mais ses pieds sont de l'an 1827 ; si l'on ne voyait
que la partie supérieure, on le prendrait pour un vieux rado-
teur : et avec ses jeunes jambes il battra quelques entrechats
qui compenseront la tournure grave de sa tête chenue. Donc
il faut attendre.

..... J'avais commencé à trois heures ; mais des visites
sans nombre, entre autres celle d'un de nos députés qui est
venu me faire ses adieux, et celle d'un autre monsieur qui
m'a apporté tous les plans du pont sous la Tamise, m'ont occupé pendant longtemps.

J'ai reçu une lettre charmante du duc de Brissac, qui me
fait les reproches les plus affectueux de ce que je lui ai écrit
trop rarement.

J'ai eu hier une grande séance académique chez moi ; il
était question d'entendre un Monsieur Quatremère-Disjonnal,
frère du célèbre Quatremère de Quincy. Ce Monsieur Disjon-
nal a un nouveau système d'instruction à la Lancastre. Le
préfet l'a renvoyé pardevant l'Académie des Sciences ; on a
nommé une Commission dont j'étais président et qui s'est
réunie chez moi. J'ai rarement autant ri, et cela a duré depuis cinq heures jusqu'à dix. Notre homme a une imagination
ardente, une tête exaltée ; il était membre de l'Académie des

Sciences dès 1785 ; ne veut-il pas ajouter au système de Lancastre un système sur la formation originaire des caractères !
C'est là qu'il faut l'entendre. Il a des tableaux immenses par
lesquels il veut prouver que toutes les lettres, de quelque
langue que ce soit, viennent de l'eau (1) et ont toutes une
forme hiérogliphique qui représente l'objet dont on parle. Par
exemple, comment à l'aspect du mot SVS ne devineriez-
vous pas que cela représente un porc? Le V n'est-il pas
pointu comme le groin de cet animal? et l'S n'est-ce pas la
queue tortillée dudit animal? Vous avouerez qu'il faudrait
être aveugle pour ne pas s'apercevoir de cela tout d'abord.
Tout est de cette force dans son système étymologique.

Eh bien ! ne voilà-t-il pas mon diable d'homme, le digne
arrière petit-fils de cette curieuse, avide et maudite Eve, qui
ne vit pas plus tôt le joli apis dont on lui parla, qu'elle brûla
d'y porter la main ! Mais songez donc, mon cher ami, que
ce bon homme Corrozet n'est pas un joli apis, qu'il n'a pas la
moindre fraîcheur, qu'il est vieux comme les rues, que son
costume est à l'avenant; c'est un antique parchemin jaunâtre, ridé, crispé, éraillé ; un nom écrit sur le frontispice,
même deux dont l'un date de 1618, quelques notes sur les
marges, c'est tout son mérite. Que ferez-vous de cette antiquaille que le vulgaire ne toucherait pas avec des pincettes?

Mais je vous vois aussi insensible qu'un roc à toutes mes
sages représentations :

> Désir de fille est un feu qui dévore,
> Désir de nonne est cent fois pis encore.

Et désir de Baulmont, comment l'appellerons-nous? torrent impétueux qui passe sur le ventre à toutes les Eves, à
toutes les filles, à toutes les nonnes passées, présentes et fu-

---

(1) La lettre porte bien l'*eau* et non pas l'*O*.

tures ; quel homme, grand Dieu, quel homme! il faudra donc que ma *Corrozetophilie* baisse pavillon devant lui. Parbleu! il faut que je sois bien mitaine pour céder si promptement ; et j'ai bien envie de prendre le gant de fer de nos anciens paladins pour repousser vos violentes attaques, Monsieur le hardi convoitant. Mais, hélas! j'ai beau dire, j'ai beau faire, je commence par un cœur de lion, *Non,* et je finis par un cœur de poulet, *Oui.* Vous reconnaissez bien là ce pauvre Gabriel, dont le caractère de coton a toujours frisé l'abbé....tise.

Enfin, n'importe, vous voilà déclaré propriétaire du bonhomme Corrozet. Je vous remercie du *Manuale Christianum* que vous me donnez en place. Il aura un double prix pour moi, puisqu'il vous a appartenu. La seule grâce que je vous demande est de me laisser encore trois ou quatre jours le Corrozet pour que j'y prenne mes notes.

———

Le voilà enfin, mon cher ami, ce petit livre si attendu et si peu digne de l'être, si ce n'est par sa rareté future et par les peines qu'il a données à l'imprimeur. Parcourez-le, si vous en avez la patience ; vous y trouverez du polyglotisme et de l'étymologisme, puis voilà tout ; je sais que la partie des langues vous sourit un peu, voilà pourquoi j'ai plaisir à vous l'offrir. Personne ne l'a encore vu ici. Amanton voulait l'annoncer dans son journal depuis 15 jours, je m'y suis opposé formellement.

Savez-vous que mon graveur a fait banqueroute ; il a emporté tout ce qu'il a pu, même la femme de son voisin. J'y suis pour mon second volume du Dictionnaire des Beaux-Arts de l'Encyclopédie méthodique, avec le volume de planches et un de mes portraits, le plus ressemblant.

Auriez-vous dans votre bibliothèque le *Voyage du Vallon-Tranquille,* par Charpentier, 1796, in-12? C'est un petit volume à clef. La 1re édition, de 1673, est sans clef; mais celle de 1796, donnée par Odry et Mercier, en a une. Vous seriez bien aimable, si vous l'avez, de me copier cette clef qui doit être, au plus, d'une vingtaine de mots. J'ai toujours le marteau et le livre à la main ; il me tarde bien, à force de remuer toute cette vieille ferraille de clefs, d'y rencontrer celle du bonheur, un autre sauterait sur celle de la fortune ; moi, plus modeste, je demande celle du bonheur seulement, et je me charge du reste. Savez-vous que la clef de la fortune et celle du bonheur ne vont pas toujours à la même serrure ? Cependant je vous souhaite l'une et l'autre, et, si les deux vous arrivent, ayez la bonté de m'en prêter une pour une vingtaine d'années seulement.

FIN.

DIJON, IMP. DARCIER-LEGENDRE.